新 現場からみた新聞学

天野 勝文
橋場 義之 編著

学文社

執 筆 者

＊天野　勝文（元筑波大学／毎日新聞社）	序
森　　暢平（成城大学／毎日新聞社）	Ⅰ
佐藤　公正（十文字学園女子大学／朝日新聞社）	Ⅱ
小黒　　純（龍谷大学／共同通信社）	Ⅲ
＊橋場　義之（上智大学／毎日新聞社）	Ⅳ，終章
与良　正男（早稲田大学／毎日新聞社）	Ⅴ
石郷岡　建（日本大学／毎日新聞社）	Ⅵ
玉木　研二（文教大学／毎日新聞社）	Ⅶ
磯野　彰彦（上智大学／毎日新聞社）	Ⅷ
鶴岡　憲一（日本大学／読売新聞社）	Ⅸ
森　　治郎（早稲田大学／朝日新聞社）	Ⅹ，Ⅺ
矢野　直明（サイバー大学／朝日新聞社）	Ⅻ
谷口　泰三（東海大学／毎日新聞社）	ⅩⅢ
瀬戸　純一（駿河台大学／毎日新聞社）	ⅩⅣ
山田　健太（専修大学／日本新聞協会）	ⅩⅤ

（執筆順：＊は編者）
カッコ内は所属大学（元も含む）および元（現在も含む）の所属組織

❖ はしがき

　本書『新　現場からみた新聞学』は，1996年刊行の天野勝文・村上孝止編『現場からみた新聞学』，2002年刊行の天野勝文・生田真司編『新版　現場からみた新聞学――取材・報道を中心に』に続く全面改稿版である．振り返ってみると，20世紀末から21世紀初めにかけて6年ごとに版を改めてきたわけだが，それはとりもなおさず，ここ20年の間に新聞や読者をめぐる環境が急変していることの反映にほかならない．このため改訂ごとに執筆陣は大幅に入れ替わり，編者も天野を除き変わっている．つまり通常の改訂版とは違い，3冊はそれぞれまったく独立の本である．

　最初の天野・村上編『現場からみた新聞学』は，学文社の［現場からみたマスコミ学］シリーズ（全5冊）の1冊として，現代日本の新聞をめぐる諸問題を幅広く取り上げた．次の天野・生田編『新版　現場からみた新聞学――取材・報道を中心に』は，取材・報道論に絞り，新聞ジャーナリズムの再構築を中心テーマとする全面改稿版となっている．

　そして今回の『新　現場からみた新聞学』は，21世紀に入ってインターネットや携帯電話が急ピッチで進化し，新聞および新聞社を取り巻くメディア環境が激変するなかで，現代日本の新聞が抱えているさまざまな問題を多角的に取り上げ，ネット・ケータイ時代における＜新聞＞の役割を改めて考えるヒントを提供することを目的に編まれている．

　本書を含めて3冊ともメインタイトルは「現場からみた新聞学」となっている．前にも述べたように，内容としてはまったく別の，それぞれ独立した本だが，編者が「現場からみた新聞学」というタイトルにこだわっている理由は，この3冊の母体となった［現場からみたマスコミ学］シリーズの，そもそもの狙いと密接に関係している．同シリーズは，大学におけるマスコミ関係科目用教科書として企画され，マスコミ関係現場のキャリアを持つ大学教員を執筆陣とし，

その豊富なメディア経験に裏づけられた，現実に根ざしたマスコミ・ジャーナリズム論の展開を目指しており，「現場からみた」が共通のキーワードとなっている．

　本書でも，このキーワードを根底に据え，激動するメディア転換期における＜新聞＞について，最新情報を取り入れつつ，「取材と報道」「言論の役割」「新聞産業の変容」「読者の目」という4つの側面から考察している．大学生だけなく，また新聞に限らず広く21世紀のジャーナリズム・マスコミ・メディアのあり方を真剣に考えている人びとにも，現場体験をふまえた研究者・教育者からのメッセージとして受け取っていただけるならば，編者としては望外の喜びである．

　学文社からは，［現場からみたマスコミ学］シリーズと同じ趣旨で編まれている天野勝文・松岡新兒・植田康夫編『新　現代マスコミ論のポイント』（2004年）も刊行されており，併せてお読みいただければ幸いである．

　再度の全面改稿となった本書の刊行にあたり，学文社の田中千津子さんには，2冊の旧版に引き続き今回もたいへんお世話になった．重ねて深く感謝したい．

2008年9月

天野　勝文
橋場　義之

目　次

序　章　追い詰められた新聞　　　　　　　　　　　　　　　1

§1　新聞離れの現実　　1

「もし，新聞がなくなったら」シンポ……1／活字離れ・新聞離れ・ニュース離れ……2／メディア環境の激変……3

§2　新聞界の制度疲労　　5

制度疲労の御三家……5／制度疲労の3点セット……6／記者クラブ制度と終身雇用制度……6／記者クラブ制度と戸別配達制度……7／終身雇用制度と戸別配達制度……8／制度疲労がもたらした「症状」……9

§3　新聞ジャーナリズム再生への模索　　11

編集局の組織改革……11／通信社の活用……12／Jスクールが目指すもの……13／ジャーナリズムと「個」……14

第一部　取材と報道

I　漂流する21世紀の記者クラブ　　　　　　　　　　　18

§1　取材の現場　　18

なぜ，「記者クラブ」か……18／記者の生活……19／記者あるところに……20／取材の権利を守る……20

§2　記者クラブの弊害　　22

エンベッド取材……22／無償提供される記者室……22／癒着の温床……23／発表ジャーナリズム……24／閉鎖性・排他性……25／閉ざされた記者会見という矛盾……26／懇談の罠……26／協定と処分……27

§3　記者クラブの歴史　　28

記者倶楽部の起こり……28／癒着と対決の二面性……29／戦時統制……29／戦後の再出発……29／親睦団体と取材機関……30

§4　改革の動き　31

　外国報道機関も正会員……31／脱・記者クラブ宣言……32／韓国の事例……33／今後の課題……34

Ⅱ　報道と人権　36

§1　メディア不信の根源　36

　知る権利と報道の使命……36／「報道被害」の批判……37／プライバシー侵害と個人情報……39

§2　犯罪報道にみる容疑者の人権　40

　事件報道の意義……40／有罪と無罪のはざまで……41／少年犯罪と推知報道の禁止……42／精神障害者の匿名扱い……44

§3　犯罪被害者の人権　45

　メディア・スクラムへの批判……45／新聞協会の対応策……46

§4　新たな事件報道を目指して　47

　原則実名か匿名か……47／裁判員制度と報道制限……49

Ⅲ　スクープと調査報道　52

§1　スクープ　52

　「首相辞意」のスクープ……52／究極の速報争い……53／出し抜くために……54／膨大な時間とエネルギー……55／99％はリーク？……56

§2　調査報道　57

　閣僚辞任に追い込む……57／権力にとって都合の悪い事実……58／米国の3類型……59／捜査当局が追及の対象に……60／情報公開で「闇を撃つ」……61／潰されないために……61

§3　オンライン時代に何が変わるか？　63

　"紙媒体優先主義"……63／秒単位を争う意味……64／"賞味期限"の長いニュース……64

目次 v

Ⅳ　客観報道をめぐる争点　　　　　　　　　　　　　　　　　68

§1　客観報道とは何か　68

物語としてのニュース記事……68／定義をめぐる混乱……70／いくつかの定義……72

§2　歴史からみる客観報道　73

「客観」の誕生……73／「客観報道」の起源……74／客観の構成要素……75

§3　客観報道批判　77

客観への懐疑……77／発表ジャーナリズム……78／模　索……81

§4　良質なジャーナリズムを目指して　82

何のための客観報道なのか……82

Ⅴ　2007年体制と政治報道　　　　　　　　　　　　　　　　　86

§1　ねじれ国会と新聞報道　86

未体験ゾーン……86／誤った見通し……87／大事なのはプロセス報道……88／政治記者は癒着している？……90／発言を疑う……91

§2　「小泉劇場」の功と罪　92

首相番記者……92／ワイドショー政治……93／派閥崩壊の意味……95／懇談取材とオフレコ……96

§3　新しい政治報道を目指して　97

政策重視の流れ……97／大連立と「さる人」……99／書くことが大前提……100

Ⅵ　変容する国際報道　　　　　　　　　　　　　　　　　　　102

§1　国際報道とグローバリゼーション　102

国際報道とは何か……102／国際ニュースとは何か……103／知らせる努力……104／インターネットと国際報道……105／世界には簡単に取材できない地域も……105

§2　国際報道の歴史と現状　106

日本は世界に冠たる新聞大国……106／新聞の発展は戦争に始まった……107

§3　誰が誰に向かって，国際報道をしているのか　109

国際報道に従事する海外特派員……109／国際報道に欠かせない通信社……110／3大通信社に握られる国際ニュース……111

§4　何を何のために，国際報道するのか　112

重労働に追われる日本の特派員……112／価値観の違いによる情報の取捨選択……112／新聞と国家の関係……114／報道とナショナリズム……115

第二部　言論の役割

Ⅶ　問われる社説力　120

地球規模の課題へ　120

§1　社説ができるまで——ある日の論説室から　121

何を書くか……121／クラスター爆弾をめぐって……121／積み重ねの上に……122

§2　社説の歴史　123

政論新聞から近代新聞へ……123
陸羯南の「政論考」……123／広がる社説のテーマ……124／新聞の企業化と戦争……125

§3　新聞社説の現在　126

大学生の目……126／自分で書いてみる……128／基軸となる憲法……128／9条の衝突……129／生存権という視点……131

§4　社説無用論を超えて　133

「署名社説」の試み……133／毎日新聞の「視点」……133／手間をかけ知恵を合わせ……134

Ⅷ　記者ブログの可能性　136

§1　記者ブログの始まり　136

日記風簡易ホームページ……136／国内のブログは1690万……137／署

名が原則の記者ブログ……139／記者ブログの先駆者たち……140／会社の方針と個人の見解……141

　§2　記者ブログはいま　142

　　　居酒屋感覚？……142／広報活動としての記者ブログ……143／一挙84ブログを掲載……144／朝日は本紙購読者だけに公開……145

　§3　記者ブログをめぐる賛否　147

　　　ブログは危険か……147／記者ブログも炎上する……148／許可制の新聞社も……149

　§4　記者ブログの力　150

　　　草の根対マス……150／ブロガー懇談会……151／ブログは新聞を殺すのか……152

IX　メディア規制の動向　154

　§1　メディア法規制の経緯　154

　　　敗戦前の規制……154／規制志向は民主主義体制でも……155

　§2　相次ぐメディア規制立法　156

　　　個人情報保護法……156／報道規制を志向……158／欠かせない法改正……159

　§3　人権擁護法案の危険性　161

　　　報道へ直接規制も……161／危ぶまれる多面的報道……161／必要な権利調整……162／人権委の独立性……163／保守・タカ派も反対……164

　§4　絶えないメディア規制の動き　165

　　　裁判員制度……165／国民保護法の報道規制……166／ネット報道規制の可能性……167／「青少年保護」規制も……167／国民投票法……168

　§5　メディア規制抑止のカギは信頼獲得　168

　　　情報源規制……168／メディア・スクラム対策……169

第三部　新聞産業の変容

X　揺らぐ新聞経営の基盤1――部数減と販売制度への批判　172

§1　長く続く右肩下がり　172

高度経済成長とともに……173／夕刊減り，スポーツ紙減り，そして一般紙が……174／セット割れ……175／新聞離れは若年層から持ち上がり……176

§2　問い直される再販制・部数拡張システム　178

3つの「特殊性」……178／経営安定に寄与……179／社会からの批判……179／市場原理，規制緩和の風を受けて……181／「当面は存置」に……181／大口，教育用には値引き適用……182

§3　道をどう切り開くか　183

さらに待ち受ける暗雲……183／不購読の理由の解決・改善から……184／インターネットとの違いアピールを……184／それでも「新聞代は高い」……185／NIUのすすめ……186／必要性と信頼性……186

XI　揺らぐ新聞経営の基盤2――メディア間競争にあえぐ新聞広告　190

§1　下降線をたどり続ける新聞広告　190

「日本の広告費」……190／主力業種は軒並み減少……192／甘かった見通し……193

§2　新聞広告のシステム　194

紙面の広告スペース……194／広告の種類……195／広告料金の設定……196／広告代理店とは……197／建前と実際……197

§3　インターネットという嵐　198

新聞社が育んだ……198／多彩な広告手法……199／きめ細かな料金システム……201／広告主のニーズにフィット……201／効率性重視の風に乗る……201／広告変じて無料情報に……202

§4　新聞広告の活路　203

信頼でき，役に立つメディア……203／"ライバル"の取り込みを……205

XII　メディア・イノベーションの衝撃　　208

§1　新聞を支えてきたビジネスモデルとその破綻　208

パッケージ・メディアと記事のばら売り……208／戸別配達とオンライン配信……209／記者クラブ・再販売価格維持制度と特権への風当たり……209／「社会の木鐸」と「草の根ジャーナリズム」……210／マス・マーケティングとバズ・マーケティング……210

§2　危機の本質と「総メディア社会」　211

総メディア社会……212／メディアザウルスとEPIC……214／新聞を取り巻く状況……215

§3　「新聞復権」への道　220

世論の劣化……220／堀江貴文のジャーナリズム論……221／サイバーカスケード……221

第四部　読者の目

XIII　NIEの展開　　226

§1　NIEの始まりと歴史　227

NIE以前……227／新聞大会でNIE提唱……227／アメリカNIEの視察が契機に……228／新聞提供事業を推進……229／財団の設立と推進体制の整備……229／教育界の参加……230

§2　NIEを取り巻く教育環境　230

進む新聞離れ……230／求められる「生きる力」……231／高まる学力論争……232／新学習指導要領と「新聞」……233／広がる実践例の共有……234／広がる世界のNIE……235

§3　NIEの今後の課題　235

幅広いNIEの定義を……235／民主社会の建設のために……237／求められるソフト面の充実……237／新聞社は独自性の発揮を……238

XIV　メディア・リテラシーの視点　　241

§1　広がる新聞不信　241

メディア別評価調査……241／メディア・リテラシーの浸透……243

§2　現場からみた新聞不信　244

　　取材しないで記事を書く……244／フセイン像倒壊の映像……245／サンゴ落書き捏造事件……246／ネットの情報をそのまま…247／取材力は大丈夫なのか……248／繰り返される集中豪雨的報道……249／進むメディアの企業化……249

§3　新聞の信頼を取り戻すために　250

　　有用なメディア・リテラシーの視点……250／大きく変わる「送り手」と「受け手」の関係……251／読者はパートナー……252／社会関係資本の形成に貢献する新聞……253

XV 「第三者機関」の機能と課題　256

§1　新聞社における苦情対応システムの現状　256

　　業界の全体状況……256／報道上の対応……257／取材上の対応……258／配達・販売その他……259

§2　新聞・通信各社の第三者組織　261

　　設置の背景と目的……261／組織の基本構造……263／考えられる役割と機能……264／個別救済にとっての機能……266

§3　「第三者機関」の課題と将来性　267

　　他の業界の現状……267／事件報道見直しとの関係……269／日本モデルの構築に向けて……270

終　章　ネット社会と新聞　273

§1　世界の新聞の趨勢　273

　　新聞の購読……273／米国の場合……274／日本の場合……276

§2　フリーペーパーとネット　277

　　「メトロ」の誕生……277／合言葉は「ウェブファースト」……278／記事データベースの開放……279

§3　新聞の未来　280

　　新聞ジャーナリズムの特徴……280／自由で責任あるプレス……281

索　引……………………………………………………………………285

❖ 序章　追い詰められた新聞

§1　新聞離れの現実

　「もし，新聞がなくなったら」シンポ　　2008年4月6日，東京・一ツ橋の一ツ橋記念講堂で日本新聞協会主催の公開シンポジウム「もし，新聞がなくなったら〜混迷時代の座標軸」が開かれた．このシンポジウムは日本新聞協会が4月6日を「新聞をヨム日」として設定した「春の新聞週間」のメインイベントだった．

　「新聞週間」は新聞界の"祭典"として長年にわたり年1回，秋10月に開かれてきたが，新聞産業の危機が深まるとともに新聞界としては若者の「新聞離れ」対策の一環として，5年前から春にも「新聞週間」を展開，新聞の存在感を改めてアピールするようになったのである．しかし，それにしても新聞社の総意を結集する日本新聞協会が「もし，新聞がなくなったら」というテーマで

写真 序-1　400人近い聴衆が集まって開かれた「新聞をヨム日公開シンポジウム」＝4月6日

出所）『毎日新聞』2008年4月11日付朝刊より（毎日新聞社提供）

シンポジウムを開くとは，一昔前には想像もできなかったことである．すでにこれまで『新聞が消えた日』『新聞は生き残れるか』『新聞がなくなる日』など，新聞関係者による"新聞危機本"がいくつも出版されているが[1]，いま日本の新聞界がそこまで追い詰められていること，それをこうした形で日本新聞協会が自ら表明したことは，注目すべき事態といえよう．

このシンポジウムに先立ち，あいさつに立った北村正任会長（毎日新聞社長＝当時・現会長）はこの日の演題の趣旨について「文字・活字文化，それを支える新聞がいかに厳しい状況に置かれているのかを分かりやすく社会に伝え，新聞の持つ特性，素晴らしさを改めて認識していただきたい」と述べ，新聞界が抱いている危機感を強調した．

シンポジウムでは，まず司会の橋場義之上智大学教授が日本の新聞が置かれている厳しい現状を総発行部数の減少，広告収入の低下などの数字をあげて紹介したあと，4人のパネリストが発言したが，なかでも注目されたのは「ヤフーニュース」責任者，シニアプロデューサーの渡邊健太郎氏だった．同氏は「ストレートニュースに解説と識者のコメントを加えた完全版を電子データ化して販売する」という新しいビジネスモデルを示唆した．

シンポジウムの詳しい内容については，朝日新聞や毎日新聞が大きなスペースを割いて紹介している[2]．

活字離れ・新聞離れ・ニュース離れ　若者の活字離れ・新聞離れがいわれてすでに久しい．しかし，活字離れと新聞離れとは区別して考えた方がいいのではないか．ケータイメールの隆盛から果てはケータイ小説がベストセラーになるという事態をみると，若者は活字離れしているわけではないのかもしれない．たしかに日本の出版産業は下り坂の様相を示しているし，出版社は口を開けば「本が売れない」と嘆く．しかし，日本人の生活空間から新聞の影が薄くなっているのに比べると，大型書店の店頭は「活字」で満ち溢れており，その光景を見る限りでは活字離れが進んでいるとは一概にはいえないようにも思われる．

それに対し，若者の新聞離れは確実に進んでいる．それを示すデータはさまざまあるが，ここでは1つだけあげておこう．20代の若者が情報収集やコミュニケーションのために1か月間にどのくらいの金額を費やしているのか．[3)]

［携帯電話料金］2501円〜5000円…24.7%，5001円〜7500円…24.0%，7501円〜1万円…24.0%，1万円以上…15.7%

［ネット関連料金］2501円〜5000円…35.1%，5001円〜7500円…20.4%，払っていない…16.5%

［書籍・雑誌代］2500円以下…61.6%，2501円〜5000円…17.4%

［新聞代］払っていない（新聞はほとんど読まない）…37.6%，払っていない（家族が購入している新聞を読んでいる）…30.0%，1001円〜4000円…16.9%

［NHK受信料］全額を家族が支払っている…35.1%，払っていない…30.3%，払っている…25.1%

この調査によると，20代の若者は携帯電話とネット双方を合わせると平均月1万円前後を支出しているのに対し，新聞代は「職場で購入している新聞を読んでいる」5.1%を含めて「払っていない」が72.7%に上っている．

インターネットによる調査という点を割り引いても，まさに新聞離れである．若者のテレビ離れも指摘されているけれど，このデータでは分からない．

では，若者の新聞離れの原因は何だろうか．半径3〜10m以内のことにしか関心がないといわれる現代日本の若者たち．社会的な事柄にはさっぱり関心を示さない者にとっては，ニュースとして社会的な事柄を満載した新聞は必要がないのである．つまり，活字離れではなく，「ニュース離れ」なのである．

この点について，新聞界のこれまでの取り組みは見当はずれだったのかもしれない．活字離れに対応するため，写真やイラストを大きく扱うグラフィックな紙面づくりを目指したり，目を引く見出しを掲げるなど，さまざまな工夫を凝らしてきた．だが，そうした「化粧」をいくらしても，ニュース離れを起こしている若者を新聞に引き戻すのは，至難の業といわなければなるまい．

　メディア環境の激変　　電子メディア，とりわけインターネットと携帯電話

の急速な普及と高度化によって，私たちを取り巻くメディア環境は激変している．新聞・テレビなど既存のマスメディアに対するメディア・イノベーションの衝撃については第XII章で詳述しているが，さしあたりここでは，「新聞離れ」との関連でみておこう．

キーワードは「情報の断片化」である．ネット上にあふれる情報の多くは「断片」として提示される．ネット上には優れた論文や映像作品もあり，整序されているものもあるけれど，大部分はおもちゃ箱をひっくり返したような，雑然とした情報の断片がとめどなく流れている．

書籍に比べれば新聞も「情報の断片」の集合体かもしれない．しかし，日刊紙なら1日あるいは半日単位で（国際的にみると1日1回発行が通常．日本の朝夕刊2回発行体制は異例），情報をせき止めて「編集」という一定の評価をしたうえで読者に提供するシステムは，ネットの断片情報に比べるとはるかに情報の全体像をとらえるのに適しているといえよう．

だが若者にとっては，「編集された」情報よりも，自分の好みに従って自由に選択できる「編集されていない情報」の方が取りつきやすいのであろう．新聞のように国際情勢から身近な生活情報まで，ニュースのフルコースを提供されてもありがたくない．バイキング料理のように好きな一品一品を選べる方がうれしい，といったところだろうか．つまり「情報の断片化」こそ，若者の感性にマッチしているのだ．

こうした「編集された」情報に対する否定的な受け止め方，あえていえば嫌悪感とでもいうべき感覚からすれば，ネット上のさまざまな情報の断片を自由自在に取得できるようになったいま，若者たちに「新聞離れ」が起こるのは当然かもしれない．

だからといって，若者を新聞離れの"主犯"に見立てるのは表面的すぎるといわざるをえない．日本の新聞界はもっと深いところで病んでいるのではないか．次節では日本の新聞が抱えている制度疲労の実態をみていく．

§2　新聞界の制度疲労

<u>制度疲労の御三家</u>　現代日本社会における制度疲労の御三家は「大学・司法・マスコミ」といっても過言ではない．もっとも制度疲労が進んでいるのはどこかなどという比較の問題ではなく，この順序はあくまで記述上の便宜にすぎない．

1970年代の大学紛争を経て，少子化問題で顕在化した「大学生き残り時代」に至り，ようやく大学自身が制度疲労に対する抜本的な改革に取り組みはじめたようだが，その一方で，大学関連の不祥事を伝えるニュースが毎日のように新聞で報じられている．

インターネットで「大学　不祥事」と検索すると，博士号をめぐる謝礼金問題，入試問題の漏洩，研究費の不正請求・使用，論文の盗用・捏造，セクハラ，贈収賄事件，暴力事件など，教授から助教（助手）に至るまで，多くの大学でさまざまな不祥事が続発していることがはっきり分かる．こうした不祥事には個々の事情があるにせよ，そこに通底しているのは，現代の大学が救い難い制度疲労を起こしているということである．

司法界も長年にわたりさまざまな「司法改革」を試みてきたが，「裁判員制度」の導入により，大きく一歩を踏み出そうとしている．しかし，大学と同じように司法界における問題やトラブルは跡を絶たない．長すぎる裁判，体制寄りの判決，弁護士不足，国策捜査，死刑制度の存廃など，改革を迫られている問題は多い．「ストーカー裁判官」のようにこれまで考えられなかったような不祥事も起きている．司法改革の目玉とされる裁判員制度についても，基本的な反対論は根強く，また実施面での問題点もいろいろ指摘されている．司法改革の決め手はなかなか見つかりそうになく，司法の制度疲労はかなり重症のようである．

大学も司法界も，明治期に西欧から取り入れたシステムを足かけ3世紀にわたり発展させ，それを維持してきたのだが，いまやその制度疲労は歴然として

いる．新聞界もまったく同様である．

制度疲労の3点セット　日本の近代新聞は明治期にその骨格が形成され，大正期に産業としての基盤を築き，昭和戦前期にはマスメディアとして確固たる首座を占めた．昭和戦後期にはテレビの猛追を受け，まず産業面で，次いで社会的な影響力の面でもピークに達し，平成時代に入るとともに新聞の「存在感」は次第に薄くなっている．さらに追い討ちをかけているのが電子メディアの急成長である．

こうした状況にあっても，日本の新聞界がかたくなに死守しようとしているのが「記者クラブ制度」「終身雇用制度」「戸別配達制度」の3点セットである．この3点セットこそ，新聞界の制度疲労の典型である．そして，この3点セットは一見別々の問題のようにみえるけれど，実は相互に深く絡み合っており，新聞界の"守護神"としての役割を果たしてきたのである．

記者クラブ制度については第Ⅰ章で，戸別配達制度については第X章で，それぞれ詳しく取り上げているので，ここでは3つのシステムの相互関係をみていく．

記者クラブ制度と終身雇用制度　第1は，記者クラブ制度と終身雇用制度の関連について．まず記者クラブ制度について簡単に説明する．新聞・テレビなど日本のニュースメディアの取材活動の最先端は，内閣，国会，中央省庁，裁判所，警察・検察など捜査機関，地方自治体などに置かれている記者クラブである．新聞やテレビで伝えられるニュースのかなりの部分は，この記者クラブから発信されている．

情報源としての当局が，記者クラブに所属する記者に優先的に情報を提供，記者はそこに所属している限り，平等に情報提供を受ける．特ダネがない代わりに特オチ（1社だけニュースが落ちてしまうこと）もない．時間差競争の表層的な特ダネではなく，ジャーナリストが掘り起こさなければ真実が伝えられない真の特ダネこそジャーナリズムの真骨頂であり，記者として誰しも目指しているのだが，記者クラブを中心とする取材活動を続けているうち，次第に記者ク

ラブ発の「発表ジャーナリズム」[4]に安住してしまう．

　終身雇用制度は「経済大国ニッポン」をもたらした主要な要因の1つだった．しかしいま，非正規雇用者の増大にともない揺らぎ始めており，新聞界でも中途採用が増えている．とはいえ，新聞社ではまだまだ終身雇用制度を雇用政策の基本としており，いったん入社すれば基本的には定年まで身分保障される．新聞社をいくつも渡り歩く米国の新聞記者とは大きく異なる点である．特ダネを狙って大けがをするより，記者クラブで「発表」を待って特オチを避ける方が無難という特オチ症候群に陥る．「サラリーマン記者」といわれて久しい．

　記者クラブに過度に依存する取材体制については，新聞社自身がジャーナリズムの活力を削ぐものとして，その是正に腐心しているものの，実態が大きく変わることはまだない．記者クラブ制度と終身雇用制度が骨がらみになっているからである．

　記者クラブ制度と戸別配達制度　第2は，記者クラブ制度と戸別配達制度の関連について．記者クラブ制度は取材活動の問題であり，戸別配達制度は販売に関する事柄であり，この2つは表面的には無関係のようにみえる．しかしながら，全国あまねく一戸一戸に朝刊・夕刊を配達する戸別配達制度こそが日本の新聞業界の発展を基本的に支えてきたことを考えるとき，この2つの関係が明らかになる．

　日本の新聞社のランクづけは発行部数によっておおむね決まっている．発行部数は販売力，すなわち新聞社が支配している新聞販売店（専売店）の店力による．その店力は販売店が戸別配達制度を維持，発展させることによって強化される．唯一の「商品」である新聞そのものの質はむろん問われるけれど，販売力が部数を大きく左右しているというのが，日本の新聞業界の実態である．

　もし新聞の質そのものによって本当に部数が左右されるなら，日本の新聞社はこれまでのような無茶な販売合戦を演じてこなかっただろう．膨大な販売経費を投じて部数を伸ばすのではなく，新聞の質を高めるためにより多くの編集関係費を注いだに違いない．日本の新聞社の経営陣の顔ぶれをみると，編集関

係者が多数を占め，社長もほとんど新聞記者出身であり，表面的には「編集中心主義」のようにみえるのだが，実際の経営は「販売主導」で展開されているといっても過言ではない．

こうした新聞社の経営実態のなかで，記者クラブ制度というのは実は取材コストのかからない安上がりのシステムなのである．前述のように，記者クラブにいれば，「発表」という形でかなりの情報は入ってくる．当局も「都合のいいニュース」をどんどん提供してくる．クラブ詰めの記者はその処理に追われる．そうなると，記者クラブ発の記事が各社とも似たり寄ったりになるのは当然だろう．

むろん記者はスクープを目指すし，デスク（取材・編集の指揮者）も独自の記事を求めている．だがスクープや独自の記事には，人もカネも時間もかかる．そのうえ，戸別配達制度に支えられているため，1つのスクープ，1つの質の高い独自記事によって部数が飛躍的に伸びることはまずない．「横並び社会」のなかの「横並び新聞社」としては，どうしても記者クラブ依存型の紙面展開になる．ここに記者クラブ制度と戸別配達制度の深い関係が見て取れるのである．

終身雇用制度と戸別配達制度　第3は，終身雇用制度と戸別配達制度の関連について．日本の新聞社の終身雇用制度は，新聞の販売部数を安定的に確保している戸別配達制度によって強く下支えされており，新聞記者は安心して「企業内ジャーナリスト」として仕事ができる仕組みになっている．

しかし，新聞部数の長期低落傾向が続き，販売・流通経費が膨らむなかで，新聞経営の大黒柱ともいうべき戸別配達制度が揺らぎをみせる一方，終身雇用制度にも徐々に変化が現われている．

朝日新聞社，読売新聞グループ本社，日本経済新聞社の3社は2007年10月，①インターネット分野での共同事業，②販売事業分野での業務提携，③災害時等の新聞発行の相互援助の3点について合意，08年1月にはインターネット上の3社共同サイト「あらたにす」の運用を開始した．販売面での提携につ

いては「配達共同化を段階的に拡大していくことで，新聞配達業務の効率化を図り，戸別配達網の強化につなげていく」として，一部地域で実施に移されている．災害時等の新聞発行の相互援助についてもすでに協定を結んでいる．

　この3社の共同プロジェクトのうち，一般読者にとって目に見える形をとっているのは「あらたにす」だが，真の狙いは新聞販売網の再編成にあるのではないか，という見方が根強くある[5]．新聞の戸別配達網について3社は「国民生活に不可欠な知的インフラ」と強調しているけれど，3社連携の新しい動きは戸別配達制度の制度疲労がもはや限界に近づいていることを逆照射している形である．

　一方，組織ジャーナリズムの論理に縛られがちな企業内ジャーナリストにあきたらず，新聞社を飛び出す記者が増えている反面，それを補充するため中途採用も活発化しており，日本の新聞界の労働市場もかなり流動化してきた．新聞販売網の再編成は新聞社の再編・統合をもたらす可能性をはらんでおり，もしそうした動きが表面化すれば，戸別配達制度の行方と終身雇用制度の変容とは密接に関連してくるのである．

　以上みてきたように，〈記者クラブ制度・終身雇用制度・戸別配達制度〉の3点セットは深く絡み合いながら，その制度疲労はピークに達しつつあり，早急に抜本的な改革が行わなければ，「ソフトとしてのジャーナリズム」を伝える媒体がたとえ「紙」から「電子」に移行したとしても，日本の新聞社が生き残る道はない．

制度疲労がもたらした「症状」　ここで新聞界の制度疲労がもたらした「症状」をいくつかあげてみよう．

　1つ目は，基本的な姿勢が「守りのジャーナリズム」になっていること．ジャーナリズムの重要な役割は，隠された事実の発掘とあらゆる権力に対するチェックである．これを「攻めのジャーナリズム」と呼んでおこう．ところが，前に述べたように日本の新聞社の取材網の拠点は記者クラブであり，記者クラブを中心とする情報収集活動では，隠された事実の発掘や権力に対する監視という

ジャーナリズム本来の力を発揮する余地が少ない．「攻めのジャーナリズム」とは正反対の，ルーチンワークに終始する「守りのジャーナリズム」になりがちなのだ．この取材姿勢はまさに新聞界の制度疲労そのものを端的にあらわしている．

2つ目は，こうした状況の下では各社の競争の中心は「時間差スクープ」になっていること．記者が掘り起こさなくても，いずれ当局が発表するであろうニュースを他社に先がけて報道する，つまり「時間差」をつけたスクープとして，他社との差異化を狙う．新聞社間の競争という観点からすると，その優劣は一見分かりやすいけれど，書かれる側の当局にとってはそう不都合なことではない．当局にとって本当に痛いのは「隠しておきたいこと」を書かれることなのだ．時間差スクープ競争に振り回されていては，記者が発掘しなければ永遠に闇に包まれたままに終わる事実を暴き出すことなど到底できない．時間差スクープを追う取材力が真のスクープを生み出すエネルギーになることは否定できないけれど，日本の新聞社において時間差スクープに対する過大評価が依然としてまかり通っている現実は，新聞界の制度疲労の典型的な症状である．

3つ目は，「メディア・スクラム」といわれる集団的過熱取材が跡を絶たないこと．大きな事件や事故が起きると，記者やカメラマンが現場やその周辺に殺到，容疑者や被害者をはじめその家族や付近住民を巻き込んで日夜，大がかりな取材合戦を繰り広げる．新聞・テレビ・雑誌入り乱れての，まさに「集団的過熱取材」である．こうした現象は1990年代後半から激しくなり，神戸連続児童殺傷事件，和歌山カレー殺人事件，桶川ストーカー殺人事件，大阪教育大付属池田小児童殺傷事件，北朝鮮拉致問題，秋田連続児童殺害事件などの際，全国各地でみられた．「書かれる側」からの非難が高まる一方，政府が「人権保護」の名のもとに取材・報道規制の構えをみせてきたため，報道界としてはメディア横断的な対策を打ち出したものの，事態の根本的な解決には至っていない．メディア・スクラムは日本だけの，また新聞界だけの問題ではなく，大がかりなテレビ関係取材が輪をかけているが，横並び意識がひときわ強い日本

の新聞ジャーナリズムの制度疲労がもたらした結果といえよう．

こうした制度疲労の諸症状を克服，「追い詰められた新聞」から抜け出すために，日本の新聞界はいま，どのような方策を探っているのか．次節ではジャーナリズムの問題に絞って，再生の道を考えてみたい．

§3　新聞ジャーナリズム再生への模索

編集局の組織改革　政治部・経済部・社会部・学芸部などという日本の新聞社における編集局の取材体制は，20世紀に入ったころの明治中期に導入され，大正・昭和期を経て現在に至るまで100年以上，その縦割り組織は基本的には変わっていない．昭和戦前期の戦争の時代や昭和戦後期の占領時代には，政府や軍部，あるいはGHQ（連合国軍総司令部）の言論・報道統制の下，それぞれの時代を反映した組織改革は行われたけれど，編集局全体としては1世紀にわたりほぼ同じ体制を維持してきたといってよい．その体制の強固さ，言い換えれば柔軟性のなさは中央省庁の局別縦割り組織のそれとそっくりである．

しかし，さすがの官僚組織も国民の行政サービスに対するニーズの変化に対応して，さまざまな組織改革を行っている．そうした諸改革が本当に実効を上げているかどうか，単なる組織いじりにすぎないのかどうか．その評価はさておき，ここでは新聞社の取材体制や組織のあり方について，どんな変化がいま起こっているのかをみてみよう．

その1つの試みは，2006年から07年にかけて行われた朝日新聞社編集局の組織改革である．伝統的な「政治部」「経済部」「社会部」といった「部制」を廃止して「グループ制」を導入した．新しく「医療」「労働」「教育」グループを設けたほか，経済部，政治部，外報部の3つの部を「産業・金融」「経済政策」「政治」「外交・国際」の4グループにするなど，編集局の組織は大幅に再編された．朝日新聞社はこの組織改革の狙いについて，「時代の流れとともに読者の知りたいニュースは変わる．それに応えるため，グループの専門性を高めた上で，壁をなくして互いの連携を高めていこう」と説明している[6]．

朝日新聞に限らず各社とも，部際的な取材テーマについては，その都度，プロジェクトチームを編成して共同作業を行ってきたが，各部間の壁は厚く，すべてが成功しているとは決していえない．既成の取材体制ではすくいきれない問題，たとえば，現在の複雑化した教育や医療の問題は報道すべき側面が多岐にわたっており，これまでのように文部科学省や厚生労働省の記者クラブを中心とした取材体制では，読者のニーズに応える多角的な報道・解説は到底できない．

　朝日新聞の試みに対しては，「単に名前を変えただけで実態は同じではないか」「取材体制が細分化されて大事件・大事故に総力戦で対応できない」などといった厳しい見方もある．こうした試みが成功するのか，失敗に終わるのか．答えを出すにはまだまだ早いけれど，新聞ジャーナリズムを活性化するためには，時代に即した編集局組織の思い切った改革が必要であることは間違いない．

　通信社の活用　そこで具体化が比較的容易だと考えられるのが，通信社の積極的利用である．日本の報道界には「6つの通信社がある」とよくいわれる．朝日，毎日，読売，産経，日経の全国紙5社と共同通信社である．むろん本来の通信社は共同だけで，全国紙5社は通信社ではない．産経新聞は全国紙シフトからすでに撤退，また日経も地方関係ニュースは通信社に委ねているので，「4つの通信社」と言い換えてもよいが，ではなぜ，「4つの通信社がある」といわれるのか．

　そもそも通信社というのはニュースの卸問屋で，小売商にあたる新聞社にニュースを卸すという仕組みである．欧米の新聞社ではフラッシュニュースやストレートニュースは通信社から配信を受けるのが一般的で，すべてのニュースを自前で取材・報道することはまずない．ところが，日本では全国紙3社は「すべてのニュースを自前で取材・報道する」という体制を敷いており，あたかも通信社のようなシフトをとっているのである．「4つの通信社がある」といわれる理由はそこにある．

　もし全国紙が欧米の新聞のように通信社のニュース配信を利用するように

なったら，これまでの取材シフトが大きく変わり，それにともなって紙面の内容そのものが大きく変容する可能性があると思われる．それをきっかけに「守りのジャーナリズム」から「攻めのジャーナリズム」へ転換することが期待されるのである．

　販売部数の長期低落・広告収入の激減・用紙代などのコストアップ，それに加えて「新聞不信」という"四重苦"にあえぐ新聞社としては，限られた経営資源をどう有効に使うか．「通信社の活用」は真剣に検討すべきテーマではないか．その際，これを経営収支の問題としてとらえるのではなく，新聞ジャーナリズム再生への道と位置づける観点が必要だろう．ここに「追い詰められた新聞」の突破口があるのではないか．

　Jスクールが目指すもの　2008年4月から早稲田大学大学院政治学研究科で，日本で初めての本格的な「ジャーナリズム・スクール」（Jスクール）がスタートした．高度専門職業人の養成などを行う「専門職大学院」は，すでに日本でもロー・スクール（法科大学院）やビジネス・スクール（経営学大学院）などが動き出しているが，ジャーナリズム・スクールはそのジャーナリスト版である．

　これまで日本の新聞社における記者教育はオン・ザ・ジョブ・トレーニング（OJT），つまり実地訓練によって行われてきた．毎年春に定期採用した新卒学生に対し1カ月程度の研修を本社で行ったあと，地方支局など最末端の取材現場に送り出す．新人記者は先輩を見習いながら新聞記者としての仕事を体で覚えるという徒弟教育によって一人前の記者に育っていく．このようなOJT教育はどこの新聞社でも一般的に行われており，大学におけるジャーナリズム教育やジャーナリスト教育はむしろ「有害無益」とみられてきた．

　しかし，新聞界におけるOJT教育も前述の記者クラブ制度などと同じように制度疲労を起こしており，いま新聞界・新聞記者が抱えているさまざまな問題に的確に対応できなくなっている．こうした記者教育の現状に風穴を開けるのではないかと期待されているのが早稲田大学のJスクールである．

早稲田大学Jスクールの正式名称は「大学院政治学研究科ジャーナリズムコース」で入学定員は40人．新卒の学生だけでなく，マスメディアなどの現場で働く中堅記者のリカレント教育（大学での再教育）も大きな柱と位置づけ，「専門知と実践的スキル，さらに批判的精神をそなえた高度専門職業人としてのジャーナリスト養成を主たる目標とする大学院教育」とうたっている[7]．

知的に「武装」しつつ記者としての職能と批判精神を持つジャーナリストはこれまで皆無ではなかったとはいえ，従来のOJT教育は1社の枠に縛られる「企業内ジャーナリスト」を量産してきたことは間違いない．こうしたOJT教育のツケが，結果として読者の新聞不信を招き，新聞ジャーナリズムの衰微をもたらした大きな要因だったともいえる．早稲田大学Jスクールが投じる一石が，その狙い通りに新聞ジャーナリズムをよみがえらせるのかどうか．次代のジャーナリズムを担う人材が巣立つのかどうか．具体的な成果が出るまでにはかなりの時間がかかりそうだが，注目すべき挑戦といえよう．

ジャーナリズムと「個」　朝日新聞の社会部長や論説主幹代理を歴任した柴田鉄治氏は，「ジャーナリズムは個が支える」という言葉で，ジャーナリズムの最後の拠りどころは，1人1人の記者の「志」であり，それがジャーナリズムの原点であることを強調している[8]．

前に述べたような編集局の組織再編や通信社の活用が効果的に進んだとしても，それはいわば「器」の問題であり，それだけで真に読者の信頼を勝ち得る新聞に生まれ変わるわけではない．「追い詰められた新聞」を再生できるかどうか，カギを握るのはあくまでも「人」＝「ジャーナリスト」である．高度専門職業人としてのジャーナリストがJスクールという新しい学びの場で本当に育成されるならば，ジャーナリズムを支える「個」のタネになるかもしれない．「ジャーナリズムは個が支える」という原則を，改めて1人1人のジャーナリストが銘記すること．それが新聞ジャーナリズム再生の出発点なのではないだろうか．

メディアテクノロジーの急速な発展によって，「紙メディア」としての新聞

の命運が尽きるのはそう遠い将来ではない，という予測が強まっている．しかし，媒体としてそれが「紙」であれ，「電子」であれ，「ソフト」としてのジャーナリズムの社会的役割にいささかも変わりはない．それは社会の構成員を結びつけて，社会をつくりあげている「社会の紐帯」としての働きである．「紙」を信じる者も信じない者も――「紙メディア」としての新聞にこだわる人もこだわらない人も，このジャーナリズムの社会的役割を否定する人はいないだろう．

　骨がらみの制度疲労に陥っている日本の新聞を救うためには，これまで示してきたいくつかの処方箋は決して即効薬ではないけれど，「器」と「人」がうまくかみ合えば，長いトンネルの先に明かりが見えてくるかもしれない．

（天野　勝文）

注
1）日本新聞労働組合連合編『新聞が消えた日　2010年へのカウントダウン』現代人文社　1998年．中馬清福『新聞は生き残れるか』岩波書店　2003年．歌川令三『新聞がなくなる日』草思社　2005年．河内孝『新聞社　破綻したビジネスモデル』新潮社　2007年．黒藪哲哉『崩壊する新聞　新聞狂時代の終わり』花伝社　2007年など．
2）『読売新聞』2008年4月9日朝刊．『毎日新聞』2008年4月11日朝刊．『朝日新聞』2008年4月17日朝刊
3）2008年5月29日の「毎日jp」に掲載されたＮＴＴレゾナントのgooリサーチ．08年5月，モニター会員を対象にネットで実施，1023人（男性469人，女性554人）から回答があった．
　　http://mainichi.jp/select/biz/news/20080528mog00m300057000c.html
4）「発表ジャーナリズム」という言葉は，原寿雄・元共同通信編集主幹が1979年12月号の『新聞研究』に書いた論文「発表ジャーナリズム時代への抵抗」（『新聞記者の処世術』所収＝晩聲社，1987年）で初めて使い，1980年代以降のジャーナリズム論のキーワードの１つとなった．
5）『創』2008年4月号「新聞三紙連合とマスメディア界再編の行方」．『週刊金曜日』2007年11月2日号「生き残りをかけたメディア再編成がはじまる」など．
6）朝日新聞社のホームページ
　　http://www.asahi.com/shimbun/honsya/j/editorial.html

7）瀬川至朗「ジャーナリズムスクールの挑戦」『新聞研究』2008年4月号　p.68
8）柴田鉄治『新聞記者という仕事』集英社　2003年　p.196

参考文献
中馬清福『新聞は生き残れるか』岩波書店　2003年
柴田鉄治『新聞記者という仕事』集英社　2003年
天野勝文・松岡新兒・植田康夫編著『新　現代マスコミ論のポイント』学文社
　　2004年
藤竹暁編著『図説　日本のマスメディア［第二版］』日本放送出版協会　2005年
河内　孝『新聞社　破綻したビジネスモデル』新潮社　2007年

キーワード
ニュース離れ，情報の断片化，記者クラブ制度，発表ジャーナリズム，終身雇用制度，戸別配達制度，時間差スクープ，メディア・スクラム（集団的過熱取材），ジャーナリズム・スクール（Jスクール），オン・ザ・ジョブ・トレーニング（OJT）

第一部

取材と報道

Ⅰ 漂流する21世紀の記者クラブ

§1 取材の現場

なぜ,「記者クラブ」か 記者クラブは,官庁や警察に存在する.記者にとっては日々の仕事場であり,広報担当の官僚や,市民グループメンバーにとっても,記者に発信するためのなじみの場所だ.だが,一般の人には見えにくいし,記者クラブ制度の何が問題なのか,分かりづらい.

近代日本の歴史で,記者クラブ批判がもっとも盛り上がったのは,1990年代から2000年代初頭である.官僚制による上からの政策決定システムが弱体化し,情報公開,説明責任など,有権者,納税者,生活者に基盤をおいた政治へ転換が叫ばれた時代であった.経済の世界でも,保護と規制による統制から,自由・公正な競争システムへと舵が切られた時期である.こうした潮流のもとで,たとえば,護送船団と呼ばれた銀行業界は合併を繰り返しメガバンクに転換,談合を日常としていた建設業界でも,入札改革のなかで淘汰された企業がある.

しかし,記者クラブは,表面的にはあまり変わっていない.記者クラブが,

批判のまな板にのぼっているのは，変えるべきことはみな分かっているのに，なかなか変わろうとしないためだ．改革への動きはみられた．だが，根本は旧時代対応型のままである．

官僚機構の相対的な弱体化のなかで，ジャーナリズムのパワーも落ちている．21世紀の日本の進路を決めるために報道の力がなお必要であるならば，その基礎となる取材システムをどう変えればよいのか．市民社会にとって重要な課題である．

旧時代対応型を脱しきれない記者クラブは，漂流している．このままどこに行くのか．あるいはどこへ向かうべきなのか．記者クラブを考えることは，日本のジャーナリズム，ひいては日本そのものを考えることでもある．

　記者の生活　記者クラブとはどんなところなのか．東京・霞が関の警視庁9階をのぞいてみよう．「七社会」など3つの記者クラブがあり，別々の部屋になっている．だが，記者会見は一緒に臨むことが多い．

一番古い「七社会」には，朝日，毎日，読売，日経，東京，共同が入っている．1932年，大手7社でつくったので，この名があるが，現在は6社．「警視庁記者クラブ」は，産経，時事通信，NHKなど「七社会」に入れなかった報道機関が所属し，民放テレビキー局が「警視庁ニュース記者会」に入る．

「七社会」のなかに入ると，ソファ，ロッカー，自動販売機をおいた共用スペースがあり，その奥に，幅約3m，奥行き約10mの細長いブースが6つ並ぶ．報道機関ごとに壁で仕切られた独立スペースで，取材の動きが隣の社に分からないようになっている．ブースのなかには報道機関ごとに約10人が詰めている．デスククラスのキャップ，その下のサブキャップのほか，殺人などの捜査一課担当，汚職などの捜査二課担当，少年非行や薬物犯罪などの生活安全担当，治安などを扱う公安担当——と記者が，専門分野を分けている．

事件記者は，クラブを拠点にし，本社で仕事をすることはあまりない．朝は記者クラブに直接出勤する．日中は，庁舎内を取材し，原稿はクラブからパソコンで本社へ．その後，夜回りと呼ばれる捜査幹部の自宅取材に直接出向き，

そのまま帰宅する——という具合である．

報道機関にとって，ニュース発信源に近い場所に取材拠点をおくことで，情報を効率よく収集できるメリットがある．とくに事件，事故の一報は警察に入る．記者クラブに詰めることで，一報を早くつかみ，現場に急行できる．

記者あるところに　記者クラブは，中央官庁，都道府県庁，市役所などに存在する．県庁所在地の場合，県庁，県警本部に大きな記者クラブがあるケースが多い．市レベルになると，記者が駐在する場所にはたいてい記者クラブがあり，最北端は稚内市役所の「稚内記者会」，最南端は石垣市役所の「八重山記者クラブ」である．このほか，政党，農協など各種団体，あるいは業界団体，民間会社に存在する場合もある．自民党には「平河クラブ」，JR 東日本には「ときわクラブ」，東京証券取引所には「兜クラブ」，日本鉄鋼連盟には「重工業記者クラブ」がある．変わったところでは，NHK にある「ラジオ・テレビ記者会」，京都・東西本願寺の「宗教記者会」，京都大学にある「京大記者クラブ」があげられよう．表 I-1 は，東京にある主な記者クラブである．

全国には，どれくらいの記者クラブがあるのか．数え方によって，答えは異なる．たとえば，文部科学省の「文部科学記者会」の会員のほとんどは，国立極地研究所関係ニュースを扱う「南極クラブ」員を兼ねる．ほかにも兼務ばかりで常駐記者がいないもの，有名無実化しているものも少なくない．その他，業界紙中心の記者クラブも多い．こうした事情を乗り越え推測すると，大手メディア中心の記者クラブは全国でおよそ 800 と考えられる．

取材の権利を守る　ここまで，記者クラブをあえて「場」として説明してきた．だが，日本新聞協会の見解にもあるように，記者クラブは本来，取材・報道のための「組織」だ．記者たちがつくるこの組織は，当局との交渉や，取材制限に対する抗議などで力を発揮する．

例をあげれば，小泉政権の末期，1日2回だった，首相の「ぶら下がり取材」を減らしたことに対する，首相官邸「永田クラブ」の抗議がある．ぶら下がり取材とは，要人が歩いている途上，両脇にぶら下がるように取材することだが，

Ⅰ 漂流する21世紀の記者クラブ　21

表 Ⅰ-1　都内の官庁などにある主な記者クラブ

内閣府	永田クラブ	東京高裁	司法記者クラブ
	経済研究会	自民党	平河クラブ
宮内庁	宮内記者会	民主党ほか	野党クラブ
警察庁	警察庁記者クラブ	参議院	参議院記者クラブ
総務省	総務省記者クラブ	日本経団連	経済団体記者会
法務省	法曹記者クラブ	東京商工会議所	東商記者クラブ
外務省	霞クラブ	電気事業連合会	エネルギー記者会
財務省	財政研究会	日本鉄鋼連盟	重工業記者クラブ
	財政クラブ	日本貿易振興機構	貿易記者会
国税庁	国税庁記者クラブ	日本自動車工業会	自動車産業記者会
文部科学省	文部科学記者会	電気通信事業者協会	情報通信記者会
厚生労働省	厚生労働記者会	全国農協中央会	農林団体記者クラブ
農林水産省	農政クラブ	日本銀行	金融記者クラブ
経済産業省	経済産業記者会	東京証券取引所	兜クラブ
国土交通省	国土交通記者会	JR東日本	ときわクラブ
気象庁	気象庁記者クラブ		丸の内記者クラブ
環境省	環境研究会	NHK	ラジオ・テレビ記者会
防衛省	防衛記者会		東京放送記者会
東京都	都庁記者クラブ	日本体育協会	東京運動記者クラブ
警視庁	七社会	日本相撲協会	東京相撲記者クラブ
	警視庁記者クラブ		
	警視庁ニュース記者会		

注）全国紙の常駐記者がいる主要記者クラブを中心に記した．

　現在の首相ぶら下がりは，立ち止まってカメラに向かって話すなど記者会見に近い形になっている．1日2回を1回に減らした変更に対し，「永田クラブ」は，「首相側の一方的な変更であり，認められない」として抗議（2006年7月）．安倍政権もこの方針を引き継いだため，「永田クラブ」は，① 1日2回のぶら下がり取材を確保する，② 記者クラブ側が緊急と判断し，ぶら下がりを要請した場合は応じるなどを申し入れた（同年9月，10月）[1]．

　2004年1月，イラク情勢の悪化で，防衛庁が「現地取材を可能な限り控え

てほしい」「隊員の安全に関わる派遣日程情報は報道しないでほしい」と要請してきたときも,「防衛記者会」は,当局と話し合いを持った.最終的には,政治部長会などが,同記者会を通じ,取材のルールづくりを申し入れた.結果として,〈政府は人道復興支援の状況を説明する責務を負っている〉と,政府自身に認めさせた.記者クラブが,取材の権利を要求して当局と交渉し,ときに抗議する姿は,現在も各地でみられることだ.

§2 記者クラブの弊害

エンベッド取材　記者クラブの何が問題なのか.根本的には,① 官僚組織の内部に埋めこまれてしまったこと,② 自由競争の制限——の2点に基因する.まずは①から説明していきたい.

官僚組織の内部に取り込まれていることを,ここでは「埋め込みシステム」と呼ぶことにしよう.英語でいえば,エンベッディッド・システム(Embedded System)である.「エンベッド」とは,イラク戦争の際,米軍に従軍する記者が部隊の一部に組み込まれ,寝食を共にして取材した制度のことだ.軍によって安全を保障されたうえで,軍とともに行動する.米軍側の見方ばかりが報道されると指摘され,実際そうなった.役所の内部にある記者クラブは,当局側に取り込まれるという点で,従軍取材と同じ構図にある.

無償提供される記者室　記者クラブには,記者室が無償提供されている.全国の役所に存在するクラブで「家賃」「部屋代」を支払っているところはほとんどない.電気,冷暖房などの光熱水道費,清掃委託費なども役所持ちが一般的だ.2001年の調査では,46道府県と12政令指定都市のうち,40の自治体が記者クラブの受付などの職員を役所負担でおいていた.電話代を当局負担としたのも30自治体あり,記者クラブ用の新聞購読費,NHK受信料を払っているとした自治体もそれぞれ7カ所あった[2].これは,取材費用を,国民の税金で賄っていることになる.

ジャーナリストの岩瀬達哉は1995～96年,記者クラブを持つ全国800機関

に，どのような便宜供与をしているかのアンケートを送り，536通の有効回答を得た．岩瀬は，それをもとに，記者室賃料，受付職員の人件費，電話代など536クラブでの全報道機関の便宜供与総額は約111億円だと試算した．朝日，毎日，読売の全国3紙でみると，1紙当たりの便宜供与は平均5億4,768万円と算定される[3]．

算定方法に異論もある．だが仮に，1人の記者のために外部オフィスを独自に借り，家賃，光熱水道費，電話代，アルバイト人件費が年間総額100万円掛かるとする．全国紙記者のうち1,000人が記者クラブ詰めとすると，この人数分の経費は計算上10億円になる．5億円という推計はあながち大げさとも言い切れない．

全国紙本社編集局には，外勤記者全員のワーキングスペースはない．クラブ詰め記者のオフィスは役所が提供するから，必要がないのである．「埋め込みシステム」によって，報道機関は億単位の経費を節約できている．

石原慎太郎が知事を務める東京都は2001年6月，「有楽クラブ」「鍛冶橋クラブ」（当時）が使用していた記者室の有料化を通告した．各報道機関のブース1㎡当たり月3,300円．1報道機関当たり平均約30㎡を占有しているから，月約10万円となる．このほか，内線電話1台月2000円前後や，清掃費の実費負担も求めた．この記者室賃料負担が全国に波及したら，影響は大きかった．しかし，石原自身の判断で，要求は取り下げられ，報道機関は胸をなでおろした．ただし，光熱水道費，電話代などについて，報道機関側の負担を求める動きは各地で続いている．

癒着の温床　10年ほど前は，当局幹部との懇親会（新年会，忘年会など）を，役所持ちで実施するクラブが多かった．現在は，当局側の全額負担は少なくなったが，完全になくなったわけではない．とくに，要人が外国に出かけたとき，随行記者が旅行先で，役所の接待費，あるいは政治家のポケットマネーで，もてなされる例は散見される．取材相手とあまりに近づきすぎると，癒着ともいえる関係に陥る．

癒着の一例は，2000年5月，森喜朗が首相に就任した直後，いわゆる神の国発言で批判を受けたときの指南書事件がある．「永田クラブ」のコピー機に，森に宛てたメモがおき忘れてあり，そこには「質問をはぐらかすべき」「時間がきたら，強引に打ち切らせるべき」だと記者会見での対応を助言する文面があった．『西日本新聞』の記者が見つけ，記者クラブ員の誰かが書いたものとして，記事化して明るみに出た．

かつて自民党の派閥記者のなかには，派閥のトップのために仕事をしている者もいた．こうした事例は少なくなったとはいえ，記者クラブには，取材相手との距離感を忘れた記者がいまも存在する．

　発表ジャーナリズム　　官庁などが発表する情報をそのまま右から左に報道する姿勢を，発表ジャーナリズムという．記者クラブが，当局の内部に埋め込まれ，記者が当局の論理のなかでしか思考しなくなれば，発表ジャーナリズムに陥りかねない．

橋下徹府政を追う「大阪府政記者会」の例をみよう．2008年5月22日，人件費352億円削減提案を，知事が記者会見で発表し，大きなニュースとなった．同じ日，大阪府は「中国四川大地震への支援」「トリガイ貝毒検査結果」など別に10件を発表．大手紙で4人程度の府政担当記者は，その処理で手一杯となる．

記者は本来，読者・視聴者に伝えるべきニュースは何かを考え，独自の視点で取材活動を行う．ところが，記者クラブでは，発表処理に忙殺され，独自の取材をする時間がとりにくい．発表依存になると，当局と同じ視点から記事を書いてしまう危険が生じる．つまり，どの問題を読者・視聴者に伝えるべきかというアジェンダ（議題，課題）設定まで，行政が握ることになるのだ．記事は当然にして，どの新聞も同じ「横並び」になる．

クラブ記者の最大の敗北は，1974年10月，ときの首相，田中角栄の金脈問題を，「永田クラブ」の記者が書けなかったことであろう．雑誌記者からスタートしたフリーランスライターの立花隆が，政治資金報告書などの公開資料分析や取材を重ね，田中の錬金術を月刊誌『文藝春秋』でスクープ．新聞各紙やテ

レビは「この程度のことは知っていた」と当初無視したが，首相退陣に向けた政局と結びつき，外国メディアが追及しはじめて，ようやく報じることになった．記者クラブは，当局などの情報源（ニュースソース）から，読者・視聴者（オーディエンス）への情報の流れの中間に位置する．ニュースソース側は，記者クラブ詰めの記者を取り込み，"共犯関係"を作る．そうした方が，情報を発信するために好都合なためである．記者も，ニュースソースと良好な関係を保てば，情報を取りやすい．記者クラブ制度は，自民党，大蔵省，大企業が，大きな力を持ち，その意向で政策が決まっていった時代に対応した形といえる．

閉鎖性・排他性　さきに述べた記者クラブ問題の②自由競争の制限に移ろう．日本においては，記者クラブは，競争相手の参入を制限することで，寡占状態を維持し，報道業界内の共存共栄を図ってきた．

　もっとも大きいものは，記者会見への出席制限だ．現在でも，雑誌，フリーランス記者や，ブログに記事を書く市民記者は基本的には出席できない．日本新聞協会加盟の地方紙の記者，外務省の外国記者登録証を持っている記者でも，「記者クラブメンバーでない」と断られることもある．

　2005年7月，警察庁の捜査費流用問題を取材していたフリーライターの寺澤有は警察庁長官の「記者会見」に出席しようとした．しかし，警察庁には「記者会見は行っていない」と断られ，「警察庁記者クラブ」からは出席可否の回答がなかった．「記者会見を行っていない」という主張は，警察庁長官の「記者会見」と呼ばれるものは，実は，記者クラブ向けの「懇談」に過ぎないという主張である．

　皇室取材でも閉鎖性は顕著である．2005年4月，外国訪問を前にした天皇夫妻の記者会見で，外国メディアの代表が〈天皇，皇族に取材できる機会が限られている〉と，天皇自身の考えを質した．宮内庁では，外国訪問前の会見に限り，外国メディア代表が出席し，質問枠が1問割り当てられている．しかし，誕生日前の天皇，皇族会見，さらに長官，次長などの定例会見は，「宮内記者会」の常駐記者（朝日，共同，NHKなど15社で登録した皇室担当）でないと出席でき

ない．皇太子妃の病状や動向は，外国プレスや雑誌メディアの関心事でもある．しかし，「宮内記者会」常駐記者以外は会見から排除される．

　記者会見だけではない．宮内庁では，常駐記者は庁舎内の取材は比較的自由だ．幹部の部屋にふらっと入って話を聞くこともできる．しかし，それ以外の記者が何かを聞きたい場合には，宮内庁報道室を通して事前に質問を送り，その回答を文書で受け取るという形での取材が主となる．

　閉ざされた記者会見という矛盾　記者会見について，日本新聞協会は，「参加者をクラブの構成員に一律に限定するのは適当ではありません．より開かれた会見を，それぞれの記者クラブの実情に合わせて追求していくべきです」との立場を示している[4]．この趣旨に沿えば，閉鎖性は改善され，開かれた記者会見が実現しているはずであるが，現実は異なる．

　そもそも記者会見とは，取材される側が，パブリックに対し説明責任を果たす場所である．その公的空間での発言は，世界に発信される．だが，会見への出席はクラブ員に限られる場合が多い．取材される側としては，よく知る記者だけが相手の方が話しやすい．その後の関係が悪くなるような聞きづらい質問はしないという安心感があるためだ．

　記者クラブは，記者であれば誰でもアクセス可能であるべき公共空間を，「半公共空間」に変えてしまっている．当局は，その場での説明を，公での発言と読みかえることによって，説明責任を果たす形を整えることができる．取材する側としても，仲間内だけの親密なインサイダー集団となることで，深い情報を得るメリットがある．

　懇談の罠　役人や政治家が，記者を相手に話す機会は，会見だけではない．記事にはできるが，発言者を「○○省当局者」「○○筋」などとぼかす「ブリーフィング」，オフ・ザ・レコード（オフレコ）の約束を守らなければならない「懇談」などがある（呼び名や運用は，官庁，取材部によって微妙に異なる）．

　首相官邸の場合，官房長官が毎日，「懇談」するのが通例である．首相には毎日，その動きを追う若手の番記者がいるが，場合によっては番記者と首相が

カレーを食べながら懇談することもある（カレー懇）．カラオケ好きの大臣のお供で，夜の「カラオケ懇」が開かれる場合もある．

　オフレコ懇談の場合，メモや録音は厳禁で，取材される側は，雑談調で記者とやりとりをする．政策決定の見通しを自分の有利な形で提示し，記者の関心を一定の方向に向けることも可能だし，オフレコという気楽さから，機微にわたる話もしやすい．懇談は，記者クラブ詰め，それも「〇〇番」と呼ばれるような取材相手を日々追っている番記者しか参加できない．

　懇談取材について，日本新聞協会は〈記者が集団で圧力をかけ，勝ち取ってきたもので，取材対象者との信頼関係が前提．記者なら誰でも自由に参加できる性質のものではあり得ない〉[5]と正当性を主張する．確かに，米ホワイトハウスでも，大統領に近い記者だけを集めた朝食会の席で，高官が政権戦略をオフレコで話すことはある．

　ただ，懇談には，インサイダー情報を得るだけで，読者・視聴者に伝えるという記者の職務を忘れてしまう危険がつきまとう．「記者クラブ」が，安易な懇談の受け皿となる実態は，批判されても仕方がない．

　協定と処分　「記者クラブは，情報カルテルである」という批判もある．カルテルとは，同一業種のすべての企業が競争を避けて取り決めを結ぶことだ．記者クラブでの「取り決め」は，協定と呼ばれるものである．

　外務省の「霞クラブ」の場合，「米国，ロシア，英国，中国，フランス，ドイツ，韓国，国連駐在以外の大使人事は，発表があるまで書かない」という協定がある．大物大使の人事では「抜いた」「抜かれた」の競争は仕方がないが，それより下の大使人事では競争をしないという意味だ．大使人事は，アグレマンと呼ばれる相手国の同意が必要で，その前の報道はまずいという建て前があり，慣行になっている．

　また，どのクラブでも，記者室の黒板に，記者会見やブリーフィングの予定がぎっしり書かれている．「〇日〇時から，補正予算について会見」などと板書される．予定が板書された途端，それに関する情報は，会見，ブリーフィン

グ終了後までは，書いてはならないことになっている．「黒板協定」と呼ばれるものだ．このほか，叙勲受章者名簿，人事などの大量発表物が，事前に渡され，「新聞〇日朝刊解禁，テレビ前日 17 時」などと縛りが付くことも多い．これを破って，先に報道すれば，クラブからの除名，あるいは一定期間，クラブへの出入り禁止などの処分を受ける．

解禁時間の設定などは外国でもみられる慣行（エンバーゴと呼ばれる）で，日本新聞協会は「限定的」という条件つきで協定の存在を認めている．だが，こうした協定は，記者クラブが閉ざされた集団であるから成り立つ．仲間内の取材に足かせをはめ，自由な報道と競争を制限するという側面は否めない．

§3 記者クラブの歴史

記者倶楽部の起こり　記者倶楽部（戦前の表記）の歴史は，1890 年にさかのぼる．帝国議会開会にあわせ『時事新報』の岡本貞烋が中心となり，傍聴券確保のため「議会出入り記者団」を組織した．しかし，基本的に開かれるべき議会取材のための団体と，官庁に「埋め込まれた」記者クラブとは，基本的には性格が違う．

官庁記者クラブの源流は，当時，ときに政治活動にもかかわった記者たちの団体と考えた方がよい．たとえば，閣内対立で苦しんでいた首相，大隈重信に近い記者たちは 1898 年に「同志記者倶楽部」を結成した．倶楽部とは政社と認定されないための命名である．

ちょうど 1897 年，新聞紙条例が改正され，行政権による発行禁停止権が基本的に廃止される．それに代わり，とくに外交，軍事分野での記事統制の手段が考え出された．それが，外務，陸軍，海軍の各省で，取材分野別の記者倶楽部を役所に埋め込む制度である．『報知新聞』外交担当記者だった国木田独歩の追悼集には，1899 年 6 月，朝鮮半島で日本人がかかわる連続爆弾事件が起き，「霞倶楽部」（実際の当時の名前は「外交研究会」）を代表し，国木田が外務省から情報を取る様子が描かれている[6]．「外交研究会」はその直前にできたと考えら

れる．これが，官庁記者クラブの原点である．

癒着と対決の二面性　戦前の記者倶楽部は，役所側が意図した上意下達の情報伝達だけのためにあったわけではない．日露戦争開戦後，軍事情報を得るため広島に集まった記者たちは，「新聞記者に対する軍事当局者の圧迫を排除せん為」(『萬朝報』1904 年 7 月 19 日付)，「在広新聞記者倶楽部」を結成した．また 1918 年には，外相の後藤新平が「霞倶楽部」を閉鎖したことがあった．後藤の演説に抗議した「霞倶楽部」への意趣返しだったが，倶楽部側はこれと戦い，閉鎖を解除させた．1931 年には，首相，浜口雄幸狙撃事件に絡み，政府発表より病状が重いという情報を漏らした『時事新報』記者が警視庁に拘留された．記者が所属した首相官邸の「内閣記者会」は当局弾劾の決議をあげ，都内の 32 の記者倶楽部がそれに賛同している．

現在の記者クラブが，取材の権利を要求する姿は前述した．こうした日本の伝統は，戦前から受け継いだものである．あるときは取材先と癒着し，別なときは対決するという二面性こそ，戦前から現在にいたるまで記者クラブ制度の特色といえよう．

戦時統制　ところが，戦時統制のなかで，戦時中は大きな変化を迫られる．日米開戦の翌日（1941 年 12 月 9 日），中央官庁にあった記者倶楽部は政府により一斉に改組され，メンバーを限定した新しい「記者会」が誕生した．外務省の場合，「霞倶楽部」「外務省記者倶楽部」が閉鎖され，「外務記者会」が設置された．大手紙以外の『日刊工業新聞』『満州日日新聞』や中小通信社が，強制的に排除させられた．役所内で取材できる報道機関を絞り，信頼のおける記者だけを記者会員とすることで，報道統制の実をあげようとしたのであった．政府は翌年，経済部系の業界団体記者倶楽部も整理．さらに 1943 年になると，整理の動きは都道府県と市レベルに及んだ．加盟社を限定する統制はこうして全国で画一化される．

戦後の再出発　そして，敗戦を迎えるが，進駐した連合国軍総司令部（ＧＨＱ）は，記者クラブ制度が，情報の自由な流通を妨げている問題点を把握し

た．GHQ は，まず，記者たちの自主性に期待する．そこで生まれたのが「日本新聞記者聯盟」である．同聯盟に結実する記者たちの独自の動きのなかで，官庁の所属機関のようだった「記者会」を改組し，「新聞記者相互の親睦」の性格をもった，新組織に改める方針が決まっていく．1946 年 10 月，日本新聞協会加盟の新聞，通信社の記者であれば，誰でも入会できる開かれた記者クラブが中央官庁に誕生した．親睦のための記者組織は，米国の各地に見られる記者の社交クラブをモデルにしたものだ．

ところが，改革はうまくいかない．実際は入会や記者会見への参加は制限されたままで，旧来の記者会の看板を掛け替えただけだった．記者クラブ制度に安住していた大手紙の記者にとって，日本的な慣行を守ったほうが便利であったことや，形式主義だった GHQ 新聞課が，改革の体裁さえ整えれば，それ以上は"指導"しなかったなどの要因があげられる．そのうち「日本新聞記者聯盟」自体が自然消滅してしまう．

1949 年 7 月，北海道の「釧路司法記者会」で除名事件が起き，GHQ が問題化したとき，対処したのは，日本新聞協会だった．同協会は同年 10 月，「記者クラブは公共機関に配属された記者の有志が相集まり親睦社交を目的として組織するものとし取材上の問題に一切関与しない」と記した方針をつくりあげる（49 年方針）．

<u>親睦団体と取材機関</u>　「親睦団体」とは，法的な権利義務関係を持たない私的な任意団体という意味がある．戦中の記者クラブは，事実上，役所の一部として機能していた．そのあり方を改め，あくまで記者たちが自主的に結成し，協定や処分など取材に関することには一切かかわらないという「建前」をつくり，GHQ に対し〈改革は引き続き，よい方向に進んでいる〉とアピールしたのである．

その後の歴史は，親睦の建て前と現実とのギャップをどう埋めるかという点を軸に歩んできた．実際は，協定が行われ，破れば処分が下される現実があるのに，〈取材上の問題に関与しない〉との建前があるため，トラブルが頻発し

たためだ．さらに，日本の経済発展とともに，東京発ニュースの重要性が増すと，外国プレスからの記者クラブ批判も高まる．新聞の部数増加，テレビの大衆化などで，マスコミの影響力が格段に高まったこともあり，「業界」内部の問題だった「記者クラブ」は，社会問題化していく．

　苦悩する日本新聞協会は1965年，「なみなみならない決意」で，問題の解決を目指す．ところが，役所取材の多くを仕切っている現実を認めることは，すなわち，記者クラブを任意団体ではなく，公的性格を持つ団体（取材組織）と位置づけることを意味する．そうすると，雑誌や外国メディアを差別的に排除している実態を改める必要が出る．結局，日本新聞協会が1966年10月に発表した「記者クラブ問題に関する編集委員会の方針」は，「記者クラブは親睦団体」とした49年方針を改めて確認するに留まってしまう．

　この後，日本新聞協会は，1970年，1978年，1997年，2002年，2006年の5回，記者クラブに関する方針や見解を改めて発表している．これらは，報道界内部の問題を解決するためというより，外部向けの釈明という性格が強い．このなかで，とくに「97年見解」は，記者クラブを初めて「取材のための組織」と位置づけ，注目された．だが，一方で，任意組織としてのあり方を改めたわけではない．現在も，記者クラブは，記者たちの「自主的な組織」，すなわち任意団体だとされている．

　実際，京都市内の男性が，「京都市政記者クラブ」と京都市長との懇親会などへの公金支出の違法性を問うた裁判では，〈記者クラブは当事者適格性がない〉として，訴えが却下されている（1994年12月，京都地裁）．

§4　改革の動き

　外国報道機関も正会員　1990年代の記者クラブ批判の高まりに対し，記者の間から改革の動きが出てくる．

　1991年11月，「茨城県政記者会」では，役所持ちであった県庁幹部との懇親会を会費制に改める方針を確認した．茨城新聞労組の取り組みがきっかけ

だった．この後，新聞社労組の85組織を傘下におく日本新聞労働組合連合（新聞労連）も1994年6月，「提言　記者クラブ改革」をまとめた．役所からの便宜供与見直し提案など一部で成果をあげたが，提言内容をさらにどう具現化していくのか，労働組合としての力量は限られていた．

1992年，米国の情報総合サービス会社である「ブルームバーグ」東京支局が，東京証券取引所（東証）の「兜クラブ」に入会を申し込む．同クラブでは，企業の決算資料が投げ込まれるが，非加盟だと情報をリアルタイムに入手できない．速報性が重んじられる金融の世界では死活問題だった．訴えを受けた日本新聞協会は，〈外国報道機関の記者に，正会員での加入を認める〉という方針を決め（1993年6月），ブルームバーグは「兜クラブ」に入会できた．その後，外国通信社が，経済部系クラブに続々と入会している．

さらに，NTTにあった「葵クラブ」，経団連にあった「機械クラブ」がともに廃止された（1999年）．民間企業の経費削減のあおりを受けたものだ．

脱・記者クラブ宣言　以上のような動きとは別に，行政の側からの「改革」がある．さきがけは1996年4月の鎌倉市の例である．同市は「鎌倉記者会」を廃止し，雑誌記者など市を取材するジャーナリストに広く門戸を開いた「広報メディアセンター」を設置した．

これをさらに進めたのが，長野県である．当時の知事，田中康夫は2001年5月，「県政記者クラブ」など県庁内のクラブに対し，6月末までの退去を要請した．その時発表されたのが次のような一節から始まる「『脱・記者クラブ』宣言」である．

> その数，日本列島に八百有余とも言われる「記者クラブ」は，和を以て尊しと成す金融機関すら"護送船団方式"との決別を余儀なくされた21世紀に至るも，連綿と幅を利かす．それは本来，新聞社と通信社，放送局を構成員とする任意の親睦組織的側面を保ちながら，時として排他的な権益集団と化す可能性を拭い切れぬ．現に，世の大方の記者会見は記者クラブが主催し，

その場に加盟社以外の表現者が出席するのは難しい．

　各報道機関は対応に苦慮したが，庁舎管理権は県側にあることから，荷物をまとめて県庁から退去．県はその代り，「表現道場」（のちに「表現センター」と改称）と名づけた記者会見場を設けた．県政担当記者は，ここで原稿を書き，作業スペースとすることもできたが，常駐は認められない．記者会見の主催も，記者クラブから県に移行し，田中は「全ての表現者」が出席可能という運用を始めた．つまり，市民ならだれでも会見に出席できるということだ．

　このなかで，とくに，記者会見の主催権について，報道界は強く反発した．戦前，政府がなかなか説明をしようとしないとき，団結して記者会見を開かせた歴史を背景に，会見の主催は記者クラブとの考えが強いためだ．当局者が必ず出てこなくてはならない定例会見の時間を確保してきたのは，メディアの力である．

　だが，田中の退任（2007年8月）後も長野県では，県庁内の記者クラブは復活せず，会見の主催は県のままだ．「記者クラブ復権」のような動きは，世論の反発が予想され，メディア側が足並みをそろえられないためだ．

　韓国の事例　長野県のように記者クラブ改革を当局が主導すると，メディアを従わせるための統制になってしまう．

　注目すべきは韓国の事例である．植民地支配の影響があり，韓国にも日本と同じ記者クラブ制度があった．盧武鉉政権は2003年，特定の記者クラブが独占的に使用する中央官庁の記者室を廃止し，どの報道機関の記者でも利用できる記事送稿室を設置した．しかし，従前のように特定の記者だけの取材拠点となったため，2007年，官庁にあった37カ所の記者送稿室を閉鎖し，庁舎の外に，3つの統合記者会見場を設置し，記者が個々の庁舎内に日常的に出入りすることを禁止した．

　記者は，役所内部へのアクセスを確保し，役人と日常的な接触が可能となることで権力監視の役割を果たしてきた．韓国の記者クラブ解体は，行政職員と記者を隔離して，情報漏洩を防止するという強い統制を目指しており，報道機

関の取材活動にとっては大きな脅威である．

　メディアと政権の対立は2008年2月，李明博大統領の就任で大幅に緩和された．新政権が，閉鎖された記事送稿室を，省庁の状況に基づき，元に戻すことを決めたためだ．

　ただし，ジャーナリズムにとってよいことばかりではない．当局が，役所からメディアを追い出そうとしたとき，これを拒もうとするメディア側は「守旧派」のレッテルを貼られる．長野県の事例と並んで，メディアは苦しい立場にあることが明白になった．

　今後の課題　日本の報道機関は，〈記者室提供は，「知る権利」に基づく当局側の義務である〉と主張する．しかし，いくつかの裁判の判例は，行政機関による記者室提供は「広報サービス」の一環としての便宜供与にすぎないと認定し，取材の権利を積極的には認めていない．こうした位置づけでは，当局側が「設置の必要なし」と判断し，退去を求めれば，報道機関は従わざるをえない．長野の事例がまさにそうだった．

　今後の課題は，閉鎖性，談合などの批判を真摯に受け止めた報道界自らが記者クラブを改革する一方，知る権利に基づいた記者室使用の権利関係を明確にすることである．ところが，現実は，現状維持に汲々とするだけで，その検討や働きかけはほとんど行われていない．記者クラブ制度は漂流したままなのである．

　一時と比べ，落ち着いたとはいえ，いまなお，記者クラブ批判はくすぶり続けている．近年の特徴は，「改革派」と呼ばれる政治家からの批判が目立つことだ．2008年2月，財政再建に取り組む大阪府知事・橋下徹は，〈府庁に詰めている記者クラブの記者は，前府政時代，危機的財政状態を報じなかった〉と批判．宮崎県知事・東国原英夫も〈記者クラブが主催した記者会見を定例的に開く必要があるというが，何かが起きたときに実施すればよいのでは〉〈記者クラブシステムは当初は正しかったが，戦後60年経ち，見直されないのはいかがなものか〉という趣旨の批判を展開している（2007年4月と5月）．

　今後，「改革派」が政権を握り，人気浮上のために記者クラブ解体に乗り出

すという事態が考えられないわけではない．官庁内での取材がまったくできなくなるという最悪のシナリオに陥らないように，市民を巻き込む形で議論を進めるべきだが，その動きはあまりに弱い．

(森　暢平)

注
1) 福田康夫政権になり，1日2回に復したが，政権末期の2008年9月の一時期，福田首相も「ぶら下がり」を拒否し，「永田クラブ」の抗議を受けている．
2)『新聞協会報』2001年7月24日付
3) 岩瀬達哉『新聞が面白くない理由』講談社　1998年
4) 日本新聞協会「記者クラブに関する日本新聞協会編集委員会の見解」2002年
5) 日本新聞協会「記者クラブ制度廃止にかかわるEU優先提案に対する見解」2003年
6) 村上政亮「報知社時代の独歩氏」国木田独歩全集編纂委員会編『国木田独歩全集』第10巻　学習研究社　1967年

参考文献
現代ジャーナリズム研究会編『記者クラブ――市民とともに歩む記者クラブを目指して！』柏書房　1996年
日本新聞労働組合連合新聞研究部編『提言　記者クラブ改革』日本新聞労働組合連合　1994年
村上玄一『記者クラブって何だ!?』同朋社　2001年
森　暢平「昭和戦前期の記者倶楽部――新聞企業化への抵抗と限界」『成城文藝』第197号　成城大学文芸学部　2006年12月
森　暢平「戦時期の記者倶楽部再編」『成城文藝』第200号　成城大学文芸学部　2007年9月
森　暢平「戦後日本の記者クラブ――その歴史と構造」1～8『朝日総研リポート』2007年12月号～2008年7月号　朝日新聞社

キーワード
記者クラブ，ぶら下がり取材，エンベッド，便宜供与，発表ジャーナリズム，アジェンダ設定，ニュースソース，日本新聞協会，懇談，ブリーフィング，オフレコ，協定，戦時統制，親睦団体，田中康夫

報道と人権

§1 メディア不信の根源

　　知る権利と報道の使命　　記者の取材活動は，人びとの「知る権利」に依拠して初めて成り立つ．ジャーナリズムが自由な言論・報道活動を通じて果たすべき重要な役割は，公権力をチェック（監視・抑制）することであるが，権力に対し鋭く切り込めるのも人びとの付託を受けているからこそである．

　例をあげよう．大企業の工場が長い間にわたって垂れ流した廃液で海の魚が汚染され，それを知らずに食べ続けた地域住民が重い健康被害を受けていた．このような公害・環境問題を掘り起こして，企業の不正や無責任ぶりを伝えて広く世に問うとともに，それを放置してきた政治・行政の怠慢を改めさせる．このような報道機関の活動は各地で，公害被害者だけではなく多くの人びとの支持と共感に支えられ，ときには共に肩を組んで大組織や公権力の不正と向きあってきた．あるいはまた，誤った捜査で無実の罪に問われた人の訴えを受け止めて記者たちが事実を追究し報道した結果，冤罪を免れたという例もある．[1]

　多くの場合，新聞ジャーナリズムはその先頭にあって，人びとの「知る権利」

に応え，それを評価する読者・市民とは信頼関係で結ばれてきたといえる．

　この先に論を進める前に，この「知る権利」と報道の使命について理解しておく必要がある．報道する側は自らの基本的な立場をどのように考えているのか，ということでもある．客観的な手がかりとして，司法の判断を紹介する．

　1969年の博多駅テレビフィルム提出命令事件で，最高裁判所は初めて「知る権利」を認めて次のような判断を示した．「報道機関の報道は，民主主義において，国民が国政に関与するにつき，重要な判断の資料を提供し，国民の『知る権利』に奉仕するものである．したがって，思想の表明の自由とならんで，事実の報道の自由は，表現の自由を規定した憲法21条の保障のもとにあることはいうまでもない．また，このような報道機関の報道が正しい内容をもつためには，報道の自由とともに，報道のための取材の自由も，憲法21条の精神に照らし，十分尊重に値するものといわなければならない」．憲法第21条のもとにおける表現の自由，思想の自由，報道の自由，取材の自由，そして知る権利に奉仕する報道機関の報道が一体となって民主主義社会の存立の基礎として核心的な意味を持つことが十分に読み取れよう．いうまでもなく，報道する側は全面的にこの論理のうえに立っている．

　このように，人権を保障する規定のひとつである憲法第21条と報道の自由は密接不可分な関係にあるのだが，そうであるなら，なぜ，本章の「報道と人権」が課題として提起されるのだろうか．

　「報道被害」の批判　人びとの「知る権利に奉仕する」はずの報道が近年，本当に「奉仕」しているのか疑わしい．具体的な報道のあり方を見て，そうした疑問が広く指摘され始めたからにほかならない．報道や取材が人びとの人権を侵害するという意味で「報道被害」という言葉まで使われる．かつてのような報道機関と市民との深い共感関係は薄れ，ときには市民が報道機関を敵視し，公権力の側が報道を監視するかのような立場の逆転さえ起こりかねない状況が生まれている．

　報道が本来の役割を果たさず，「知る権利」に十分応えていないのではないか，

とする不信には2つの側面がある．1つは，報道機関が知らせるべきことを十分に知らせているか．もう1つは，知らせなくてよいことまで知らせているのではないか，という疑問である．この章では，主として後者の論点から考察する．

「報道被害」のキーワードとともに，「報道と人権」問題が社会的に大きく浮上したのは1999年のことで，この年はマスメディアの歴史に記憶される．いくつかの出来事を日誌ふうに振り返ってみると――同年7月，法相の諮問機関である人権擁護推進審議会の答申に「マスメディアの興味本位の，または行き過ぎた取材や報道によるプライバシー侵害がある」という一文が登場した．この背景には，神戸で起きた連続児童殺傷事件(1997年5月)をめぐる過熱した報道状況があった．翌8月，自民党の「報道と人権等のあり方に関する検討会」が「報道被害救済のために法律に基づく中立公正な第三者機関」の設置を求める報告書を出した．

9月，人権擁護推進審議会事務局の法務省補佐官が「行政命令によって，人権を侵害する記事を差し止めることも視野に入れて検討したい」と発言．これについては，日本新聞協会の検討会が憲法第21条で禁止されている事前検閲に当たると追及し，法務省側は発言を撤回した．10月には，日本弁護士連合会の人権擁護大会が「人権と報道」をテーマに取り上げ，報道被害の救済のために，自主・自律の報道評議会の設置を提言した．

これらの一連の動きは，報道によるプライバシーなどの人権侵害⇒人権の保護⇒報道被害の深刻化⇒急がれる救済⇒法的規制か第三者機関の設置か，という議論の流れが短期間に一気に高まったことを示している．

神戸連続児童殺傷事件では，加害少年(14歳の中学生)の顔写真まで掲載した雑誌もあったように，「推知報道」(42ページ参照)の氾濫のほかに，犯行動機，生育歴などをめぐって明らかなプライバシー侵害が数多く見られた．被害者側家族の報道についても，その心情を踏みにじるような取材・報道が指摘された．ついには法務省が「人権侵害」として少年の顔写真を載せた雑誌の回収勧告を

出し，最高裁家庭局長と神戸地裁所長が検事調書を掲載した別の雑誌に口頭で販売中止を事前要請する事態となった．いずれも異例のことで，知る権利・報道の自由と対立する公権力の介入事例としても議論を呼んだ．

その後，1998年夏の和歌山カレー殺人事件報道でも，狭い地域に殺到した報道陣が集団的過熱取材（メディア・スクラム）を展開し，被害者・容疑者双方に対する人権侵害として批判が巻き起こった．

遡ると，1994年6月に発生した松本サリン事件（死者8人，重軽傷者約600人）における犯人視報道は，マスメディアによる人権侵害の典型例として広く知られている．事件発生の第一通報者である会社員を殺人犯であるかのように誤った報道を続け，自身も被害者である会社員は1年近くもその汚名のもと精神的苦痛を味わった．報道被害とともに，捜査情報を鵜呑みにした報道のあり方が浮き彫りにされ，いっそう報道不信をかきたてることになった．

プライバシー侵害と個人情報　「知らせなくてよいことまで知らせる」という形で人びとの不信を買うのは，とくにプライバシーに関わる取材と報道である．犯罪に巻き込まれた被害者とその家族が，取材報道によって平穏な生活を踏みにじられて二次的に精神的な打撃を受ける事例が少なくない．こうした報道被害への批判は，社会の人権意識の高まりを背景にしている．とくに人びとがプライバシーの尊重と個人情報の保護を強く意識するようになってきたからにほかならない．

プライバシー権は，一般には「私生活をみだりに公開されない権利」「放っておいてもらう権利」とされる．三島由紀夫の小説『宴のあと』をめぐる訴訟で，1964年の東京地裁判決はプライバシーの侵害が成立するための3要件を示している．公表された事実が，① 私生活上の事実，または事実らしく受け取られるおそれのある事柄であること，② 一般人の感受性を基準にして，公開を欲しないであろうと認められる事柄であること，③ 一般の人にいまだ知られていない事柄であること，の3つである．

一方，個人情報とは，氏名，年齢，職業，住所，電話番号など個人に関する

情報すべてをいうが，このうち上述の3要件を満たした情報がプライバシーに当たると考えられる．つまり，報道によって個人情報を公表されてもただちにプライバシー侵害となるわけではない．また，侵害と裁判で認定されても，内容に公益性があれば報道側は免責されることがある．

　しかしながら，社会の個人主義化が進むなかで，2003年の個人情報保護法の制定をひとつのきっかけとして，「個人情報のプライバシー化」とでもいうプライバシーの肥大化が人びとの意識のうちで急速に広がっている．たとえば，事件の捜査に当たる警察が匿名発表を増やして，実名を求める取材記者と対立する場面は珍しくなくなった．「個人情報だから公表されたくないと被害者が言っている」というのが警察側の匿名発表の主な理由である．2005年の同法全面施行と犯罪被害者等基本計画決定がその傾向に拍車をかけたと見られる．そこでは，前述した民主主義社会における表現の自由，知る権利，ひいては報道・取材の自由の重い価値は棚上げにされがちである．

　報道される側の人権や利益の保護と，報道のもたらす社会全体の利益（公益）との調整が冷静かつ慎重に図られなければならない．

§2　犯罪報道にみる容疑者の人権

事件報道の意義　新聞に限らずマスメディアは，なぜ事件や事故を報道するのだろうか．犯罪を例にとって考えてみよう．まず，誰でも自分の周りで今，何が起きているのかを知りたいと思う．これは自然な人の欲求である．その対象は自分の周りから国内外の出来事にまで広く及んでいく．こうした社会的関心に報道は応える．報道された情報から何を読み取るかは人それぞれである．犯罪は社会を映し出す鏡といわれる．この社会がいかに病んでいるかを報道で確認し，予防策を考える機会とする人も多いことだろう．社会に潜む危険情報を共有することによって，安全な明日の社会をつくるために知恵を出し合うこともできる．

　さらに学校や家庭の教育の良し悪しから政治・経済のあり方まで，みんなで

問い直す議論が出てくるに違いない．その材料も多くは報道が提供する．世の中の不正や暗部を明るみに出し，また取材を通じて報道は捜査に当たる警察や検察の権力行使に行き過ぎがないかどうかを監視する．このようにして，社会は一歩ずつより良い方向へ進んでいく．一方で，事件や事故が起きたというのに，その詳しい情報が伝えられなかったとしたら，人びとは不安にかられ，社会全体が疑心暗鬼に陥ることも容易に想像できるだろう．

しかし，このような意味を持つ事件報道も人間社会の病理を解明しようとする営みである以上，いやおうなく人権との「衝突」に直面することになる．名誉権，プライバシー権といった人格権である．ここでは，まず犯罪報道の一番の対象となる容疑者の人権に焦点を合わせて，報道のあり方を考えてみる．

容疑者は，「犯人」ではない．司法の原則では，有罪判決が確定するまでは無罪と推定される．しかしメディアは，容疑者扱い（起訴前の段階で，逮捕状が出たり指名手配されたりした段階も含む）の時点で関連情報を取材し，報道する．有罪と無罪の間で行われるこの容疑者報道は，有罪を前提としたかのような犯人視報道と紙一重の危うさを持っている．容疑者が「犯人」だと印象づけるような報道は，すでに容疑者の人権を大きく侵害していることになる．

有罪と無罪のはざまで　実際の報道が，このように整理された考え方で貫かれて今日に至ったわけではない．たとえば，容疑者の呼称ひとつとってみても，犯罪の嫌疑をうけた人物の氏名は長年，呼び捨てで報じられてきた．つまり，その段階ですでに犯人扱いされたに等しく，人格権は踏みにじられていたといってもいい．その慣例をやめて，「容疑者」の呼称をつける今日の形に踏み切ったのは1989年11月の毎日新聞が最初だった．各社が追随した．それまでの呼び捨て報道の慣例は被害者や一般市民の感情などを考慮したものだと釈明しながらも，多くのメディアは「人権に対する国民の感覚の変化」や「捜査が誤る場合もある」といった理由をあげて，呼び捨て廃止を読者に伝えた．

この容疑者呼称の新方針は，それ以降の事件記事の書き方を大きく変えるきっかけとなった．実刑が確定したあとには「服役囚」「死刑囚」のような呼

称をつけるようになった．記事本文や見出しでも，犯人と決めつけるような断定表現をやめて「（……した）疑い」と記して，容疑事実に過ぎないことを示そうと工夫するようになった．写真も，逮捕後の手錠姿の連行シーンなどは原則として紙面から消えた．容疑者の人権への配慮に加え，捜査機関と一定の距離を置いた客観的な報道姿勢を目指すようになったのである．

　もっとも，それから間もない 1994 年 6 月の松本サリン事件で，多くのメディアは犯人視報道を繰り返す．仙台市の筋弛緩剤混入事件の報道でも，2003 年 11 月，仙台弁護士会は朝日，毎日，読売，河北新報の 4 社に対し，「容疑者を犯人視している」「プライバシーの侵害」などとして，記事は人権侵害に当たると認定して勧告を出した．

　この勧告に関連して朝日新聞の人権救済のための第三者機関「報道と人権委員会」は議論の中で，犯人視報道を避けるために新しい報道手法が必要だとして，大事件の報道に決まって見られる自供の報道，容疑者のプロフィル，識者の分析コメント，連載企画の 4 種の記事について細心の注意を促している[3]．

少年犯罪と推知報道の禁止　新聞は事件取材でも実名による報道を原則としている．実名・匿名問題はのちに触れるが，この実名原則の代表的な例外として，少年と精神障害者が関わる犯罪の報道がある．いずれも人権保護の視点からである．

　少年法第 22 条 2 項は「審判は，これを公開しない」と定め，第 61 条では「家庭裁判所の審判に付された少年又は少年のとき犯した罪により公訴を提起された者については，氏名，年齢，職業，住居，容ぼう等によりその者が当該事件の本人であることを推知することができるような記事又は写真を新聞紙その他の出版物に掲載してはならない」と規定している．いわゆる推知報道の禁止規定である．法的に罰則はないものの，少年犯罪の実名報道はこれに反する．第 61 条は審判前の少年については規定していないが，新聞をはじめ多くのメディアは法の趣旨を尊重して逮捕・補導の段階から匿名で報道している．

　ただし，この推知報道の禁止については，必ずしも法的な解釈が定まってい

るわけではない．大阪府堺市で1998年1月に起きた連続殺傷事件で，月刊誌に実名と顔写真などを掲載された被告（19歳男性）が出版社などを相手に「実名で報道されない権利」などを侵害されたとして損害賠償と謝罪広告を求める訴訟を起こした．一審の大阪地裁は「実名を報道するには，それを公表されない法的利益を上回る特段の公益上の必要性があることを，報道側が立証しなければならない」として，そうした事情にない今回報道は違法と認定した．

二審の大阪高裁は2000年2月，「（憲法に規定された）表現の自由は民主主義の基盤であるから制限には慎重でなければならない」としたうえで，「少年法61条は罪を犯した少年に実名で報道されない権利を与えているとはいえない」と違法性を否定し，判決は確定した．[4] 同時に，第61条に罰則がないことについて，「言論・出版の自由への配慮と少年法の順守を社会の自主規制に委ねたものであり，発行者は良心と良識をもって自己抑制することが必要」と指摘している．

未成熟な少年は教育や環境によって一時の過ちから立ち直る可能性が高く，将来の更生と社会復帰の支障になるような記事は掲載すべきではない．こうした考え方に基づいて少年法は，本人が誰であるかが分かるような報道を禁止している．この規定をそのまま解釈すれば，少年事件はいっさい報道できないとの見方も成り立つ．匿名であっても，学校や犯行状況，被害者情報を報道すれば，少年の身元が容易に特定されるかもしれないからである．

一方で，少年事件に対する社会の関心は高い．近年の少年犯罪は，低年齢化・凶悪化，良い子の突然の凶行といった特徴をもつ．教育関係者や父母だけでなく，広く大人たちにこの社会のありようを深刻に考え直させる出来事だ．そうした犯罪や非行の実態を報道することは，人びとの社会的な関心と「知る権利」に応える大切なメディアの役割である．

少年法の理念と憲法第21条との間にあって報道機関は，それぞれの要請に応えるために，実名報道を避ける一方で，事件の全体像に迫るための努力を重ねている．同じ事件で異なる判決が出たように，少年法の精神である少年の保

護育成と憲法に定められた表現の自由との調整は，簡単なことではない．低年齢化・凶悪化の傾向を背景に，少年犯罪に対する厳罰化の一環として実名報道による社会的制裁を求める意見も少なくない．多くの新聞は，事件の重大性と社会的関心の程度を慎重に測りながら，場合に応じてたとえ推知できる恐れがあっても必要な事実は伝えようとしている．少年でも死刑が確定したときには実名報道に切り替える方針を決めた新聞もある．推知報道禁止に罰則規定の導入を招かないためにも，興味本位のセンセーショナリズムや制裁目的とは一線を画した報道が求められている．

精神障害者の匿名扱い　実名原則の例外とされるもうひとつの代表は，精神障害者の犯罪の報道である．実名にするか匿名にするかは，刑事責任を負う能力があるか否かで判断が分かれる．

　この基準は，刑法第39条の「心神喪失者の行為は，罰しない．心神耗弱者の行為は，その刑を軽減する」との規定に沿っている．心神喪失とは，善悪を判断したり，その判断に従って行動したりする能力を欠いた状態のことをいう．その程度が軽い場合が心神耗弱である．犯行時に心神喪失だった者には，刑事責任がない．不起訴処分になるか，起訴されても無罪になる．その犯罪は本人の意思とは無関係に病気が引き起こしたものだから，刑事罰を科しても本人の矯正にも再犯防止にも役立たないという判断である．

　報道もこのような考えに立って，本人が将来，病気が治って社会復帰する場合に不利益にならないように，また家族が社会的な偏見にさらされることのないように匿名で扱う．

　実際の報道では，少年事件の扱いとは違った困難があり，慎重な判断が必要になる．犯行時に，精神障害⇒心神喪失⇒刑事責任能力なし，と直ちに明らかになるとは限らないからである．入院歴だけでは判断できない．精神障害を装う容疑者もいる．ひとつの事件で，報道機関によって実名・匿名の扱いが分かれたり，同じ新聞でも事態の判明にしたがって匿名から実名に，実名から匿名に転換したりすることも珍しくない．一般に，判断が難しいときには無難な匿

名扱いを選ぶ傾向があったが，近年では明確に責任能力なしという場合以外は実名原則を適用する記事が多い．その後の司法判断に応じて切り替えていけばいい，という姿勢である．事件の重大性が高いときには初めから実名を選択するという基準をもつ新聞社もある．

いずれにしても匿名にする場合は，「匿名⇒精神障害者が危険」といった印象を読者に与えて社会の偏見を助長しないように十分配慮しなければならない．

§3　犯罪被害者の人権

<u>メディア・スクラムへの批判</u>　犯罪報道のなかで，事件のもう一方の当事者である被害者は，どのように扱われてきただろうか．そもそも容疑者や被告は刑事手続き上，司法の権力行使を目前にして黙秘権や弁護人選任権などの権利が保障され，メディアも報道に当たってはその権利侵害には注意を払ってきた．これに比べて，被害者側の取材・報道については人権の視点から正面きって論じられることは少なかった．たとえば，実名か匿名かという議論もまず容疑者の問題ではあっても，近年まで被害者報道の論点ではなかった．

しかし，悲嘆にくれる被害者遺族をカメラやマイクが取り巻くといった光景に，多くの視聴者・読者は眉をしかめていただろうし，遺族自身はやりきれない思いを抱いていたにちがいない．犯罪によって打ちひしがれた被害者・家族の心情を取材・報道がさらに傷つける．報道によって2次被害が引き起こされる．こうした「報道被害」が目に見える形で立ち現れ，とくに社会問題化したのは1980年代半ば以降のことである．

1984年の「ロス疑惑」，1989年の3つの殺人事件[5]，1998年の和歌山カレー殺人事件，2001年の大阪教育大付属池田小児童殺傷事件，2002年の川崎市・川崎協同病院事件などの報道を通じて，報道被害をもたらした集団的過熱取材（メディア・スクラム）が強く批判されるようになった．

のちに銃撃事件の殺人罪では無罪が確定する「ロス疑惑」の中心人物をテレビカメラや記者が追い掛け回し，ワイドショーや週刊誌を中心に疑惑と関連の

ないプライバシーまで競って報じた．一人の私人に過ぎない人物が興味本位の報道にさらされた異例の出来事だった．カレー殺人事件では，容疑者と見られた女性宅周辺に 100 人単位の取材陣が長期にわたって張り込み，それによって平穏な日常生活を壊された地域の住民たちは取材の自粛を強く求めた．和歌山地裁は 2002 年の判決で「多くの事件関係者が精神的に強いストレスを感じざるをえず，捜査，審理にも影響を及ぼしかねなかった」などと述べて異常な取材のあり方を批判した．付属池田小事件では，遺族や学校関係者に取材記者が殺到したが，なにより被害に遭った子どもたちの生々しい現場写真の掲載が無神経ではないかとの批判を呼んだ．

報道陣が集団で集中的に行き過ぎた取材と報道を展開した結果である．

<u>新聞協会の対応策</u>　日本新聞協会は 2001 年 12 月，「集団的過熱取材に関する編集委員会の見解」を出した．そこでは，集団的過熱取材とは，「大きな事件，事故の当事者やその関係者のもとへ多数のメディアが殺到することで，そのプライバシーを不当に侵害し，社会生活を妨げ，あるいは多大な苦痛を与える状況を作り出してしまう取材」と定義した．このような状況から被る報道被害は容疑者・被告とその家族にも及ぶものだが，とりわけ事件の被害者とその関係者に対しては特段の配慮が必要だと指摘している．

この見解は同時に，取材・報道に当たって最低限，順守すべき留意事項として 3 点をあげている．① いやがる当事者や関係者を集団で強引に包囲した状態での取材は行うべきではない．相手が小学生や幼児の場合は，取材方法に特段の配慮を要する．② 通夜葬儀，遺体搬送などを取材する場合，遺族や関係者の心情を踏みにじらないよう十分配慮するとともに，服装や態度などにも留意する．③ 住宅街や学校，病院など，静穏が求められる場所では，取材陣の駐車方法も含め，近隣の交通や静穏を阻害しないよう留意する．

それでも好ましくない過熱取材状況が発生したときには，報道機関はまず現場レベルで，次いで記者クラブや地域の取材責任者で構成する支局長会で解決を図る．そこで解決できない場合は，新聞協会の集団的過熱取材対策小委員会

で扱う，と取り決めている．

この対応策の最初の事例となったのが2002年4月の川崎市・川崎協同病院事件だった．のちに殺人罪で起訴されることになる医師の自宅周辺に大勢の取材陣が集まり，住民から苦情が出た．病院にも詰めかけ通院患者も取材対象になった．患者遺族も似たような状況に置かれた．こうした事態に，現地の新聞・通信社などの責任者の集まりである横浜新聞懇話会が集団的過熱取材を避ける手立てを講じることで合意．現場の県警記者クラブが良識ある態度で取材することを申し合わせた．日本新聞協会は民放連にも協力を求め，テレビも足並みをそろえることになった．

その後，2005年に広島市と栃木県で相次いだ女児殺害事件，2006年に秋田県で起きた男児殺害事件などの取材・報道で，このような対応策がとられてメディア・スクラムを回避する努力が続いている[6]．

取材・報道の自粛は，たしかに犯罪の被害者をはじめ周辺関係者のプライバシーなど人権への配慮として評価されよう．メディアへの信頼を取り戻す一歩でもある．ただ，自粛することが本来必要な取材まで萎縮することになっては「知る権利」に応えるという報道の使命は果たせない．とくに，公務員や政治家，大企業の経営者など公的な人物については，一般私人とは区別して考える必要がある．過熱取材にさらされる前に，公人として社会的に説明する責任がある立場だからである．

§4 新たな事件報道を目指して

原則実名か匿名か　これまで取り上げてきたように，新聞などメディアは原則実名報道を掲げている．その理由は要約すると，主に，① 記事の客観性と正確性と説得性の確保，② 犯罪の抑止効果，③ 公権力行使への監視機能，の3点を根拠にしている[7]．

①は，ニュースに関係する人物の氏名は客観的な事実であり，正確な事実を伝えることは国民の知る権利に奉仕する報道の使命として当然のことだ，とい

う考えである．社会的な関心（公共の関心事）に応える事件報道の意義はすでに述べたとおりだが，「個人の人格の象徴」とされる氏名はニュースの基本要素である「5W1H」の中核である．実名で報じることで記事は現実的重みを感じさせ，さらに歴史的記録性にも堪え得る．ときには，その個人の安否を伝える情報にもなる．②は，それ自体が狙いではないが犯罪の実名報道の結果として，犯罪を抑止する機能を持つとする．社会的制裁効果といわれるものであろう．

　③は，過去の冤罪事件の例もあるように，私人の人権が捜査当局によってないがしろにされることが決して少なくない．警察が捜査情報を「被害者の保護」を理由に匿名で発表する傾向が強まっていることを考え合わせると[8]，匿名報道を原則にした場合，氏名情報はいっそう秘匿され，捜査権の乱用もまたチェック困難となるだろう．犯罪被害者・家族のなかにも，警察発表が匿名に傾くなかで，むしろ実名報道を望む声もある．事実を正しく伝えてもらいたい，と願うからである．

　これに対して，日本弁護士連合会は犯罪報道において原則匿名報道を提言してきた．理由として，①確定判決があるまでは誰でも「無罪推定の原則」に立って扱われるのが刑事裁判の原則である．だが，実際の報道では犯人であるかのように伝え，社会一般も逮捕されただけで犯人だと疑う風潮がある．つまり被疑者として氏名を出されることは，読者によって犯人と受け取られる結果になる．②実名による過酷な報道被害が現実に起こっている．被疑者・被告人として実名報道された当事者や家族が失職，離婚，転居，いじめなどに遭う事例が多くあり，逮捕されても起訴される割合は6割程度であることを考えると，これは過剰な制裁である，などと主張している[9]．

　さて，どちらの考え方が妥当であろうか．両者は真っ向から対立しているように見えるが，実は必ずしもそうではない．メディア側は，匿名で扱う範囲を広げてきている．先に見た少年と精神障害者とは別に，容疑者家族，性犯罪被害者，自殺・心中，微罪，参考人，別件逮捕などのケースでは匿名扱いとする

よう報道基準を明確にしているメディアも少なくない.

　日弁連側も，原則無罪推定の基本に立ちながら，公務員・政治家などの「公人」については市民の知る権利の対象として実名で報道すべきだとし，また捜査情報の公開も併行して進めるべきものだと指摘している.

　知る権利に基づく報道の公共性と氏名を報じることの公共性，それらと無罪推定という刑事裁判上の原則との関係について，均衡の取れた総合判断が必要である．報道する側はこれまでの慣行に流されることなく，自らの「報道倫理」に照らした独自の判断が求められている．その判断基準は広く公開され，社会意識の変化を敏感に反映した内容になるよう常に見直されなければならない.

　そうしたメディア自身の判断が妥当かどうか，客観的に外部の目で判断する第三者機関が 2000 年以降，多くの新聞社で設置されるようになったのは当然のことである．人権侵害報道の批判と法的な報道規制の動きを受けての設置だったが，それらの機関は各社によって位置づけが異なり，実際に報道被害の救済をふくめて十分に機能しているかどうか，改めて問われている（第XV章参照）.

　裁判員制度と報道制限　犯罪報道のあり方に新たに一石を投じたのは，2009 年 5 月から実施される裁判員制度の導入である．司法制度改革の柱として，重大な刑事事件の裁判に一般の人びとが裁判員として参加することになった．この裁判員法（2004 年 5 月成立）の立法過程で，事件報道が法律の素人である裁判員に対して偏見と予断を与えないように配慮する責務を報道機関に負わせることが検討された．しかし，報道機関は自主的ルールで解決したいとして法的規制に反対し，この「偏見報道の禁止規定」は原案から削除された．その後も最高裁判所は非公式ながら捜査情報，被疑者の自白，前科・前歴，生い立ち，有識者の談話などの報道内容をあげて，プロの裁判官と違って経験のない裁判員が報道に引きずられて公正・中立な判断ができるかどうか懸念する，と述べている[10].

　事件報道を全面的に否定しているともとれるこうした懸念に対して，日本新

聞協会は2008年1月,「裁判員制度開始にあたっての取材・報道指針」を公表した.「公正な裁判と報道の自由の調和を図り,国民の知る権利に応えていく」との基本理念を掲げたうえで,① 捜査段階の供述報道は,すべてそのまま真実であるとの印象を読者・視聴者に与えないよう記事の書き方に十分配慮する,② 被疑者の成育歴などのプロフィルは,事件の本質や背景を理解するうえで必要な範囲内で報じる,③ 事件に関する識者のコメントや分析は,被疑者が犯人であるとの印象を植え付けることのないよう十分留意する,ことを確認している.同時に,この指針では事件報道の使命として犯罪の背景の掘り下げ,社会不安の解消,捜査・裁判手続きのチェックなどを例にあげて,その意義を強調している.

この内容は有罪の予断を招く原因を見すえて,自らの報道に注意を喚起している点で評価できる.ただし,今後各社に委ねられた形の自主的ルールがどれほど実効性のあるものになるか疑問が残っている.しかし,この議論を通じて,犯人視＝有罪視報道や捜査情報に大きく頼った取材・報道など,事件報道が抱える長年の弊害について,メディア界が挙げて改善に取り組む必要がある.メディア不信を解消するための報道改革を実現する好機と考えられる.

一方で,司法を国民に身近なものにするためという裁判員制度にもかかわらず,接触禁止・守秘義務などを通じて裁判員と報道との間に壁が設けられた.この点で,取材の自由を過度に制約している疑いは免れない.報道は,そうした壁を乗り越えて,この新制度の運営実態とその是非を広く伝えて人びとの議論を喚起しなければならない.

いずれも,国民の知る権利に応える報道の使命を果たすために避けるわけにはいかない重要な課題である.

(佐藤　公正)

Ⅱ　報道と人権　51

注
1）近年の例では，鹿児島県議選で買収など公選法違反の罪で逮捕・起訴された住民13人が2007年，鹿児島地裁でアリバイや自白強要を認められ全員無罪が確定した「志布志事件」．その1人は「最初は不信ばかりのマスコミだったが，報道がなければ無罪は勝ち取れなかった」と語った（『マスコミ倫理』08年2月25日）．事件のでっち上げを暴くきっかけのひとつは06年1月5日付朝日新聞朝刊（西部本社版）の特ダネ記事で，同紙は関連報道で第7回石橋湛山記念早稲田ジャーナリズム大賞（草の根民主主義部門）を受けた．
2）『新聞研究』日本新聞協会，2001年4月号　pp.10-11
3）『朝日新聞』2003年12月21日付朝刊
4）堀部政男・長谷部恭男編『メディア判例百選』有斐閣　2005年　pp.102-103
5）1989年には都内で起きた女子高校生コンクリート詰め殺人事件，首都圏で4人の女児が殺害された連続幼女誘拐殺人事件，都内の母子強盗殺人事件（発生は88年11月）の報道をめぐって，いずれも過熱取材が批判された．
6）『集団過熱取材への対応に関する報告書』日本新聞協会　2005年
7）日本新聞協会研究所編『新・法と新聞』日本新聞協会　1990年　pp.144-147
8）日本新聞協会編集委員会『実名と報道』日本新聞協会　2006年　pp.14-31
9）日本弁護士連合会人権擁護委員会編『人権と報道』明石書店　2000年　pp.198-200
10）2007年9月，第51回マスコミ倫理懇談会全国大会での最高裁刑事局総括参事官の発言

参考文献
梓澤和幸『報道被害』岩波書店　2007年
朝日新聞社編『事件の取材と報道』朝日新聞社　2005年
徳山喜雄編『報道不信の構造』岩波書店　2005年
高橋シズエ・河原理子編『〈犯罪被害者〉が報道を変える』岩波書店　2005年
渡辺武達・松井茂記編『メディアの法理と社会的責任』ミネルヴァ書房　2004年

キーワード
知る権利，博多駅テレビフィルム提出命令事件，表現の自由／報道の自由，憲法21条，報道被害，第三者機関，松本サリン事件，犯人視報道，プライバシー，個人情報，容疑者の人権，少年法，推知報道，心神喪失，メディア・スクラム（集団的過熱取材），ロス疑惑，実名／匿名，無罪推定の原則，裁判員制度

III スクープと調査報道

§1 スクープ

「首相辞意」のスクープ　「安倍首相が与党幹部に辞意伝える」——．

テレビ画面にニュース速報のテロップが流れた．2007年9月12日．安倍晋三首相は午後1時から，衆議院で代表質問に臨み，答弁に立つ予定だった．まさにその直前，午後0時48分19秒にオンエアされた．

伝えたのはTBS (JNN)．速報直後，報道スタジオからの特別番組に切り替えた．1分後にはロイター電が，引用する形で「辞意伝える」を配信，世界を駆けめぐった．

政界は大混乱に．「誤報じゃないのか？ やっぱり辞任か？」 騒然となったのは，首相官邸や国会内にある記者クラブも同じだった．主要メディアの敏腕記者が200人近くも詰めている．「抜かれた」記者たちは，それこそ秒単位を争って事実確認に走り始めた．他のキー局が，スクープを最初に追い掛けたのは5分半後だった．

スクープの時点で，首相の決断を知っていたのは誰か．側近中の側近に限ら

れる．取材記者としては，それこそ寝食を共にできるような関係を築き上げていなければ，この情報は取れないはずだ．

　7月の参議院選挙で，安倍首相が率いる自民党は，30議席台の歴史的惨敗を喫した．公明党との連立与党は，参院の過半数を初めて割り込み，民主党が第一党に．5000万件を超える年金記録漏れ問題や，相次ぐ閣僚の不祥事などが響いた．しかし，安倍首相は7月29日夜，開票途中の段階で早々と続投を表明した．「私どもが進めてきた政策は間違っていない」．その後も政権運営に強気の発言を続け，8月からは外遊にも赴いた．

　TBSの担当記者は9月に入って，首相の異変に関する具体的な情報を入手した．これをきっかけに，限られた記者たちによる隠密取材が進む．11日の深夜には速報の予定稿を完成し，取材の段取りを確認した．翌12日午前11時，担当記者から確度の高い「事態急変」の情報が入る．大スクープへ報道局内の緊張は最高潮に達した．

究極の速報争い　スクープ（scoop）とは何か．広辞苑（第6版）は「新聞・雑誌・テレビなどの記者が他社を出しぬいて，重大なニュースをつかみ報道すること．また，その記事．特種」としている．さらに「出し抜く」とは，「他人の隙をうかがったりだましたりして，自分が先に事をする」ことである．

　そうまでして，他社に先駆けようとする．事件や事故，いわゆる「発生もの」を刻々と伝えたとしても，スクープにはならない．「首相辞意」を速報したTBSの場合は，首相が国会の代表質問に臨む直前．常識ではあり得ないタイミングだった．「出し抜く」というスクープの定義にぴったり当てはまる．

　英語のscoopも英語辞書によって定義はさまざまだが，「ある新聞が他紙に先んじて入手し，報じたニュース」など，日本語の語感との差はほとんどない．口語では「大もうけ」「大当たり」の意味もある．

　週刊誌の見出しには，「スクープ」という言葉が好んで用いられる．中には「独占スクープ」と，やや重複感のある言い方も見かける．自社だけが新事実を丸々つかんでいる．他社はノーマーク．そう強調したいのだろう．

取材・報道の現場では，同じ意味で「特ダネ」という言葉をもっぱら使っている．（もっとくだけた表現には「抜きダネ」がある）．「抜かれた」記者は，怒りや悔しさを伴った，強烈な苦痛を味わうことになる．

スクープは，究極の速報争いを経た結果である．結果の違いなので，新聞の場合は，数紙の紙面を読み比べれば，どの記事が該当するかが分かる．朝日，読売，日経の全国紙3社が2008年1月に共同で始めたウェブサイト「あらたにす（新s）[4]」に入れば，朝・夕刊の1面と社会面のそれぞれ上位3つの記事を，簡単に比較できる．

週刊誌と違い，新聞は記事の見出しに，「スクープ」や「特ダネ」などと銘打つことはない．だが，記事中に「～だったことが○○新聞の調べで分かった」などと書かれていれば，紙面を比べなくても，独自の記事なのだと察しがつく．

<u>出し抜くために</u>　スクープは他社を出し抜くことによってもたらされる．では，どうやって出し抜くのか．取材の過程までさかのぼると，スクープを類型化することができる．亘英太郎は次のように4つに大別している[5]．

① 放置すれば永久に表面化せず闇に葬られるか，著しく歪められた形で固定化されるだろう事実を発掘し，報道する（「発掘スクープ」と呼ぶ）．
② 当局によりいずれ発表されるだろう事実を事前に入手して報道する．
③ すでに公知の事柄や発表された内容から，ほかが気がつかない重要な意義や問題点を見つけ，異なる意味をもつ事実として報道する．
④ 世論調査や重要人物との単独会見のように，メディアが意識的にニュースを作りだして報道する．

見方を変えれば，取材記者が①～④のいずれかを行えば，スクープにつながる可能性が非常に高まる．だが，実際に記者として試みれば分かることだが，それほど容易ではない．

①～④のうち，スクープの大部分を占めるのは②の類型である．代表的なものには，「○○議員きょう逮捕」「A銀行とB銀行が経営統合へ」「△氏が知事選に出馬」などという見出しがつく記事がある．

山本博はこの類型を「先取り型特ダネ」と呼び，〈当局の非公式情報をいかに早く入手するか〉[6]が勝負を分けると指摘する．とくに，記者クラブ内では，競争が熾烈を極め，取材対象の大部分が，同じ権力機関に所属する捜査当局者や官僚，財界や企業のトップらに限られ，こうした狭い範囲での競争が中心にならざるを得ないからだ．

　藤田博司は上記②の形を「時間差スクープ」と名付ける．〈費やされる現場記者たちの時間とエネルギーは膨大な量に上る．その時間とエネルギーを，より建設的な取材活動に振り向ければもっと有意義な報道が可能であろうことは，ほとんど疑う余地がない．にもかかわらず「時間差スクープ」の競争に明け暮れるのは，結局，メディア間の横並び競争から脱落することへの恐れが背景にあるからだろう〉と，問題点を指摘している．

　膨大な時間とエネルギー　報道機関の宿命ともいえる速報競争．そのためには取材源への食い込みが必要だ．個々の記者が注ぎ込む時間とエネルギーについては，なかなか外部からは見えにくい．

　日本の報道機関は伝統的な取材手法として，情報源への夜回り（夜討ち），朝回り（朝駆け）を重視してきた．取材対象者が退庁した後や出勤前を狙い，通常は自宅かその周辺で，耳寄りな情報を聞く．勤務外の時間と場所であれば，取材される側にとっては自分の発言が非公式なものになるので，何かと都合がよい．

　夜回り・朝回りは決して効率のよい仕事ではない．たとえば，情報源となる警視庁の捜査員が都内在住とは限らない．神奈川，千葉，埼玉，茨城などに広がる．ハイヤーで出掛け，捜査員の帰宅を待つ．深夜零時，1時と時計を気にしながら，寒空で待ち続けても，会えるならまだよい．「きょうは何も話せない」と袖にされるかもしれない．運が悪ければ，顔さえ拝めずに終わる．

　夜回りのなかには，非常に形骸化したものもある．たとえば，記者クラブ加盟の各社の記者がそろって，特定の捜査当局の幹部宅を訪ねる．幹部は夜回りを受けられない場合は，記者クラブの幹事社を通して各社へ非公式に連絡する．

つまり，記者クラブ各社と幹部との間で行われる懇談が，庁舎内から外へと場所を移しただけのことだ．

全社が連れ立って同じところへ夜回りするなら，スクープには結びつかない．しかし，何としても「特オチ」[7]は避けたい．幹部の口から漏れる一言，二言を聞き逃さないように，他社と同じ取材源でも夜回りを続けるしかない．

当局とも他社との間にも暗黙の了解があるのに，当局の動向をあえて書いてしまうとどうなるか．当局側から一定の期間「出入り禁止」措置を受け，公式の取材（昼間の役所内での取材）を拒否されることもある．書く側は処分を受けるだろうと，事前に分かっている．でも，特ダネを打ちたい．当局側も，どの社が抜け駆けするだろうとは薄々感づいている．そうだとしても，リークすべき内容は流しておきたい．記者の苦労には報いたい．尖った神経戦が両者の間で繰り広げられている．

筆者の直接体験や見聞からすると，警視庁や大阪府警，東京地検など，大都市に置かれた捜査当局をカバーする記者たちの仕事は，国内のあらゆる職種の中で，肉体的にも精神的にも，もっとも過酷な部類に入るといってよいだろう．

夜回りから自宅に戻ると，わずか数時間で朝回りへ出掛けていくという生活パターンが恒常化する．未明に帰宅した玄関先に，朝回り用のハイヤーが待っていた，という笑えない話もある．

99％はリーク？　「特ダネの99パーセントはリークだ」[8]．ベテランの記者の一人はこう話す．

リークとは，捜査当局者ら取材源が記者に対し〈意図的に秘密や情報を漏らす〉[9]ことである．取材源は意図的に情報を流す．夜回り・朝回りする記者はそれをもらい受ける．こういう構造が成り立つのは，端的にいえば，双方にとってメリットがあるからだ．

あえて単純化すると，記者の側にとっては，他社と一緒に回っていれば，遅れをとることはない．もし，もたらされた情報が自社だけであれば「時間差スクープ」を打てる．

Ⅲ　スクープと調査報道　57

　これに対して，リークする側には「自らにとって有利な情報を，なるべく派手な記事に仕立ててもらいたい」という意図がある．スクープならば，各社が横並びで書く場合よりも，記事は大きな扱いになる．この効用を最大限に利用する．

　一例をあげると，捜査当局者が，各社のスクープ合戦を仕掛ける．報道が大きくなれば世間の注目を集める．事件の悪質さが際立てば，捜査を進めやすい．立件にまでこぎ着ければ，自分の手柄を対内的，対外的にアピールしやすくなる．

　両者の関係においては，通常，リークする側が優位に立つ．抜かれてしまった場合，今度は抜き返さなければならないと記者は焦る．新たなネタをもらおうと，リークにますます吸い付けられる．当局にとって有益な情報が次々とリークされ，紙面に踊る．

　こうしてリークする側がリークされる側を，取材と報道の両面で何かとコントロールすることが可能になってしまう．そのような関係を保ちつつ，ジャーナリズムが権力を監視したり，チェックしたりすることができるのか．取材先との関係によっては，〈あらゆる権力から独立し，自らの理念に基づき報道するという記者の使命を自ら否定することになりかねない〉[10]という危険を孕んでいる．

§2　調査報道

　閣僚辞任に追い込む　「架空事務所に経費支出　虚偽の収支報告」．2006年12月26日の朝刊．共同通信が配信した記事の見出しだ．一発のスクープで，翌日，現職閣僚が引責辞任した．安倍政権は発足から3カ月で，大打撃を被る．

　佐田玄一郎・行政改革担当相（当時）＝衆院群馬1区選出＝の政治団体は発足当初から，池袋には事務所を置いていなかった．それなのに，光熱水費や事務所費などの経費を支出した形にして，国に虚偽の報告書を提出している．1994年から2000年まで合わせて約7800万円に上った．

　取材の端緒は入閣前の2006年7月にさかのぼる．衆議院議院運営委員長だっ

た佐田氏は，国会議員の所得公開に後ろ向きの姿勢を見せる．なぜ嫌がるのか．国会を担当していた社会部記者は首をかしげた[11]．資産報告書や政治資金収支報告書などを丹念に調べ始めた．

東京・池袋のビル．報告書に記載された，政治団体の事務所を訪ね歩いた．しかし，事務所の実態はなかった．関係者に会い，一人でこつこつ事実を積み上げていく．

次第に「政治家とカネ」のからくりが見えてきた．政治資金規正法は事務所費など経常経費に領収書の添付を義務づけていなかった．総額を記載するだけなので，表に出せない費用を潜り込ませている可能性がある．不正は発覚しにくい．現行の制度そのものに欠陥があることが分かった．

電話も引かず，秘書も置かず．佐田氏の秘書は「東京には事務所はなかった」と渋々認めた．数カ月後にあらためて取材すると，この政治団体は解散していた．自分の取材が引き金になっている．「ふたをするつもりだな」と記者は感じた．

丹念な取材が実ったのは取材を始めて半年後．共同通信から配信された記事を東京新聞などが１面トップで扱った．翌日の辞任会見で，佐田氏は「不適切な会計処理であったことは認めざるをえない」と答えたが，詳細を問われるとしどろもどろになった．会見はわずか10分で打ち切られた．

調査報道が事務所費問題の存在を世に知らしめた．翌2007年の年明けから，事務所費問題は松岡利勝農相（当時）らに次々と飛び火する．

権力にとって都合の悪い事実　「調査報道」(investigative reporting)とは何か．「スクープ」との差異はどこにあるのか．

「スクープ」は，結果によって，その他の報道と区別される．競合他社よりも先んじて報じるかどうかが基準になる．これに対して「調査報道」は，取材から報道に至るプロセスが問われる．時間をかけて調査したかどうかで，他の報道と区別される．手厚い調査を独自に行った結果，報道に値すると判断したものだけを記事にするのだから，大部分の調査報道はスクープにもなる．

山本博は，「公費天国キャンペーン」や「リクルート報道」など自ら手掛け

た取材・報道の経験を踏まえ，調査報道とは〈将来にわたっても明らかにされないだろう当局側にとって都合の悪い事実を，報道機関が独自の調査取材で報道する方式〉[12]とする．その上で，取材対象は〈公的機関や社会的存在の高いものに限定される〉[13]との考えを示している．ジャーナリズムによる権力監視機能を意識したとらえ方といえる．

米国の3類型　調査報道の本家である米国での位置づけはどうか．

ビル・コヴァッチとトム・ローゼンスティールは共著『ジャーナリズムの原則』の中で，調査報道を，本来の形の調査報道，解釈型の調査報道，調査に関する報道，の3つに分類している．

1番目の「本来の形」は，〈記者自らがそれまで一般市民に知られていなかった活動を暴露し記録すること〉[14]，〈暴かれた問題や行為について正式に公的な調査がおこなわれるような調査報道であり，報道機関が一般市民にかわって公共機関を動かす典型的な例である〉[15]だという．

2番目の「解釈型」は，〈特定の概念を注意深く考えて分析するとともに事実を根気強く追究することによって，一般市民の理解を深めるようなより完全な新しい文脈のなかに情報を構築する作業の結果生まれるもの〉[16]であり，〈通常，標準的な暴露記事よりも複雑な問題や事実をあつかう．ものごとに関する新しい見方や情報を明らかにするもの〉[17]だとしている．

初期の代表例として，有力紙ニューヨーク・タイムズが1971年に報じた，国防総省のベトナム秘密文書事件（ペンタゴン・ペーパーズ）に関する報道を取り上げる．ニール・シーハン記者らが約7000ページに及ぶ文書を読み解いて，連邦政府が厳しい戦況を国民に知らせず，戦争を泥沼化させた過程を明らかにした．

3番目の「調査に関する報道」は，〈政府機関などがすでにおこなっているか準備をすすめている公式調査に関する情報〉[18]を何らかの形で入手し，報道することである．最近になって登場し，ますます一般的になっているという．問題点として〈調査に関与する情報源によって利用される可能性が高い．報道機関は権力機構にたいする監視役ではなく，その道具になる危険がある〉[19]ことを

あげている．

　日本での議論と比べると，1番目の類型が，日本で指す調査報道とほぼ一致する．逆に，3番目の類型は，「時間差スクープ」に限りなく近づき，調査報道には含めないのが一般的だ．

　捜査当局が追及の対象に　調査報道の始まりは，17世紀に英国で誕生した定期刊行物にまでさかのぼることができるという．ジャーナリストの最高の栄誉とされる米国のピュリッツァー賞に，調査報道部門が置かれたのは1964年のことだ．

　1972年にはワシントン・ポストのボブ・ウッドワードとカール・バーンスタインの両記者が，ニクソン政権のウォーターゲート事件を報道[20]．大統領を辞任に追い込んだ．調査報道がジャーナリストという職業イメージをも変えた[21]といわれる．

　日本で先駆的な役割を果たしたのは，立花隆が月刊『文藝春秋』(1974年11月号)に発表した「田中角栄研究－その金脈と人脈」[22]である．そして，新聞社として調査報道の名をとどろかせたのが，1988年，朝日新聞横浜支局による「リクルート報道」[23]だ．

　ところが，調査報道は従来の輝きを失い，弱体化しているという指摘が，米国でも日本でもしばしばなされている．背景には，権力を批判するメディアの力自体が衰えていることや，調査報道を展開するにはそれなりの手間や経費がかかり，企業経営の観点からは割が合わないことなどがあるという．

　とはいうものの，決して廃れてはいない．調査報道の中でも，日常的な取材先である公的機関，とりわけ捜査当局自体が不正追及の対象となる場合，取材は困難を極める．当局側と全面対決しながら，「都合の悪い事実」を確認していかなければならない[24]．もっとも難しいが，もっとも評価されるべき調査報道の分野である．

　この種の調査報道では，地方紙が頑張りを見せている．たとえば，2000年3月に高知新聞は，高知県庁の「やみ融資」問題を報道した[25]．特定の企業に対す

る約 26 億円の不正融資とその構造を独自に調査し，明らかにした．担当記者の取材は 3 年に及ぶ．2001 年度の新聞協会賞を受賞した．同年度の受賞作には，毎日新聞の「旧石器発掘ねつ造」のスクープがあり，陰に隠れる形になったが，圧倒的な地方の権力である県庁に地元紙が切り込んだ調査報道として，高く評価されるべきだろう．

また，高知新聞は 2003 年 7 月，高知県警が捜査費を虚偽請求し，組織的に裏金を作っていたことも報じている[26]．担当記者が取材中，県警はアメとムチを使い分けて，記事掲載を潰しにかかった[27]．「書かずにいたら，俺の定年まで，おまえの特ダネを保証する」という申し出もあった．逆に「尾行なんて簡単だ」などとおどされた．記事掲載後は他の記者も取材拒否された．新聞の不買運動にも遭った．

北海道警の裏金問題を，調査報道で徹底追及したのは北海道新聞だった[28]．一連の報道で 2004 年度の新聞協会賞のほか，菊池寛賞など数多くの賞を受けた．

情報公開で「闇を撃つ」　米国の調査報道は，情報公開制度を積極的に活用しているのが特徴的だ．情報を秘匿したがる行政府に対抗するために，手探りで公文書の開示を求め，市民に問題を提起している[29]．

そのひとつ，ウェストバージニア州の地方紙チャールストン・ガゼットは，大規模な石炭採掘で自然環境が破壊されている問題を暴いた．連載記事「マイニング・ザ・マウンテンズ（鉱山採掘）」の報道内容を，有力紙が一斉に追い掛けた．

巨大な機械で岩盤を吹き飛ばす「マウンテントップ・リムーバル（山頂除去）」という技術が，山々を丸裸にしている．生態系が破壊されているデータを掲載した政府の調査報告書は当初，公開されなかった．ケン・ウォード・ジュニア記者は情報自由法に基づく制度を駆使し，何件もの情報公開を請求．入手した文書の全文を同紙のウェブサイトに掲載した．政府が知らせなかった事実を，市民はようやく目の当たりにすることになった．

潰されないために　すべての報道機関が調査報道に取り組めているわけではない．米国の大学で採用されているテキストは，3 つの障壁をあげている[30]．

まずは「経費」．調査報道は，報道の中でもっとも時間と金がかかる．次に「人員」．記者を長期間の取材に専念させるだけの人的余裕がなければ実現しない．そして，最後が「勇気」である．

　最初の2つは，工夫次第で解決できる可能性がある．ところが，3番目の，報道機関自体に「勇気」が欠如していると分かった場合，記者の選択は2つに限られる．調査報道をあきらめるか，それとも，当該組織を辞めてしまうか．

　調査報道は，現状へ疑問を投げ掛ける．闇に光を当てる．記者は関係者に厳しい質問をぶつけ，苛立たせることにもなる．記者個人や所属する組織への反発を覚悟しなければならない．米国連邦政府は，ベトナム秘密文書事件やウォーターゲート事件などで，報道機関に対し，出版差し止めなどの圧力をかけた．広告主が広告を取り下げるケースは，日本国内でも珍しいことではない．記者個人の勇気もさることながら，報道機関には組織として外部からの圧力に屈しないだけの気概が求められる．

　田中金脈を追及した立花はこう振り返る．〈"ペンは剣よりも強い"などということは，一般には通用しない．権力の強さは，それを身近にふれたことがある人なら誰でも知っていることだが，圧倒的なものがある〉[31]．

　権力に立ち向かうのは生やさしいことではない．〈歴史をみていくと，迫害によって真理が圧殺された例がいくらでもある〉[32]．

　ジャーナリストの魚住昭は，古巣の共同通信社社会部で2006年10月，安倍首相（当時）周辺のスキャンダル記事を用意しながら，配信直前に差し止められた経緯を詳細に明らかにしている．記者たちが1カ月以上かけて取材した調査報道だった．〈差し止めの背後には，平壌支局の開設問題に絡んで，首相の顔色をうかがう共同通信上層部の姿勢が見え隠れする〉[33]という．

　魚住の批判は厳しい．〈首相にまつわる記事を自主規制で握りつぶしたのなら，メディアとしてはこれ以上ない，絶望的な愚行だろう．たとえどんな大義名分があろうと，権力批判の刃を捨てた報道機関は報道機関の名に値しない〉[34]．

§3 オンライン時代に何が変わるか？

"紙媒体優先主義"　本節では，報道機関，中でも新聞社が，オンライン時代に何を目指すべきかを考える．

報道機関は自前のウェブサイトを開設している．事件，事故，災害などの「発生もの」や，行政機関や企業，団体などによる「発表もの」を中心に，記事を次々とアップする．新しい情報が加わり次第，差し替える．もはや，朝刊や夕刊の紙面発行より，時間的に先行する例も珍しくない．グーグルなど大手検索サイトのニュースに転載されれば，どのメディアが初めて流したのか，利用者はさほど意識せずに閲覧している．

だが，国内の新聞社は「紙媒体」（新聞紙）を重視する指向が強い．朝・夕刊が発行された後，当該記事をオンラインでも読めるように転載する．とくに，スクープ扱いの記事を，新聞社が紙面発行の前に，自らウェブサイト上に載せることはほとんどない．検索サイトにも掲載されない．

この"紙媒体優先主義"は根強い．第1節で紹介した，朝日・読売・日経の3社が運営する「あらたにす」も，記事の「読み比べ」という発想自体が紙媒体に縛られている．サイト上で朝刊の記事が載るのは当日の午前7時前後，夕刊は午後4時前後である．時間的には，朝・夕刊の最終版の締め切りが過ぎ，新聞が宅配されるころにならないと，サイト上で確認することはできない．

スクープ競争は，あくまで「紙媒体」で．スクープ記事は伝統的に，締め切り時間が早い「早版」にはまず掲載しない．「遅版」「最終版」にだけ載せる．遅版締め切りまで数時間．とくに「時間差スクープ」は，他社が当局に記事内容を確認した時点で追いつかれてしまう恐れがある．「遅版」だけに入れておけば，他社の紙媒体よりも，確実に半日あるいは丸一日リードできる．

とはいいながら，早版の読者にしてみれば，次の夕刊か朝刊まで，待たねばならなくなる．早版にはスクープ記事を載せず，早版読者にはウェブサイトで先に読んでもらってよいのか．紙媒体で半日の差を付ける，それを読み比べて

ほしいというのは，旧時代の発想ではないのか．業界内だけの論理だと指摘されても仕方がないだろう．

すぐに追いつかれてしまうから，遅版にしか載せられないという「時間差スクープ」は，そもそも，スクープの名に値するのかどうか．本当のスクープ記事ならば，たやすく他社は追えないはずだ．

秒単位を争う意味　できるだけ早くニュースを伝える．これは報道機関の宿命である．ましてや重大なニュースであれば，秒単位を争うことになる．大きなニュースになればなるほど，速報競争で報道機関の真価が問われる．冒頭で取り上げた「首相辞意」のように，各社の差が如実に現れる．

報道機関が総力をかけるテーマのひとつに，国政選挙の開票速報がある．結果がこの国の行方を決めるからだ．各選挙区でいち早く当選確実を打ち，大勢がどうなるのかを伝える．世論調査に基づく選挙情勢分析，投票当日に行われる大規模な出口調査，政党や選挙事務所などへの事前取材などから，結果を占う．最近では，投票が締め切られる午後8時直後には，党派別の予想獲得議席数をテレビ各局が一斉に打ち出す形が定着してきた．

テレビは生放送で伝えることができる．新聞の速報は号外の発行を除けば，間隔が短くても半日に1度だった．朝・夕刊の締め切りで差がついた．ところが，新聞各社はウェブサイトを開設している．オンライン上では秒単位の勝負が可能になった．

そうであるなら，「時間差スクープ」の類も，締め切りを待たずにできるだけ速く，流してはどうか．オンライン上ならば，掲載された時刻が記録される．検索サイトに各社からの関連ニュースが載れば，どの記事が先行しているか，勝敗は一目瞭然といえる．各社はそこで速報競争をすればよい．

"賞味期限"の長いニュース　このような時代に入ると，紙の新聞の読者は，テレビやウェブサイトで速報されたニュースを，時間的には遅れて読むことになる．もし内容が全く一緒ならば，読者は離れていくかもしれない．しかし，同じトピックでも，新聞ならではの取材と報道によって，ニュースの内容

に差別化が図られれば，読者に対して別の付加価値を提供できるはずだ．「時間差スクープ」以外のスクープ類型であれば，紙媒体の新聞は独自性を発揮できる．ウェブサイトで流しても，すぐに追いつかれることはない．

　むしろ，オンライン上の速報競争が激しくなればなるほど，「時間差スクープ」の類は存在意義を失う．スクープの"賞味期限"が短すぎるからだ．これまで言及したように，スクープには大変な労力がかかる．半日から一日早いのではなく，短ければ数分，長くても数時間の違いしか生み出せないと分かれば，別のやり方に移行するようになるのが自然だろう．

　"紙媒体優先主義"を新聞社が貫くのは，「インターネットで先に記事を読むことができるなら，紙の新聞をわざわざ買う読者が減ってしまう」という懸念があるからだ．確かに新聞を販売する以外に新聞業界はビジネスモデルを見いだしていない．[35] スクープ記事の取り扱いを含め，新聞は岐路に立たされている．

　速報をウェブサイトで競う時代が来れば，新聞あるいは新聞社はどうなるのか．オンライン上での速報競争に加わるかどうかがひとつの分かれ目になる．速報は通信社やテレビなどに任せるというのも，選択肢としてあり得るだろう．

　いずれにせよ，新聞社が力を入れるべきひとつは，前節で述べた調査報道である．報道するまでは時間と手間と経費がかかる．そうであっても，ニュースとしての"賞味期限"は長い．そして何より，権力監視あるいは権力チェックという，ジャーナリズムの使命を果たすことになる．

　〈政治家や官僚などの公人による不正なカネの使途，権力の濫用，そうした際に生じるあらゆる不正に目を光らせることこそ，ジャーナリズムに課せられた最低限の使命ではないか．[36]〉

　新聞社にとって重要なのは，紙媒体の新聞が生き残れるかどうかではない．ニュースを生産する企業として，受け手が求めるニュースをどうやって送り続けるかが問われる．オンライン時代には，それにふさわしいスクープと調査報道の形を考えていかなければならない．

　　　　　　　　　　　　　　　　　　　　　　　　　　　（小黒　純）

注
1）「首相続投の意向」の報道も TBS が一番手だった．当日の午後 8 時 38 分に報道．
2）大山寛恭「見えないものを視る　〜歴史的大敗から首相辞任までの暑い夏」『新・調査情報』TBS 調査情報編集部　2007 年 11 月号　pp.40-41
3）たとえば http://dictionary.reference.com/browse/scoop
4）http://allatanys.jp/index.html
5）渡辺武達・山口功二編『メディア用語を学ぶ人のために』世界思想社　1999 年　pp.46-47
6）山本　博『ジャーナリズムとは何か』飛悠社　2003 年　pp.22-23
7）大部分の社が掲載したのに，自社だけ記事にしていなかった場合は，「特オチ」と呼ぶ．
8）2008 年 5 月 5 日，大阪市北区の大阪大学中之島センターで開かれたフォーラム「メディアの未来」における，朝日新聞シニアライターの山田厚史氏の発言
9）大塚将司『スクープ——記者と企業の攻防戦』文藝春秋　2004 年　p.189
10）同上　p.191
11）当該記者に筆者がインタビューした（2008 年 3 月 27 日）．
12）山本　博『追及——体験的調査報道』飛悠社　1990 年　p.397
13）同上，pp.397-398
14）ビル・コヴァッチとトム・ローゼンスティール著，加藤岳文・斎藤邦泰訳『ジャーナリズムの原則』日本経済評論社　2002 年　p.148
15）同上
16）同上，p.150
17）同上
18）同上，p.152
19）同上，p.154
20）ボブ・ウッドワード，カール・バーンスタイン著，常盤新平訳『大統領の陰謀——ニクソンを追いつめた 300 日』文藝春秋　2005 年（文庫版）
21）ビル・コヴァッチ，トム・ローゼンスティール著，前掲書，p.142
22）立花　隆『田中角栄研究　全記録（上）（下）』講談社　1982 年
23）朝日新聞横浜支局『追跡　リクルート疑惑——スクープ取材に燃えた 121 日』朝日新聞社　1988 年
24）高橋俊一「新聞神話の崩壊 12　調査報道と権力報道の収集，両立の問題」『朝日総研レポート　AIR21』2006 年 7 月号　pp.26-36
25）高橋俊一「新聞神話の崩壊 9　調査報道こそメディアの神髄」『朝日総研レポート　AIR21』2006 年 1 月号　pp.41-54．高橋俊一「新聞神話の崩壊 10　調査報道の進展とその条件」『朝日総研レポート　AIR21』2006 年 2 月号　pp.23-34
26）北海道新聞取材班（編）『日本警察と裏金——底なしの腐敗』講談社　2005 年．

Ⅲ　スクープと調査報道

高知新聞のウェブサイト内に「闇を撃つ」というコーナーがあり，その中に「高知県警捜査費問題」の特集ページがある．http://203.139.202.230/08kenkei/08kenkeifr/htm
27) 高橋俊一「新聞神話の崩壊11　調査報道と警察取材，尾を引く因縁」『朝日総研レポート　AIR21』2006年4月号　pp.53-69
28) 北海道新聞取材班『追及・北海道警「裏金」疑惑』講談社　2004年．北海道新聞のウェブサイト内に「道警裏金問題」の特集ページがある．過去の記事が掲載されている．http://www5.hokkaido-np.co.jp/syakai/housyouhi/document/
29) ローレンス・レペタ著，石井邦尚訳『闇を撃つ』日本評論社　2006年．米国で情報自由法を活用して，隠された事実を見出した十五の事例が紹介されている．本文中の事例も同書によった．
30) The Missouri Group. *News Reporting and Writing*, Seventh Edition. Boston: Bedford/St.Martin's, 2002. pp.386-405.
31) 立花　前掲書（上）p.95
32) ジョン・スチュアート・ミル著，山岡洋一訳『自由論』光文社　2006年　p.68
33) 魚住　昭『官僚とメディア』角川書店　2007年　p.10
34) 同上，p.29
35) たとえば，河内　孝『新聞社――破綻したビジネスモデル』新潮社　2007年
36) 上杉　隆『小泉の勝利　メディアの敗北』草思社　2006年　p.283

参考文献（注に登場したものは除く）
柴田鉄治・外岡秀俊『新聞記者 疋田桂一郎とその仕事』朝日新聞社　2007年
フォーカス編集部『FOCUS フォーカス　スクープの裏側』新潮社　2001年
山本　博『朝日新聞の「調査報道」』小学館　2001年
Aucoin, James L.*The Evolution of American Investigative Journalism*. Columbia, Mo.: University of Missouri Press, 2005.
Spark, D. *Investigative Reporting: A Study in Technique*. Oxford:Focal Press, 2000.

キーワード
スクープ，記者クラブ，夜回り（夜討ち），朝回り（朝駆け），取材源，リーク，調査報道，権力監視，情報公開，オンライン

IV 客観報道をめぐる争点

§1 客観報道とは何か

物語としてのニュース記事　新聞社で記者としての仕事をし始めると，まずニュース記事の書き方を教えられる．▼事実，それも確かめられた事実であるかどうかを何度も確認し，▼それを元に「5W1H（いつ＝When，だれが＝Who，どこで＝Where，なにを＝What，どのように＝How，その理由＝Why）」について，▼重要な事柄から書き出し，分かりやすく，▼第三者の立場で書け——というものであった．これはいまでも，どこの新聞社でも変らずに続けられているはずである．このような記事の書き方は，一般的に「客観報道」と呼ばれている．

ではなぜ，このような書き方が新聞で求められているのであろうか？　これは，ニュースという"情報"の性格からくるものと考えられている．

人びとはなぜ，ニュースを知りたがるのか．それは，人が日々生きていくうえでその環境の変化を知ることが必要だからではないだろうか．さまざまな意味を込めて，「役に立つ」と一言で言い換えることもできるだろう．小さな意

味では，肉体的・経済的に"生存＝生き延びる"ために必要な情報であり，大きな意味では，民主主義社会の中で人びとが自らの社会についての判断・意思決定に必要な出来事に関する情報であるといえる．

そのような情報，「ニュース」に求められることは，ウソでもなく，不確かなことでもなく，「確認された事実」に基づいていることが必要である．また，読者はそうしたニュースの中に出来事の意味を見出せなければならないので，ニュースの報告者＝新聞記者＝は，多くの人に役立つような事実を集め，表現＝記事化＝しなければならない．

また出来事を伝えるためには，「物語」という形式をとる必要がある．「物語」には神話や寓話，説話，小説などさまざまなものがあるが，すべてに共通するのは，「5W1H」の要素で語られるということであろう．

たとえば，おとぎ話の「桃太郎」を思い出してみよう．

むかしむかし，あるところに，おじいさんとおばあさんがいました……．

「むかしむかし」は，いつ（When）の情報であり，「あるところに」は，どこ（Where）の情報である．いずれもその情報はあいまいに表現されているが，その理由は正確である必要も，具体的である必要も，まして事実である必要もないお話，何らかの教訓を読み取ることができればいいお話だからである．

このようにおとぎ話や小説などが筆者のメッセージを伝えるために「事実」にこだわらないで構成された物語＝虚構，フィクション＝であるのに対し，ニュースはすでに述べたような理由から「事実」に則って，ノンフィクションとして語られなければならないのである．

整理すると，ニュースは，正しく，十分な事実に基づいて，分かりやすく，意味が分かるように物語られなければならない，ということである．

ただし，ここで留意しておかなければならないことが2点ある．1点目は，出来事は時間を追って変化するということ，2点目は，「5W1H」の各要素の情報は必ずしも一度に全部が分かるわけではないということである．

人が外で死んでいるのが見つかった，という例で説明しよう．まずこれは，「死

体発見」というニュースとして伝えられる．捜査が始まり，死因の究明がされる．病死か自殺か他殺か．他殺なら誰が，なぜ，どのように殺したのか，そして犯人はどこにいるのか——．このように時間を追って，出来事の様相とそれをめぐって必要な「5W1H」が変ってくる．それぞれの時点で，何が分かるかはケースごとに異なる．他殺の場合，なかなか分かりにくいのは，犯人と犯行の動機であろう．どのような出来事でも，最後まで分かりにくいのは「真実」であるし，分かるとも限らない．また，「真実」は受け取る人によってもそれぞれ異なる．このような意味で，ニュースのほとんどは，いつ終わるか分からない"未完"の物語ともいえるだろう．

定義をめぐる混乱　しかしながら，一人の人間＝記者＝がある事象を見て，それがどうなっているかを他者に語るとき，すべての人にとって共通する説明というものはできるだろうか？「もちろん，そんなことはできない」と，いまなら誰もが答えるに違いない．このことは，多くの人が一度は聞いたことがあるひとつの寓話を思い出せば，納得できるだろう．粗筋はこうだ．

　目の不自由な子供たちがある時，ピクニックに行くと，象に出会った．引率の先生は象という動物を学ばせたいと，子供たちにそれぞれ勝手に象に触れさせた．象の耳にさわった子は「象とは大きなうちわのようだ」といい，足に触れた子は「太いこん棒のようだ」と感じた．腹に触れた別の子は「大きな壺のようだ」と思った．

　学校に帰って子供たちの感想を聞いた先生はこう話した．

　「みんなが言ったことは正しくもあり，また間違ってもいる．君たちのそれぞれが触れたのは，象という動物の一部分だ．そこから象の全体像を描こうとしても，それは正確なものではない．象はうちわのようでもあり，こん棒のようでもあり，壺のようなものでもある．そして，これらすべてをあわせたより以上のなにかだ．それは全体を見ることによってはじめてわかるのだ．」

　この話は，19世紀のインドの宗教家ラーマクリシュナが「神」について議論をする際の教訓を語ったものである．「部分」と「全体」，「主観」と「客観」

の関わりをめぐる示唆をも与えてくれるのではないか．「象」なり「神」の代わりに「出来事」を当てはめてみれば，それを伝える「報道」における客観的な取材と表現（記事の書き方）の難しさも想像できるに違いない．

つまり，「これらすべてをあわせたより以上のなにかだ．それは全体を見ることによってはじめてわかる」とあるように，それはある意味で「神のような視点」といえるだろう．これを別の言い方で表現すれば，すなわち「客観」ということになる．

「客観報道」は19世紀後半から主に米国で発達し，現代では英国や日本など民主主義社会の中のジャーナリズムにとって欠かすことのできない報道スタイルといわれている．それにもかかわらず，「客観報道」は現在，さまざまな角度から多くの批判を浴びている．その理由は，「客観報道」の概念について，多くの人が納得できるような定義がいまだになされていないことと同時に，それを実践する際の共通の，具体的な指針・基準が見出されていないからである．このため，ある人びとは「客観」をめぐる"神学論争"を繰り返し，またはそれぞれが勝手にイメージする「客観報道」を元に実際の報道活動を都合よく批判してきた．他方の報道する側は，しばしば起こるこうした論争を横目に「頭の上を過ぎ去るまで」それらを無視し，現場は現場で信じる「客観報道」をする，という不毛の状態が続いてきた．

米国ジャーナリズムにおける「客観報道」について本を書いたメディア研究者も，「客観報道」を語ることの難しさを次のように述べている．

「"客観報道"とはいったい何なのか？　その答えは誰に尋ねるかによって違ったものになる．ある人にとっては，北極星と同じように，それを目指す漠たる点である．またある人たちにとっては，明確に実行すべきものを意味している．さらに，別の人たちは，引用だけの（記述で済ませる），三流のジャーナリスト達の中にそれを定義づけしている．最近では，"客観報道"は未来のジャーナリズムをめぐる激しい論争の犠牲者として火だるま状態にもなっている．だが，客観報道を賞賛するジャーナリストがいる一方で，そ

の終わりを唱えるジャーナリストがいようとも，客観報道を定義することは誰一人として出来ないように思われる.[1]」

いくつかの定義　このように混乱があるとはいえ，「客観報道」についてこれまでどのように語られてきたのかを知っておくことは重要である[2].

「客観報道」の定義をいくつかの辞書で調べてみると，次のような記述をみることができる.

- 大部数の新聞の登場とともにできるだけ多くの読者に受け入れられるニュースの報道手段として実践されてきた考え方．できるだけ記者の主観をまじえず，中立，公平の立場で事実をありのままに伝えようとするもの（藤田博司　北川高嗣ほか編『情報学辞典』2002年）．
- 主観報道に対する客観報道，すなわち報道の仕方が歴史的，社会的に制約された報道主体（記者）に固有な関心や意見，評価などから独立していることをいう（門奈直樹　森岡清美ほか編『新社会学辞典』1993年）．

一方で，ジャーナリズムに関するいくつかの本の中から「客観報道」というものがどのようにとらえられているのか，2，3の例を以下にあげておこう．

- 客観報道とは，ニュースの報道にジャーナリストの主観，意見を入れないことをいう．オピニオンを展開する言論活動と事実の報道とをはっきり分け，事実報道はできるだけ客観的に観察，分析し，できるだけ客観的に描写，伝達することで事実に迫ることができるという考え方である（原寿雄『ジャーナリズムの思想』1997年）．
- 〈世界を正しく認識し，その正しく認識された世界をありのまま正しく，客観的に報道すること〉，それが〈中立公平・客観報道〉の考え方，その理念型ということになる（玉木明『ニュース報道の言語論』1996年）．
- 客観〈object〉とは主観〈subject〉を離れて自然に存在するままの状態で，〈客観報道〉は取材・編集者の主観を排して情報を伝達することを目指す報道のこと．対語は主観報道〈subjective reporting〉（浅野健一『メディア用語を学ぶ人のために』1999年）．

ここまでみてきて分かるように,「客観報道」とはどうやら,「記者の主観を排して報道すること」というのが共通項のようである. 関連するキーワードとしては「事実をありのまま」とか「中立公平」「独立」などがみられるが, それにしても「主観」をはじめとしていずれもが抽象的であり, それゆえにあいまいさが残される定義といわざるを得ない.

§2　歴史からみる客観報道

「客観」の誕生　多様であいまいな「客観報道」の定義はとりあえず脇において, そもそも「客観」という概念はどのようにして誕生したのだろうか.

これは, 西洋社会の近代化という大きな歴史の流れの中でとらえる必要がある. 18世紀のヨーロッパは, イギリス産業革命, フランス革命を通じて啓蒙思想が広がった時代であった. 啓蒙思想は人間の理性の認識能力を確信し, 人間の本性の普遍を強調したものだったが, 19世紀に入るとこれに対する懐疑が生まれるようになり, 現実世界の経験のみに知識の源泉を求める実証主義が提唱された. 実験と観察による「真理の発見」という自然科学の基礎としてその後の発展に大いに貢献することになるが, 自然科学のみならず社会科学の分野にも広く浸透することになった. さらに, 1848年のフランス革命の挫折と50年代以降の市民社会の成熟や科学技術の急速な発展にともない, 文学や絵画など芸術の分野にも影響を及ぼした. 人生の真実を"ありのままに"描写しようとする写実主義の風潮はフランスを中心にヨーロッパ全体に広がっていった.

報道の世界でも, このような思想的傾向は強く意識され, それまでの「政治的主張」を伝える新聞のあり方を大きく変えることになっていく. とくに「写真」の発明は記者たちの取材・表現の考え方に大きな影響を与えた. 新聞報道は「人生を写す鏡」「世界を覗く窓」などと表現されるようになったのもこの時代のことであった. 事実を掘り起こし, これを整理すれば, 真実は自然と浮かび上がってくる, という科学的信念に基づくものである. すなわち,「彼らは主観と客観の完全な分離を前提に事実が神聖視される世界にいた」[3]のである.

「客観報道」の起源　　米国ジャーナリズム史のどこに報道の客観性の起源を求めるかは，いくつかの説がある．そのうち，もっとも早い時期に当たるのが「ペニープレス起源説」ともいうべきものである．ペニープレスは，1830年代にニューヨークを中心に相次いで発行された安価な新聞である．それまでの新聞の価格は6セントと高く，富裕なエリートたちのものであった．これに対して，ペニープレスは，1部を1ペニー（1セント）と安く，大衆にも手に入れやすい新聞として登場した．ペニープレスは，多くの大衆読者，それも大都市の庶民の好む面白い話題，すなわち犯罪や地元の身の回りの出来事や人物をめぐる話題など，非政治的なニュースを伝えていたが，政治的な話題についても，それまでのエリート新聞の多くが政治的な事柄を党派的な立場から伝えていたのに対し，「非党派的・中立的な立場」から報道したのである．このように，犯罪報道における事実中心主義や政治的中立性という意味で，また，この時代がちょうど実証科学や写真的リアリズムの隆盛期でもあったことも作用していたとして，ペニープレスにその起源を求めるのである．

　一方，もう少し時代が下って19世紀半ばに発明された電信を活用して設立された通信社が，その配信記事において報道の客観性を発達させたという説が「AP起源説」ともいうべきものである．AP（Associated Press）は1848年，米国の新聞社が出資し合って設立した共同組合方式の通信社である．このため，APが多くの会員新聞社に配信サービスをするには，各新聞の地域性や政治信条にも抵触しないで受け入れられる"無色"（＝客観的）の記事が商業的にも必要であり，電信を利用するには，記事の文章も簡潔さが求められたからである．こうした記事のあり方が，それまで党派的であった新聞の報道スタイルを徐々に変えていった．「5W1H」という出来事の基本的な構成要素を簡潔に盛り込んだ有名なAP社の記事のリードもこうして発展し，客観報道の見本とされるようになった，とされている．

　このような説に対して，「客観性は，少なくと1690年代以降の論争点だった」とする考えもある．ミンディッヒ（Mindich, D.T.Z.）は著書『Just the Facts』の

中で,「客観性に関する特性——例えば公正・公平,非党派性,バランス——は1830年以前であっても立派な主張であったことがわかる.コモンセンスというパンフレットに匿名で記事を書いていたトーマス・ペインは1776年,その中で『私は政党的な動機によって書いているのではない』と宣言している.またアメリカの対英国独立戦争の時に保守的(英国支持)な新聞の編集長を務めたジェームズ・リビングトンは,つねに英国に対する支持,不支持双方の見方を伝え続けていた.1690年にまで遡ると,ベンジャミン・ハリスは北米初めての新聞であるパブリック・オカレンシス紙で,われわれが知り得た重要な事柄に関する信頼できるニュースを提供する,と発刊の意図を宣言している」と紹介している.

起源についての当否は別にして,米国では南北戦争(1861〜1865年)をはさんでそれ以前は政党色の強い時代であったが,以降はいわゆる近代的な一般紙が登場する.明治以降に近代的な新聞が登場した日本でも,初期のころは政党新聞(大新聞=おおしんぶん)であったが,第1回帝国議会の開催(1890＝明治23年)を前に一般紙化してくる.大阪朝日新聞が1886年,「朝日新聞社通則」を制定し,第1条で「公平無私ヲ以テ旨トシ,世上ノ耳目トナルヲ本分トス」とうたい,東京日日新聞が「不偏不党」を宣言した(1888年)のも,こうした19世紀後半の世界の思潮を反映したものといえるだろう.

<u>客観の構成要素</u>　報道は実際的な活動である以上,抽象的な「客観」をめぐる哲学論争とは別に,どのように報道で具体化し,実践するのかがつねに求められる.

ジャーナリズムの分野で「客観」という言葉が初めて使用されたのは,1911年に米国で公刊されたジャーナリズムの教科書の中だとされている[4].記者からジャーナリズム教育者に転じたロス(Ross, C.G.)は,その中でこう書いている.

「ニュース記者の視点は,偏見のない,しかし抜け目のない観察者のそれでなければならない.……そして記者は自身の選好や意見によって粉飾されない事実を記録しなければならない.……ニュースの執筆にあたっては『私見を交

える』ことが許されないという意味で客観的でなければならない」

その後の多くのジャーナリズムの教科書で，客観報道は次のような構成要素によって成り立っていると説明されている．

1. 非当事者性（第三者性）
2. 非党派性
3. "逆ピラミッド型"記述
4. 事実に基づくこと
6. バランス

また，第2次世界大戦後の1946年，日本新聞協会は占領軍の提案を受けて新聞倫理綱領を定めたが，そこでもこのような米国での潮流を反映して，客観報道を行うことが要請されている．具体的には次の5項目である．

① 報道の原則は事件の真相を正確忠実に伝えることである．
② ニュース報道には絶対に記者個人の意見をさしはさんではならない．
③ ニュースの取り扱いに当たっては，それが何者かの宣伝に利用されぬよう厳に警戒せねばならない．
④ 人に関する批評は，その人の面前において直接語りうる限度にとどむべきである．
⑤ 故意に真実から離れようとするかたよった評論は，報道道に反することを知るべきである．

一方，スウェーデンでは1983年，スウェーデン放送協会を対象に客観報道について図Ⅳ-1のような概念構成が提示されているので紹介しておこう[5]．

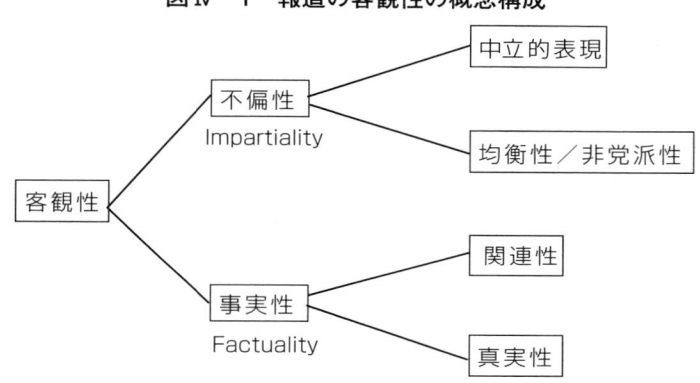

図Ⅳ-1　報道の客観性の概念構成

```
客観性 ─┬─ 不偏性     ─┬─ 中立的表現
        │  Impartiality │
        │               └─ 均衡性／非党派性
        │
        └─ 事実性     ─┬─ 関連性
           Factuality  │
                       └─ 真実性
```

§3　客観報道批判

客観への懐疑　1835年，米国のペニー新聞「ニューヨーク・ヘラルド」紙を創刊したベネット (Bennett, J.G.) は最初の記事の中で「公共的で適切なすべての話題についての事実を，無駄な言葉や装飾を取り除いて記録する」ことが自分の目的であると述べている．19世紀前半のリアリズムや科学万能主義，あるいは純粋な経験主義に基づいた初期の客観報道のあり方を端的に示しているといえる．

しかし20世紀に入ると，人びとはこのような「客観報道」を単純には信じられなくなってきたのである．

「フロイトによって人間の意識が複雑化され，アインシュタインによって観察（の妥当性）が疑問視され，ピカソによって遠近法が挑戦され，デリダによって文章が解体され，編集局の外にいる事実上すべての人々によって客観報道は廃棄された」[6]というような状況になってしまった．

もちろん，第2次世界大戦を通じて台頭したプロパガンダやPRといったマス・コミュニケーション技術を政府や企業が駆使し始めたことによって，記者や編集者ら報道する側も，自分たちの活動が大きく影響を受け始めたと意識せ

ざるを得なくなったことも理由のひとつであったことは間違いない．

また，新聞以外にもラジオ，テレビ，インターネットといった多様なマス・メディア状況が現出し，同時に，グローバリズムに象徴されるような複雑化した現代社会の中で，多様な価値観に基づく多様な「世界」を報道がとらえ，描くことが困難になってきたということも無視できないだろう．

　発表ジャーナリズム　こうした状況下で，客観報道はさまざまな批判の嵐の中に立たされている．その代表的なひとつが，「発表ジャーナリズム」批判であろう．

米国では，1950年代初め，マッカーシー上院議員による「赤狩り」旋風が席巻した．同議員の発言をメディアは繰り返して伝えたが，発言内容の多くは噂や憶測であった．彼が発言したという「客観的事実」を伝えることによって，後に「うその反共キャンペーンの片棒を担いだ」と批判されることになる[7]．

さらに，ベトナム戦争報道でも同様のことが繰り返された．きっかけとなったのは，「ペンタゴン（国防総省）・ペーパー」報道といわれるものである．

1963年，米国のマクナマラ国防長官はベトナムの戦況を現地視察し，帰国の直前と直後の記者会見で「進展が著しい，南ベトナム軍はかつてない大きな任務を担っており，ベトコンの死傷者は増えている」と楽観的に語った．しかし，実際に大統領に提出した報告書（国防総省秘密文書）はそうではなかった．8年後，ニューヨーク・タイムズがこの文書を入手し，米政府が把握していたベトナム戦争の状況を明るみに出した．米軍や米政府の発表に基づいて日々伝えられる戦況報道によって，米国民は戦況が優勢に展開していると信じていたが，それらの報道は実は戦争の実態を正しく読者に示してはいなかったことが分かったのである．

このように，発表ジャーナリズムとは，情報源の権威・信頼などをベースに，その情報源が発表したという「事実」を報道するのみで，肝心の発表された「事実」が本当なのかの裏づけを怠るものである．いわば，「皮相的，形式的，怠惰な客観」主義の表れということができるだろう．

発表ジャーナリズムの氾濫は、日本も例外ではない。犯罪報道や政府の日々の発表をめぐる報道でも「客観報道」そのものへの批判として指摘され続けてきた。とくに犯罪報道においては、警察や検察など司法当局が発表や意図的なリークで提供した情報のみに頼って、事件のイメージを作り上げてしまうことが多い。これは、結果として容疑者の人権を侵害したり、冤罪を生み出したりすることに報道が加担してしまうことにもつながる恐れがあるからである。

こうした報道のあり方を憂いて、客観報道を改めて本格的な議論の遡上にあげたのは、元共同通信社編集主幹の原寿雄だった。原は1986年、「『客観報道』を問い直す——その弊害と主観報道復活の危険」と題する論文を『新聞研究』10月号に寄せた。原はその理由をいくつかあげているが、中でも重要なのは「事実を客観的に報じるという原則が、情報操作の武器としてニュースソース側に利用される状況がいよいよ拡大、発展していると思うからだ」と述べるとともに「主観主義報道論が強く出てきているのを問題にしたいからである」という認識を示している。

これを契機に、研究者や新聞社幹部らからの論文が相次いで同誌に掲載されたが、論争そのものはそれ以降大きな高まりを見せずに終息してしまった。発表ジャーナリズムは依然として続いているのが現状である。

そうした最近の例を見てみよう。

2007年8月に起きた名古屋の女性拉致殺害事件で、被害者の母親が「被告に極刑を求める」ブログを開設し、これに賛同する署名が15万人にものぼったというニュースがある。この報道について、中京大教授の飯室勝彦は「まだ裁判も始まっていない。当然、詳しい事実関係も証拠も明らかになっていない。そんな段階で、遺族ならともかく、10万人以上の第三者が死刑を求めることの異常性に触れた報道は見られず、『極刑求め15万署名』と感動したかのように、4段の見出しを立てた新聞もあった。記者の頭には、人に死をもたらすかもしれない署名運動に、ネットを通じて安易に参加する風潮への疑念は浮かばなかったようだ」と述べ、「あったことを客観的に伝えたに過ぎない」という"安

易な"客観報道を痛烈に批判している(『月刊民放』2008年6月号).

　また，2008年4月1日に最高裁が裁判員制度に関する意識調査を公表したが，翌日の新聞各紙の見出しを比較すると，次のようになっていた．

　A紙：20代「裁判員やる」4人に3人　最高裁調査　「参加」全体では6割
　B紙：市民「参加の意向」6割　最高裁調査
　C紙：「参加する」6割　最高裁が意識調査
　D紙：裁判員制度　最高裁調査　「参加したくない」8割　責任重く不安

　同じネタなのになぜこのように異なるのだろうか？　それは，この調査が情報操作をねらっていたからである．調査の目的である市民の参加意識を問う質問の回答選択肢の作り方をみれば分かる．「参加したい」「参加してもよい」「あまり参加したくないが義務なら参加せざるを得ない」「義務であっても参加したくない」「わからない」の6択だが，前の3つの選択肢はいずれも「参加する」という結論となり，「参加しない」という結論はひとつしかない．本来の選択肢は，もし選ばれたら「参加する」「しない」「いまは分からない」の3つであるべきだ．その上でそれぞれの理由を聞けばいい．そうしていないことの意味をなぜ読み取れないのか．だからA，B，Cの各紙は，見出しは異なるものの本文では「参加する」の回答が6割いた，という最高裁が望んだ結果を書かざるを得なかったのであろう．D紙のみはそれを嫌って，参加するかどうかではなく「参加したくない」という心情に焦点を当てて「8割」としたのであろう．「調査は誘導的な方法で行われた」と断じ，その方法を具体的に示して批判し，そのようにして得られた回答結果は伝えるに値しない，と報じるべきだったのではないだろうか．

　2つの例のうち前者は，ニュース価値の「バランス」という客観報道の原則のひとつを忘れたことによるものといえる．また，後者は，原が指摘したように，ニュースソースによる情報操作への警戒心のなさがもたらした報道といえよう．情報提供のテクニックを見破り，「発表内容」という事実の後ろにあるもっと大事な事実に迫ることこそ必要なのである．

発表ジャーナリズムは，記者個々のレベルでいえば記者の"サラリーマン化"現象がもたらしているといえよう．そして，そのような記者が出てしまう原因としては編集局の記者配置といったシステム上の問題があり，一方では，情報洪水のような情報化社会の中で"ニュースの娯楽化"という風潮も見逃せない．「面白さ」という価値に重点を置くことによって，人びとが本当に知らなければならない事柄の追求＝調査報道がおろそかになってしまっているからである．

　模索　1960年代の米国では，「ニュー・ジャーナリズム」運動が繰り広げられた．ベトナム戦争や黒人解放運動などで大きく激動する現実をつかみ切れていない客観報道への不満が若いジャーナリストたちにあったからである．彼らはそれまでとは違って，書き手が取材対象と深く関わり，「神の視点」のようなフィクションの手法なども導入して対象の心のひだにまで踏み込んで描くなど，自由で思い切った表現活動を展開した．それらは映画，文学，報道など広い分野に及んだが，新聞では，冗漫になりがちな長い文章表現のためにストレート・ニュースには応用されなかったものの「同時進行ドキュメント」といったドキュメント形式の記事や連載企画などに生かされるようになっている．

　日本では，原論文をきっかけにその後，いくつかの提言がなされてきている．そのひとつは，藤田博司（当時，共同通信ワシントン支局長）の「情報源の明示」である．藤田は，「新聞や報道がニュースとして伝える情報の大部分は，記者が当事者や関係者から得る間接情報である．その場合，情報をもたらしたのがだれであるかを明らかにするのが客観報道の基本的ルールである」とし，日本の報道で客観報道の原則を機能させる方策として，情報源を可能な限り明示する努力を求めている（『新聞研究』1987年4月号）．これは発表ジャーナリズムに対する批判でもある．

　もうひとつは，日本の新聞の特徴でもあった無署名記事に対する批判である．玉木明は，無署名記事が報道主体を空洞化させる理由として，次のようなメカニズムを指摘した．すなわち，①記者は一般通念に従って記事を書くしかないので「記事の類型化」が生じる．②〈一人称＝わたし〉が使えないため，判

断主体を〈不特定多数＝われわれ〉のレベルに憑依して書く．③ その結果，〈われわれ以外の人間〉を断罪する報道になりやすい——と批判し，記事の「署名化」を提唱した[8]．一般記事に記者の署名をつける動きは，こうした批判と相前後して始まった．北海道の夕刊紙「十勝毎日新聞」が1995年10月から原則的に署名を入れることに踏み切り，毎日新聞も1996年4月から署名記事の多用化を実施し始めた．その後，各新聞でも一部の記事には記者の名前を入れるようになっているが，原則無署名の方針を転換したのはこの2紙に留まっているのが現状である．

　署名化とは異なるが，作家の柳田邦男も記者の意識としての「2・5人称」を訴えている[9]．とくに事件や事故，災害などの被害者報道においては，「客観的」であることは取材対象を三人称，すなわち，「彼」「彼ら」とすることで取材対象との関係が"冷静"から"冷たい"ものになりがちなことを指摘．二人称の「あなた」との中間的な位置取りによって取材対象へ寄り添う姿勢＝共感＝が記事にも生まれるのではないか，というものである．

§4　良質なジャーナリズムを目指して

　何のための客観報道なのか　この章の冒頭で紹介した「象」をめぐる寓話の意味を，報道という実際的な活動に即してもう一度考えてみたい．

　その前に，ジャーナリズムは，2つの条件下での活動であるということを再確認しておかなければならない．客観報道に限らず報道について語る時，おうおうにして忘れることが多いからである．それは「時間」とメディア（媒体）特性としての「枠」である．

　「時間」は，出来事が起きてから以降，いつからいつまで報道するかという問題である．これは第1節でも指摘しておいたことである．少なくとも新聞においては，日々の締め切りという時間のサイクルの中で，それぞれの時点でどれだけのことができるか．第一報が「発表」を元に報道しなければならないことも多い．その場合でも，それ以降の時点でどれだけの取材をし，どう伝えて

いくかである．

「枠」は，新聞ならページ数や紙面の広さである．つまり，どれだけ多く表現したくとも，紙面上の枠内でしか語れない，伝えられないという限界・制限である．客観報道も，そうした条件の下で，どのように報道することが"良い"報道をしたか，あるいはできるか，そのための方法論のひとつという観点から検討しなければならない課題なのである．

さて，以上を踏まえて話を寓話に戻そう．まず，記者の取材活動は盲目の子どもと似ているが，それだけではない．記者は，象の足なら足，耳なら耳だけを触って象の全体を語ろうとはしない，あるいはしてはならないということである．どこでもいい，足でも耳でもともかくまず触ってみる．そして，その後に，それに続く箇所，そして次の箇所……と事柄に関連性のあるものを探り続けるのである．

ただし，関連性の追求の成果は，ひとつの記事として表現され，伝えられることもあるが，そうでないこともある．いくつかの継続した記事，シリーズとしてようやく描くことに成功することもある．

ジャーナリズムはその名のとおり，ジャーナルの＝日々の＝報告として行われている．だから，締め切りという時間の制約の中で，それまでに分かったことを世間に報告するのである．そこに，哲学的な真理の追求とは異なる，現実的な活動としての報道の性格と限界がある．ジャーナリズムは真実を求めるが，しかし現実にできることは「ジャーナリスティックな真実」の追求であって，ワシントン・ポストが基本方針[10]で「確認され得る限り，真実とほとんど同じ真実を伝える」と述べているように「当面の真実」「実際的な真実」なのである．

第2には，記者は一人の子どものように自ら触ってみる（現場での直接取材）ことはもちろんするが，しかしそれだけではない．他の子どもたちの体験をこの先生のように集めて聞くこともできる．新聞社のような組織ジャーナリズムの場合は，このように一人ではなく共同で記者たちが取材に当たり，寓話の先生のように，集めた情報を"統合"した上で報告することができるのである．

「客観性」を報道で維持していくには，その抽象性・あいまいな性質のために難しい作業となっていることは事実である．実際の取材・表現の中で具体化するための指針も，「先入観をもたない」「取材相手にのめりこまない」「センセーショナルにならない」などと消極的，後ろ向きなことしかいえないでいる．そのため，安易な客観報道への逃避も起きてしまっているし，主観報道への回帰もまた起きるのであろう．

　繰り返すが，報道の本来の目的は「人びとの役に立つ」ことである．それができれば「良質な報道」といえる．客観報道はそのための方法として長年にわたって新聞報道に携わってきた人びとが編み出してきた．「100％の客観性」は不可能であるが，そこへ向かっていくことはできる．

　良質な報道のために，どのような取材と表現がふさわしいのか．客観報道の構成要素である「非当事者性（第三者性）」「非党派性」「"逆ピラミッド型"記述」「事実に基づくこと」「バランス」などを取材と記事の中で実現していくための手がかりを記しておこう．

〈記者の自己チェック〉＝「とりあえずの真理」の妥当性のために

1. 事実（物語の素材＝情報）を必要十分に集めただろうか．執拗さを忘れていないか．
2. 事実が間違いなく事実であることを確認（裏づけ）しただろうか．
3. 偏った立場からみていないだろうか．
4. 当初の仮説（問題意識＝ストーリー）に合わない事実があったら，その仮説にこだわらずに変更する柔軟さと勇気を持っているだろうか．
5. 誰のために仕事をしているか，忘れていないだろうか．

〈編集局の自己検証〉＝新聞社が，組織ジャーナリズムを行う報道機関として人びとの信頼を維持していくためには，その組織＝編集局の機能をフルに活用しきることが大事である．

1. 記者が上記のことをきちんとしているだろうか．
2. その記者にできないことを，他の記者などを使ってカバーできないか．

3. 出来上がった記事の客観性を組織として目を通しただろうか.

このように記者や編集者が「できるだけ客観的になろう」という意思と自覚こそが,報道の「客観性」を維持する担保であり,良質の報道につながるのである.

(橋場　義之)

注
1) David T.Z.Mindich, *Just the Facts*, New York University, 1998, p.1.
2) 中正樹『「客観報道」とは何か　戦後ジャーナリズム研究と客観報道論争』新泉社　2006年　pp.30-32
3) 大井眞二「客観報道の起源を巡って」『客観報道　もう一つのジャーナリズム論』成文堂　1999年　p.25
4) 同上書,p.3
5) J.Westerstahl, "Objective news reporting : General Promises," *Communication Research*, vol 10, No.3, 1983, p.405.
6) David, T.Z. Mindich, op. cit, p.5.
7) 新聞報道研究会編『今　新聞を考える』日本新聞協会　1995年　p.195
8) 玉木　明「無署名記事考」『経済広報』1997年9月号　pp.22-23
9) 柳田邦男「2・5人称の視点」『月刊現代』講談社,2008年7月号より連載
10) Eugene Meyer, "The Post's Principles," in *The Washington Post Deskbook on Style*, 2d ed. Mc Graw-Hill, 1989, p.7.

参考文献
玉木　明『ニュース報道の言語論』洋泉社　1996年
飯室勝彦『客観報道の裏側』現代書館　1999年
ビル・コバッチほか著,加藤岳文ほか訳『ジャーナリズムの原則』日本経済評論社　2002年

キーワード
非当事者性,非党派性,逆ピラミッド型記述,事実,バランス,リアリズム,窓,鏡,物語,発表ジャーナリズム

Ⅴ 2007年体制と政治報道

§1　ねじれ国会と新聞報道

　2007年7月29日の参院選で自民党は37議席にとどまって歴史的な惨敗を喫した．対する民主党は60議席を得て，参院では第1党に躍り出た．首相（当時）の安倍晋三は9月12日，衆院本会議での代表質問の直前に突如退陣を表明，そして約1年後の2008年9月1日，安倍の後継首相となった福田康夫も臨時国会を前に唐突に辞任を明らかにした．二代続きの前代未聞の退陣劇だった．

　05年9月，小泉純一郎政権の下，「郵政選挙」といわれた衆院選では自民党が圧勝し，衆院は自民，公明の与党が3分の2以上を占めた．ところが，わずか2年足らずで行われた参院選で，参院は野党が多数となった．この「07年体制」というべき，「衆参ねじれ」状況のなかで政治は混乱が続いている．

　未体験ゾーン　時計の針を08年初めに戻そう．2度にわたり，内閣提案の人事案が参院での野党の反対で不同意となり，一時的に総裁ポストが空白となった日銀人事．ガソリン税の暫定税率は08年3月末，いったん期限切れと

なり，与党が衆院で再可決して復活した．憲法第59条の「みなし否決」規定に基づく再可決は56年ぶりのことだった．

いずれも，「ねじれ国会」がもたらした結果である．そして任期満了となる2009年9月までには必ず行われる次期衆院選は，自公政権の継続か，民主党政権か，かつてないほど政権交代の可能性が現実味を帯びる中での選挙となるだろう．

「未体験ゾーン」に突入した与野党は，どう国会に対応するか，ともに戸惑っている．では，新聞はどうだろうか．この政治状況を的確に報道し，読者，有権者のニーズに応えているだろうか．この章では新たな時代を迎える中で，政治報道のあり方を考えていくことにする．

まず，次の記事を見てみよう．

08年1月31日，毎日新聞は朝刊1面（東京本社発行14版）で「武藤氏，総裁昇格へ　日銀　民主容認見通し」との見出しで，以下のように報じた（肩書はいずれも当時）．

「3月19日で任期切れとなる日銀の福井俊彦総裁の後任に，武藤敏郎日銀副総裁が就任する方向で最終調整される見通しになった．景気の先行き懸念が強まる中，政府・与党は日銀副総裁として5年間，金融政策を担ってきた武藤氏が適任と判断，近く民主党など野党に提案する見込み．民主党も厳しい経済情勢を踏まえ，金融政策だけでなく政官界に太いパイプを持つ武藤氏の起用を受け入れるとみられる」

誤った見通し　毎日新聞以外の各紙とも，この時点では同じような報道ぶりだった．だが，結果的には民主党は武藤の昇格に同意はしなかった．「最終調整される見通しとなった」とけっして断定はしていないというものの，明らかに「誤報」といえる記事だ．ではなぜ，見通しを誤ったのか．

3月12日，武藤の昇格が参院本会議で不同意が確定した後，首相の福田は自民党議員との会合で，「民主党の重鎮が『武藤で結構だ』と言ったから提示したのに……」と不満を漏らしたという．「重鎮」とは民主党代表の小沢一郎

本人を指しているのは，その後の検証取材でも確認されている．実際に1月末の記事を掲載した時点でも，「小沢は武藤の昇格でOKだというサインを首相に伝えている」という複数の関係者からの情報が担当記者にももたらされていた．それに基づく記事だった．

しかし，その後，民主党内には取材記者からすれば「想定の範囲外」だった動きが日に日に広がっていく．

「財政（財務省）と金融（日銀）の分離という原則に反する」，「財務次官出身者の起用は事実上の天下りとなる」などを理由に，その後，武藤氏の昇格に強く反対したのは，もともと，小沢氏の党内運営や国会対応に批判的だった人びとである．07年秋，小沢は福田と会談し，一気に自民党と民主党との大連立にかじを切るが，民主党内の猛反発を受け，いったんは代表辞任を表明する騒ぎとなった．実際には小沢が武藤容認を言い出しさえすれば，民主党所属議員もそれにすんなり従うといった状況では，もはやなかったのだ．

反小沢派の人たちからすれば，小沢が武藤昇格に同意を表明してくれた方が，その後，小沢批判をより強める口実になると考えていたと証言する人もいる．1月の記事の時点では，反小沢の人たちも，どんなことがあっても武藤昇格を阻止するという空気ではなかったのは確かだ．だが，大連立構想で党内の批判を浴びた小沢も，そうした党内の複雑な情勢を承知していた．だからこそ，最後まで自らの考えは記者会見や党の幹部会など表舞台では一切，明らかにすることなく，党内模様を眺めながら，「武藤不同意」の流れに従った……．これが実相だったと思われる．

しかし，こうして経過を書き連ねてみても，言い訳でしかない．福田が「小沢から内々に承諾を得ているから」と甘い見通しを立てて，「武藤昇格案」で突き進んで失敗したのと同様に，取材する側にも甘さがあったといわざるを得ない．

大事なのはプロセス報道　この記事から，2つの教訓を学ぶことができる．政治記事は，こうした「○○となる見通しとなった」とか，「○○で調整を

始めた」とかいった「見通し」記事に偏重し過ぎており，無理をして見通しを書くより，結果をきちんと書いて，その解説や検証に重きを置くべきだという指摘は以前からある．

　当然の指摘ではある．だが，次にどんな事態が起きそうか，その見立てを示して読者，有権者の関心を高め，問題意識を持ってもらうことも欠かせないのではないだろうか．

　政治は生き物だ．前日までの動きとがらりと変わってしまうことが日常的にある．だから，事実をつかむのと同時に，政治取材に欠かせないのは想像力であると筆者は考えてきた．今後，どんな事態が起きるのか．政治記者一人ひとりがさまざまなシミュレーションを行い，それに基づいて取材を積み重ねるのだ．とりわけ，「ねじれ国会」では，前例や過去の常識はほとんど通用しなくなっている．いっそう想像力が必要な時代になったというべきだろう．

　それ以上に重要になってきているのは，物事が最終決定に至るまでのプロセスをより丁寧に報道することだ．

　日本は，1955年の保守合同＝自民党結党以降，93年から94年にかけての細川護熙政権，羽田孜政権の一時期を除けば，自民党，もしくは自民党を中心とする連立内閣が政権を担ってきた．法案にせよ，今回のような同意人事案件にせよ，自民党が事前にイエスの結論を出して，国会に提出しさえすれば，よほどのことがない限り，国会で審議を重ねても結論が変わることはなかった．このため，取材は官僚と自民党との事前調整の行方にばかりエネルギーが注がれ，実際には「国会は国権の最高機関で唯一の立法機関だ」という憲法の規定をよそに，国会審議の報道は「そうは言っても結果は見えている」との理由から，いささか軽視されてきたのは否定できない．

　それが，野党の意向次第で結末が大きく変わるようになった．初めて国会が機能する時代になったとさえいえるのだ．「プロセスが大事」と強調したいのはその意味である．ひいては，それが次の選挙で有権者の大きな判断材料にもなろうと思うからだ．

いったん，ある見通しを記事にしてしまうと，担当記者はその見通しから外れた動き，その見通しとは逆の動きが出てきた場合，それを報じるのをためらいがちになる．しかし，見通しを間違えたと気づいた時には修正を躊躇すべきではない．そして，過ちがあった時にはしっかりと検証し，きちんと直していく．「未体験国会」の下では，それがいっそう求められている．

　政治記者は癒着している？　　さて，そもそも政治取材，いや政治記者というと，どんなイメージを抱くだろうか．

　政治家としばしば料亭の宴席に同席し，なごやかに談笑している姿だろうか．05年の郵政選挙で当選した「小泉チルドレン」の一人が，「国会議員になると料亭に行ける」とあっけらかんと語ったくらいだから，「新聞記者も……」と思う人もいるかもしれない．だが，答えはノーだ．

　時には飲食をともにすることはあるが，料亭などということはまずない．最近は料亭を使う政治家自体が減っており，仮にそうした料亭での会合があったとしても，記者は黒塀の外でひたすら会合が終わり，出席者が出てくるのを待っているだけである．

　「政治記者はいろいろなことを知っているはずなのに記事にしない」という声もよく耳にする．政治家に気兼ねして都合の悪い話は書かない，つまり政治家と癒着しているのではないかというわけだ．

　今も例に出されるのが，1974年，ジャーナリストの立花隆氏が当時の田中角栄首相の不透明な土地転売などを取材したレポート「田中角栄研究〜その金脈と人脈」を『文藝春秋』に発表した時のことだ．

　このレポートが出たのをきっかけに田中氏は退陣に至るが，その際，多くの政治記者が「そんなことは前から分かっていた話だ」などと語ったといわれている．しかし，これもむしろ過大評価というべきだ．現実には政治記者は「知っていた」わけではない．風説としては耳にしていたけれど，記事にするほどの取材はしていなかっただけの話だ．むしろ，政治記者は「知っていても書かない」どころか，「あまりにも知らないことが多い」というのが，筆者自身の実感なのだ．

発言を疑う　先の「料亭の外で待つ」取材で考えてみよう．

　会合が終われば，記者は出席者をつかまえて，どんな話をしたのかを聞く．ほとんどの場合は新聞，通信，テレビのほぼ全社の担当記者がそろい，テレビカメラが回っている時もある．そんな場で政治家はどこまで本当の話をするだろうか．まずは，それを疑ってみなくてはいけない．

　政治家2人の会談であっても，A議員とB議員が，自分の都合のいいように，まるでばらばらなことを記者に説明する場合もある．逆に最近では，会合の終了間際に，政治家同士で「こんな話で一致したということに記者には説明しておこう」と打ち合わせることも多いのだ．実際にはまったく別の話をしていたとしてもである．

　当然，記者はさらに突っ込んで事実を聞き出す必要がある．各社そろって聞いた後に，再度，単独で「先ほどは，そう説明していたが，本当はどうだったのか」と追加取材するのである．最近は政治家同士での携帯電話がコミュニケーションの重要なツールだ．記者がその番号を知り，かけたら相手に出てもらえるようにするためには，日ごろ，人間関係を作っておかなくてはならない．しかも，大事な会談であれば，会談があることを記者には漏れないようにするのが政治家というものだ．そのアンテナを張れるかどうかも，人間関係がものをいう．

　「見通し報道」偏重への批判と同時に，政治記事は「誰と誰とが会った」といった政局報道に偏り過ぎているという批判がある．これも，もっともな指摘である．ただし，思い出してもらいたい．先の日銀総裁人事における民主党の議論も，決め手は誰が適任かという政策判断より，「小沢対反小沢」という人間関係だった．国会での質疑や記者会見という「表の舞台」だけでなく，政治は政治家同士，人間同士が織りなす人間ドラマでもある．その積み重ねが，次はどんな政権ができ，どのような政策がとられるのか，政治を実際に動かしていくことも事実なのだ．

　後に評論するだけが新聞の役割ではない．まずは「事実」に迫らないと批評

もできない．その事実を垣間見ることが可能なところにいながら，政治記者はしているだろうか．政治家の話を鵜呑みにして，それを掘り下げることもなく記事にする．そんな表面的な報道で日々，お茶を濁していないか．あるいは政治家の本音を聞き出す関係を作っているだろうか．自らを省みて，はなはだ心もとないと認めざるを得ない．

そして政治記者は今，癒着さえできていないのではないか——誤解を恐れずに言えば，そう言ってみたくなるのだ．

§2 「小泉劇場」の功と罪

首相番記者　在京の新聞社やテレビ局の政治部に配属されると，まずほとんどが「首相番記者」を担当することになる．絶えず首相の後ろを追いかけ，首相がその日，誰と会い，どんな話をしたのかチェックする記者のことだ．

どうして国のトップの取材を新米記者がするのかという疑問の声は，これまたかねてからあるが，「首相が一日，何をし，何を語るのかを取材することで政治の基本を学ぶ」というのが，「政治記者は首相番から」の主な理由だとされてきた．この首相番の仕事を大きく変えたのが元首相・小泉純一郎だった．

2001年4月，小泉が首相に就任するまでは，番記者は首相が官邸の執務室にいる間ずっと，執務室の前に張り付き，首相が執務室から出てくるたびに，質問を浴びせていた．国会の中でも同様だ．歩きながらのやり取りは，短時間ではあったが，日に10回以上，質疑が行われることもよくあった．

その歩きながらの質疑を小泉は取りやめ，代わって1日に昼と夕方の2度，官邸内で立ち止まって記者の質問に答える方法に切り替えた．これまでは，首相が歩いている際，カメラマンが殺到すれば警備が混乱するとの理由により禁じていたテレビカメラの撮影も夕方のインタビューでは認められることになった．

小泉側のねらいはそこにあったのだろう．小泉は印象的で，かつ時間も短い発言は映像つきで何度も繰り返し放映するというテレビの属性を熟知していた．映像がないことにはニュースとして報道しにくいというテレビ側の不満も知っ

ていたはずだ．当時，新聞社側は首相とのやり取りを日に2回と制限することに反対したが，テレビ側は小泉提案に大賛成したのはいうまでもなかった．

　白か黒か，賛成か反対か，怒っているのかいないのか，小泉が在任中，短い言葉をテレビカメラの前で発し続けたのは周知のとおりだ．番記者とのやり取りは「ワンフレーズ政治」の格好の場となった．

　翌2002年，新しい首相官邸ができあがったことも番記者事情を変えた．先に記したように，旧官邸では首相執務室の真ん前の廊下で記者は待機し，来訪者にはその都度，「首相とはどんな話をしたか」を質問することができた．ところが，新官邸では首相執務室のある5階には記者の立ち入りが禁止された．このため，番記者は官邸3階にある別室に置かれたモニターテレビで，執務室への来訪者をチェックしたうえで，さらに同じ3階にあるエントランスホール（玄関）で首相と面談したかどうかを来訪者に確認する方法を取ることになった．

　これらの方式は多少の曲折はあったが，続く安倍内閣，福田内閣でも踏襲された．かつて何ら準備もなく，突然，記者が国内外のテーマについて質問できた時代は，歴代首相にとって相当，重荷だったと聞く．記者にとっても四六時中，首相と対峙して質問するのは緊張感を伴うものだった．

　何より，「生」の首相と接するのは，この人はきょう，機嫌がいいのか悪いのか，つい先ほど語った話とニュアンスが変わるのか，変わらないのか，リアルタイムに知る機会となる．先の質問にはこう答えたから，今度は角度を変えてこう突っ込んでみよう．以前はそんな工夫の余地もあったが，それも難しくなった．インタビューの主導権を首相側に握られたといっていいだろう．予想していたこととはいえ，回数が減って，隔離されたことによる損失はとりわけ新聞側にとって大きかった．

　ワイドショー政治　　首相番の日々の取材だけでなく，政治報道における新聞とテレビの関係も大きく変わった．テレビのワイドショーなどでも政治話が扱われるようになったのも小泉時代の特徴だろう．

　テレビという媒体を徹底的に重視するメディア対策を仕切ったのは秘書とし

て小泉氏に長年連れ添ってきた飯島勲であり，飯島は「小泉は新聞の政治面など読まない人たちを大切にする」と公言していたほどだ．

記憶している人も多いだろう．首相就任直後の01年5月の大相撲夏場所．小泉は総理大臣杯を自ら授与し，負傷を押して優勝した横綱・貴乃花に「痛みに耐えてよく頑張った！ 感動したっ！ おめでとう！」と絶叫した．その映像が何度，テレビで流されたことか．そして，こうしたパフォーマンスが小泉人気を高めたのは確かだ．

小泉は自らの政策を「小泉改革」と称し，反対するものは「改革抵抗勢力」とレッテルをはった．「敵か味方か」に単純化した対決図式をアピールしたのも，テレビメディアは長い解説を求めないという特性を意識したものだったと思われる．小泉だけではない．小泉内閣発足時の外相・田中真紀子は，機密費問題で揺れる外務省に切り込むスターのような扱いだった．

そんな中で，新聞は冷静な報道をしてきただろうか．「ワイドショー政治だ」などと批判しながらも，逆にテレビにあおられてきたのが実情ではなかったか．小泉，田中の発言をワイドショーが朝から再三流し続けると，他に必要な情報を押しのけて，新聞もテレビの後を追うように，2人の発言を大きく取り上げることが多々あったのだ．

筆者の体験談を記しておく．

当時，田中氏がテレビカメラの前で語った話に明らかに実態と違う「作り事」が含まれており，それを新聞に書いたことがある．すると読者から「田中氏が自分で語っているではないか」「外務省の肩を持っている」といった抗議の電話が相次いだ．「なぜ，カメラの前で語っていることを，そんなに簡単に真実だと信じるのか」と反論しても，容易には聞いてもらえなかった．これは，テレビの影響力の大きさというより，活字に対する信頼が崩れてきている表れでもあろうと当時，思ったものだ．

「テレビ政治」の時代を迎え，記者もまたテレビという媒体を通じて国民に見られる時代となったともいえるだう．あの一件も，後で新聞で指摘するより，

まずテレビカメラが回っている前で，事実関係の間違いや矛盾を記者がぶつけるべきだったのだと思う．

一方では，日常の首相インタビューに対して，「なぜ記者は，あんな甘い質問しかしないのか」という批判もしばしば受けるようになった．政治家側の一方的なPRの場に利用されていないか．こうした批判は真摯に耳を傾けなくてはならない．「国のトップの取材を新米記者に任せる」という問題も合わせて考えれば，ベテラン記者がインタビューに参加し，厳しい質問を浴びせるといった機会を増やしていかなくてはならないと考えている．

派閥崩壊の意味　もうひとつ，小泉時代に変わったことがある．「派閥取材」を片隅に追いやったことだ．これは，「功罪」の「功」の部分といっていい．

かつて派閥政治全盛のころ，つまり旧田中派，旧竹下派と続く「経世会」[3]が政界を支配していたころは，国内政策のみならず，たとえば1991年の湾岸戦争で日本は米国などに対し，どんな支援をするかといった外交政策でさえ，官邸や外務省ではなく，元首相・竹下登や，元自民党副総裁・金丸信，そして当時，自民党幹事長を務めていた小沢ら「経世会」幹部が大きな影響力を持っていた．いうまでもなく，派閥は法律などに基づいた組織ではなく，単なる政治家の集まりである．こうした状況は「権力の二重構造」と呼ばれたが，権力のあるところに情報が集中するのも事実だ．

あのころの組閣人事報道などは，こんな具合だった．

組閣何日か前に，派閥の担当記者が「外相は○○氏だという情報があるが……」と金丸に聞く．金丸が「ワシもそうだと聞いている」と答える．これで「外相に○○氏起用へ」という一面記事ができあがるのだ．そして，実際にそうなったのである．組閣当日の午後，新聞の夕刊締め切り間際に，派閥の幹部が派閥担当記者だけを集めて，人事の全容を「ささやく」ということもあった．

担当記者としてはありがたい情報だ．「ささやき」の場から外されていては，自分だけが特ダネを落としてしまう．だから，そうならないよう心がけるようになる．現実に派閥に批判的な記者は意識的に外されるようなことが再三あった．

お分かりだろう．こうして，担当記者は派閥の批判などは書きづらくなっていく．親しい幹部が，さらに政界の階段を登れば，さらに情報をもたらしてもらえるようになると考えれば，その政治家を応援したくなる．政界の「経世会支配」は，実は「政治記者支配」でもあったのではないだろうか．

今も派閥は形としては残っているが，小泉が首相に就任以来，こうした支配構造を壊したのは事実である．派閥が人事で力を持てたのは，閣僚を派閥が推薦するシステムがあったからだ．その派閥推薦をやめ，小泉氏はほとんど一人で人事を検討し，押し切った．小泉政権時代，「○○相に△△氏」といった事前の人事報道がほとんどなくなったのは，情報を小泉本人以外持っておらず，それが記者側にまったく伝わってこなくなったからである．

考えてみれば，閣僚の人事権は首相にあり，これまでの「派閥推薦」がおかしかったのであり，いずれは判明する閣僚人事の事前報道にどうして血眼になるのかという批判も，従来から根強くあったのだ．

懇談取材とオフレコ　政治報道の悪弊といわれてきた「オフレコ取材」「懇談取材」も大きく変わってきた．

オフレコという場合，仮に記者が聞いても，一切，記事にしない「完全オフレコ」と，発言は記事にするが発言者の名前だけを隠すケースがある．これまで横行していたのは後者だ．「政府首脳は○○と語った」とか，「自民党首脳は△△との方針を明らかにした」などといった報道だ．それが発言者の責任をあいまいにし，質問する側も追及が甘くなるという「癒着」の温床になっていると指摘されてきた．

しかも，政府首脳とは官房長官，自民党首脳とは自民党幹事長を指すことを，読者には知らせないが，政治家側と記者側だけは承知していた．たとえば，官房長官は日に2回，記者会見をする．終了後，官房長官番記者だけが長官の部屋に集まり，「懇談」と称して，やり取りをする．その際の長官の発言は「政府首脳」とするというルールが続いてきたのだ．読者不在の暗黙のルールだったといわれても仕方がない．

ところが小泉時代の02年6月，こんなことが起きた．

当時の官房長官だった福田康夫が，その「懇談」の席で気を許したのか，「憲法改正を言う時代だから，非核三原則だって国際緊張が高まれば国民が（核兵器を）持つべきではないか，となるかもしれない」と，非核三原則の見直しに言及したのである．[4]

新聞・テレビは「政府首脳が非核三原則の見直しに言及した」と大きなニュースとして報じたが，その報道の矛盾が露わになるまでには時間はかからなかった．ルールに従えば発言の主が福田氏であると明らかにできない．このため，その後の福田の記者会見では記者は，あたかも福田と政府首脳が別人であるがごとくの質問をするはめに陥った．

記者「長官は政府首脳に発言の真意を確認したのか」

福田「そういうことは言ってないと，はっきりと言っておりました」

「実名報道に切り替えたい」と担当記者が要請して福田氏が了承し，発言者は福田だったと報じられたのは，この奇妙な会見の直後だった．これまでのルールが読者不在であり，時には事実そのものをねじ曲げてしまう危険性があったことはいうまでもない．

これを契機に現在は「政府首脳」「自民党首脳」という言い回しは，ほとんど使わなくなったし，「懇談取材」そのものが減ってきている．本来，「非核三原則」といったテーマについて，政治家がどう考えるのか，記者会見の場で聞くのが筋であり，政治家の発言は固有名詞を明記して報じるべきなのだ．

§3 新しい政治報道を目指して

政策重視の流れ　最近の大きな変化として，政策報道に各社が競って力を入れ始めた点もあげておこう．

07年の参院選は社会保険庁の積年の怠慢による「宙に浮いた年金記録」問題が，時の安倍内閣を直撃した．続く08年も4月から後期高齢者医療制度がスタートし，75歳以上のお年寄りを中心に猛反発を呼んだ．さまざまな政策

の中でも，とりわけ生活に密接する社会保障問題に大きな関心が集まっている．

　年金や医療，介護保険などは専門知識をより必要とする分野だ．このため，新聞各社とも，数年以上，厚生労働省を担当する専門記者の育成に取り組み始めている．毎日新聞は政治部だけではなく，生活家庭部などの記者とも連携し，自分たちの暮らしが実際にどう変わるのか，具体的かつ分かりやすく報じる生活密着型の報道にも力点を置くようになった．朝日新聞は組織改編して「生活グループ」を新設，読売新聞も「生活情報部」「社会保障部」を作った．

　マニフェスト選挙が定着しつつあることも，政策重視を推し進める大きな要因となった．

　かつては政党の公約といっても，「あれもやります」「これもやります」と項目が羅列されているだけで，新聞も選挙中，公約を簡単に要約して紹介し，その後，実現したのかどうかはほとんど検証もしない，おざなりの報道を続けて

資料）自民党と民主党のマニフェストを比較し評価した『毎日新聞』2005年8月29日付朝刊1面

きた．それが主要政党のマニフェストは全文を掲載し，その分析に大きなスペースを割くようになった．

05年の郵政選挙の際には，毎日新聞は各党の政策評価を行っている非営利組織「言論NPO」と共同で，自民党と民主党の衆院選マニフェストについて，「総論」「郵政改革」「財政改革」「年金」「外交・安全保障」「三位一体改革」「公務員改革」「子育て支援」の8項目について，10点満点で点数をつけて優劣をつけて報じた．時の小泉首相が事実上，唯一の争点と位置づけた郵政改革を除けば，総じて民主党のマニフェストの方が評価が高く，自民党からは反論を受けたが，こうした報道もかつてない試みだった．放送法で「公正・中立」が義務づけられているテレビメディアには不可能な手法だろう．

2大政党化時代を迎え，先に記したように政権交代も現実味を帯びてきている．どの政党の言い分も基本的に公平に伝えていく従来型を続けるのか，共和党支持か，民主党支持かを明らかにすることもある米国の新聞のように政治的立場を明確にしていく道を模索していくのか．真剣に検討を始める時期かもしれない．

大連立と「さる人」　ここまで，政治報道の変化を書いてきた．最後にもう一度，新聞は今，読者のニーズに応えているかという問題に戻ろう．

政治記者のあり方を考えるうえでも，格好の材料になるのは07年11月，当時の首相の福田と民主党代表・小沢との党首会談で持ち上がった自民党と民主党の大連立構想である．小沢は大連立話の仲介者として「さる人」がいたと明らかにしたが，「さる人」とは読売新聞グループ本社会長兼主筆の渡辺恒雄だったことは，その後，渡辺自身が認めているところだ．

朝日新聞は社説（07年11月10日）で「主張を実現するために党首の会談を働きかけたり，ひそかに舞台を整えたりしたのなら行きすぎである」と指摘し，読売新聞に経過を詳しく報じるよう求めた．毎日新聞も社説（07年11月13日）で，「権力者間の仲介役をかって出るとすれば，新聞の使命を超えるのではないか」と，渡辺の行動を批判した．

読売新聞は参院選直後から，政治の停滞を防ぐため自民，民主両党は大連立すべきだと社説で主張してきた．新聞が社説で提案すること自体はもちろん間違ってはいない．だが，福田と小沢のパイプ役になって極秘裏に動くのは，ジャーナリズムの領域から逸脱していると筆者も考える．

　また，毎日新聞はその後の検証取材で，渡辺氏への直説取材は拒否されたものの，渡辺は参院選直後から，さまざまな政治家と接触して大連立を進めようとしていたことや，福田の「代理人」となった元首相・森喜朗と小沢との間では，事前に連立政権の閣僚ポストの数まで話し合われ，民主党には副総理，厚生労働相，農相などを配分する方向になっていたことなども紙面で明らかにしている．

書くことが大前提　ただし……と思う．筆者自身も親しい政治家から意見を求められ，「こうしたらいいと思う」などと応じることは日常的にあることだ．こうした助言もいけないかと問われれば答えに窮するのだ．むしろ，その程度の関係を築かなければ，本当の取材などできないといってもいい．

　問題は新聞記者は書くこと，記事にすること，つまり国民の「知る権利」に応えるのが原点であるということだ．政治家と人間関係を作るのは，いずれ，政治家や官僚の都合のいい発表記事だけなく，本当に国民が知る必要がある真実を書くためである．それを忘れてはならない．その意味でいえば，渡辺氏自身がまず，見知ったことの顛末を自ら明らかにする，つまり「書くこと」が先だろう．

　政治記者は今，癒着さえできていないのではあるまいかと先に書いた．だが，NHKを除く民放各社の政治担当記者の人数は，全国紙の半数程度であり，日常的に多くの政治家をウォッチしているのは新聞だ．解説性や検証が活字メディアに求められる中で，政治の分野では，実は一時情報のほとんどは今も新聞が担っている点を，もっと誇っていい．

　確かに政治家との距離の取り方は難しいが，政治記者と政治家との関係が希薄になっていないか．政策重視，解説重視の流れは今後，さらに強まるだろう．しかし，真実を求めるために，政治家の懐に飛び込むことも時には必要なので

ある．そこだけは変わらないと考えている．

(与良　正男)

注
1)「衆議院で可決し，参議院でこれと異なった議決をした法律案は，衆議院で出席議員の三分の二以上の多数で再び可決したときは，法律となる」と憲法第59条は規定．再可決は55年体制以前，与野党の色分けが明確でない戦後混乱期は相当使われていた．
2) 小泉内閣時代，自民党の反対で国会に法案が提出されない事態を避けるため，当時の首相・小泉純一郎が「事前審査」廃止を検討したが，その後，議論は立ち消えになった．
3) 2008年春現在，自民党には「町村派」「津島派」「古賀派」「山崎派」「伊吹派」「麻生派」「二階派」「高村派」がある．これらは俗称で，正式名称ではない．かつては首相を目指す派閥のリーダーの名前を冠していたが，最近は必ずしも代表が首相候補というわけではない．
4) 核兵器を持たず，作らず，持ち込ませずという三原則．1967年，当時の佐藤栄作首相が示した．
5) 2003年1月，北川正恭・早大大学院教授が三重県知事時代に提唱．政策の達成時期や，そのために必要な財源などを具体的に盛り込むことを求めている．

参考文献
田勢康弘『政治ジャーナリズムの罪と罰』新潮社　1994年
田原総一朗『テレビと権力』講談社　2006年
飯島　勲『小泉官邸秘録』日本経済新聞社　2007年

キーワード
ねじれ国会，保守合同，小泉チルドレン，改革抵抗勢力，懇談，経世会支配，宙に浮いた年金記録マニフェスト，大連立

VI 変容する国際報道

§1 国際報道とグローバリゼーション

<u>国際報道とは何か</u>　まず,その定義から始めたい.簡単に説明すれば,国際社会で起きる何か新しい出来事が,国際ニュースであり,その国際ニュースを伝えることが,国際報道である.

英国の『オックスフォード辞典』によれば,国際報道(International Journalism)を次のように説明している.

International Journalism: the work of collecting and writing international news stories for news papers, magazines, radio or television.

つまり,新聞,雑誌,ラジオ,テレビなどメディアのために国際ニュースを書いたり,集めたりする仕事ということになる.

非常に簡単で,分かりやすい説明・定義のように見える.しかし,実はそれほど簡単な話ではない.とくに「国際ニュースとは何か」という定義が難しい.国際ニュースの場合は,誰が,誰に,何を,何のために,報道するかによって,ニュースの価値,内容は大きく変わる.[1)]

ということで，ニュースとは何かを，少し，突っ込んで考えてみたい．

『広辞苑』（岩波書店）によれば，ニュースとは，「新しい出来事」と簡単に説明される．『英オックスフォード辞典』は，もう少し詳しく書いてある．

News ：① new information about something that has happened recently.
　　　：② reports of recent events that appear in newspapers or on television or radio.

つまり，① 最近起きた何かについての新しい情報．

あるいは，② 新聞，テレビ，ラジオに現われた最近の出来事に関する報告——となる．

いずれもニュースを「新しい出来事」と定義しながらも，②では新聞・テレビなどのメディアに現われるかどうかを重要視している．新聞・テレビなどのメディアに現われない場合はニュースとはいわないとの見解も示唆している．結局，ニュースとは最近の出来事で，新聞やテレビに報じられているこということになる．

　国際ニュースとは何か　国際報道の場合，「新しい出来事」が報道メディアによって伝わらないということがしばしば見受けられる．いくら「大きな出来事」でも，ニュースとはならないということもある．世界各地の人びとは多様な価値観を持ち，多様な政治・経済・社会システムに住み，文化・伝統も違う．それぞれが思うニュースへの関心や思い入れは違っている．ある国や地域ではニュースとみなされていても，他の国や地域ではみなされないことは多いのである．

「国際ニュース」とはいっても，その具体的な内容や定義はきわめてあいまいで，国や地域によって異なり，また人びとやメディアの関心から洩れれば，定義的には「国際ニュース」に値するものでも，「国際ニュース」とはならない，もしくは認識されないということはよくある．

例として，よくあげられるのは「石油輸出機構（OPEC）の創立」（1960年）で，当時は誰もニュースとは気がつかず，実際，ニュースにもならなかった．しか

し，その後，石油市場および中東社会の出来事は，OPECの動向を抜きにしては考えられないという事態が続いた．当時は影響力のない組織の誕生と見られ，人びとの関心は薄く，ニュースにもならなかったが，あとから考えると，報道側の歴史的先見性がなかったといわざるを得ない．

OPECの例を出すまでもなく，一昔前の新聞の国際記事を読み返してみると，歴史的には重大とされている出来事がすっぽり抜け落ち，代わりに，こんなことに騒いでいたのか，とびっくりさせられるような話を熱心に書いていることは多い．

知らせる努力　人びとが世界で起きていることを知る手段としては，その昔は手紙などの私信だった．その後，新聞という不特定多数を相手にする媒体があらわれた．さらにラジオ，テレビなどの電波媒体が加わった．現在ではインターネットなどもその一翼を担っている．そして，科学技術が発達した現在，世界で起きていることは瞬時に何でも知ることができると思っている人が多い．だが，実際は，他の国や地域に起きていることも，誰かが知らせる努力をしない限り，なかなか伝わらない．

国家や人びとの交流が活発となり，昔よりは人びとは世界で起きていることに無関心ではいられなくなっている．とくにグローバリゼーションと呼ばれる世界的な情報伝播や価値観・行動基準の統一化にともなって，人びとは，否応もなく，世界で起きている出来事に付き合わざるを得なくなっている．世界一の軍事力と政治・経済力を持つ米国の動向に，世界の人びとは無関心ではいられないし，米国の大統領選挙が「国際的ニュース」となり，各国報道関係者が懸命に追うのも当然の状況にある．

その一方で，科学技術や経済の発展が遅れ，グローバリゼーションにも乗れない国々や地域では，世界的に平準化される情報交流から取り残され，世界で何が起きているのか，世界の動向とはまったく無関係に生きている．そして，その世界の主流から取り残された人びとは地球上に数十億の単位で存在している．「村人のうち1人が大学の教育を受け，2人がコンピューターを持ってい

ます．けれど，14人は文字が読めません」(『世界がもし100人の村だったら』[2]からの抜粋）というのが世界の現実であり，また真実であることは心に留めておいた方がいいかもしれない．

インターネットと国際報道　「インターネットは世界をつなぐ」ということもよくいわれる．だが，地球上では，電気と電話回線を持たず，もしくは知らずに，1日1ドル以下という所得水準で暮らしている人びとは数十億の単位で存在する．これらの貧しい人にとって，パソコンを購入する機会はほとんどなく，また偶然，パソコンを持つことができたとしても，プロバイダーに毎月の使用料を払える人はほとんどいない．その日を暮らすのが精一杯という人びとにとって，インターネットは，生きるうえにおいて，必要不可欠でもなく，最関心事でもない．「インターネットは世界をつなぐ」という話は嘘とはいわないまでも，現実をかなり歪曲しているとはいえる．

よく，「インターネットで，ニュースを早く知った」という人がいる．しかし，実際のニュースの現場にいるのは，ごく少数の新聞記者であるケースが多い．その数人からの情報が拡大増幅され，もしくは取捨選択・簡略化され，インターネットに流れる．源をたどれば，どれも同じで，インターネット自体が取材しているわけではない．

国際報道の例をいえば，首脳会談や国際会議，あるいは戦場など，現場に出向き，事件を目撃し，観察し，分析し，過去の事例と比較し，独自の速報・解説記事を送るというのは，誰にでもできそうであって，実際はそんなに簡単な話ではない．それなりの訓練と経験と才能は必要なのである．

世界には簡単に取材できない地域も　交通通信手段が発達した現在，世界のどこへでも行けて，情報は簡単に入ってくると思っている人も多い．そのような恵まれた状況は，先進諸国地域だけで，世界の一部にすぎない．ニュースの現場には入れないという地域はたくさん存在する．また，現地へたどり着くのは困難で，起きた出来事の内容を把握するのが不確かな場所もある．時には分からないことから無視されるケースさえある．世界の辺境地域で起きた自然

災害や大量虐殺事件などは実態が分からず，不確かなことから報道されないまま，忘れられるということは結構多い．

さらに，独裁政治などの政治体制によって，取材ができず，何が起きているのか分からないこともある．北朝鮮の拉致事件，ミャンマー政権による僧侶デモに対する軍事的弾圧とサイクロン被害，チベットの暴動騒ぎなど，いずれも，厳しい取材制限あるいは入国制限から直接取材は難しく，実態の把握は極端に難しかった．

それでも，新聞は，直接取材ができなくとも，何が起きているのか推測し，周辺の判断の材料を読者に提供するという作業はできる．また，新聞はさまざまな断片情報を寄せ集め，詳しく分析し，解説するということも可能である．テレビなど映像メディアは映像が撮れない場合，まったくお手上げ状態になり，過去の資料映像を流すか，もしくは一部の映像を繰り返して報道するしかない．結局，その時に入ってきた別の欧米ニュース映像が優先されるというケースはよくある．

新聞の役割が弱体化しているといわれるが，国際報道では，映像や電子メディアが活躍できない分野や地域は，なお多数存在し，新聞という媒体の活躍の場は残っている．「新聞が死滅する」という予測は控えめにいっても誇張であり，国際報道に関する限り，活字，映像，電子の各メディアは，それなりに住み分けをし，その役割を果たしている．

§2 国際報道の歴史と現状

日本は世界に冠たる新聞大国　ある意味では，新聞への関心が高い国や地域は，それだけ世界各地の動きに敏感であり，利害を感じている．日本新聞協会のデータをもとに，1,000人当たりの新聞発行部数の国別比較をしてみると，世界でもっとも新聞が普及している国の第1位はアイスランド（1028.8部）で，ついで第2位がデンマーク（766.1部），第3位が日本（631.7部）となる．以下，スウェーデン，ノルウェー，コロンビア，フィンランド，スイス，香港，韓国などの順となる．

ちなみに新聞発行部数が一番多い国は中国（9904万）で，第2位がインド（8886万部），第3位が日本（6918万部），第4位が米国（5628万部）．次いで，ドイツ，韓国，英国，ロシア，イタリアの順となる[4]．

　また，世界最大の発行部数の新聞は読売新聞（1407万部），第2位朝日新聞（1212万部），第3位毎日新聞（559万部），第4位日本経済新聞（464万部），第5位中日新聞（451万部）と日本の新聞が上位を独占し，以下，ビルト（独），産経新聞，参考消息（中国），人民日報（中国），東京スポーツ，サン（英国）となっている．米国の新聞で最大発行部数を誇るUSA・Todayは231万部しかなく，ニューヨーク・タイムズ（121万部）やワシントン・ポスト（71万部）は日本の有力地方紙よりも発行部数が少ない[5]．

　数字だけをみると，新聞の部数が減少し，新聞離れがいちじるしいといわれながらも，日本はなお世界に冠たる新聞大国であることが分かる．日本社会の新聞依存度はなお大きいといわざるを得ない．

　もっとも，部数が多いから，国際報道に関心があるとはいえない．また，国際的に影響力があるともいえない．ニューヨーク・タイムズやワシントン・ポスト，さらには英タイムズ，仏ルモンドなど欧米有力紙は，部数は日本の全国紙の数分の一なのに，影響力は非常に強い．日本の新聞は国内報道が中心で，国外への発信力はあまりないのが現実だ．

　さらに，現代世界ではテレビなどの映像メディアやインターネットの普及がいちじるしく，世界的には，新聞の力は今後，長期的には弱まっていくとの見方は強い．ただ，統計数字をみると，今でも新聞発行部数が多い国・地域はアジアに多く，とくに，日本，中国，韓国，台湾，シンガポールなどの漢字文化圏にその特徴が強く現われている．アジアの経済の発展のほか，漢字を使うという文化・習慣が新聞を人びとに引きつけるという効果をもたらしているのかもしれない．

新聞の発展は戦争に始まった　「よその国に起きていることを知る」という国際報道の原点の裏側には，その国となんらかの利害関係を持っており，そ

の利害に関係する状況を一刻も早く知りたいという動機や願いが存在する．それが国際報道を発展させる理由となっている．国外との交流や利害関係が発達していない場合は，国際報道への関心は薄く，需要も少ない．国外交流が少なかった昔に，国際報道や特派員という概念もなかったのも当然だったといえる．逆にいえば，国際社会に大きくコミットし，世界の出来事に関与できる国や地域だけが，国際報道を発信し，受信する権利があるということなのかもしれない．

では，人びとが国外の状況に関心を持つこととは，一体，何だったのだろうか．

新聞の歴史をみると，その最大の関心は戦争だったケースが多い．「わが国は戦争に勝利しているのか？」「わが父，夫，息子は生きているのか？」——．国家と人びとの人生を大きく左右する戦争情報は社会の圧倒的な関心を引き寄せる．それが国際報道を飛躍的に発展させる原動力にもなった．

英タイムズ紙はロシアとのクリミア戦争（1861～65年）に戦場特派員を派遣し，後に「赤十字」設立の母とされるナイチンゲールの活躍を報道した．[6] 実は，日本も海外報道が本格化したのは日清戦争（1894～95年）と日露戦争（1904～1905年）で，従軍記者を競って派遣し，その取材合戦は新聞発行部数を大きく伸ばした．[7] 江戸時代の瓦版から近代的な新聞への脱皮は，日清・日露の戦争という近代国家対立が必要だったともいえるのである．

その後も，日本の新聞は戦争のたびに，発行部数を伸ばし，その地位を固めてきた．日本の新聞の歴史は近代日本の戦争の拡大と密接な関係にあったといっても過言ではない．

ちなみに，海外駐在特派員の始まりも，戦争がきっかけだった．日清・日露の戦争では従軍記者派遣による大規模な戦争報道競争が展開された．さらに，日露戦争後は，ポーツマス条約交渉をめぐり，ロシア情勢の把握が必要となり，当時のロシアの首都ペテルブルグへ記者を派遣したのが海外駐在特派員の始まりといわれる．

初期の海外特派員は通信手段の未発達もあって，ニュース報道というよりは，現地のルポ・報告，または著名人の印象記など個人的な見解の発表という色彩

が強かった．しかし，戦争を契機に，新聞は近代国家観に目覚め，近代的な報道を確立させていき，現在の海外報道へと引き継いでいった．その背景には，身内の国内報道ばかりでは，国際情勢把握を正確に判断できなくなるという認識が強まっていったこともあった．

§3 誰が誰に向かって，国際報道をしているのか

国際報道に従事する海外特派員 では，現在の社会では誰が一体，国際報道に従事しているのか．各新聞社は世界各地に特派員と呼ばれる記者たちを派遣している．短期の出張から長期滞在，あるいは駐在まで，さまざまな形がある．さらに，国際間の交流の活発化によって，求められる情報の内容や傾向が大きく変わっている．昔は政治経済報道中心だったが，最近はスポーツ，芸能，文化，ビジネス・業界動向，科学技術など広範囲な分野に広がっている．米国の野球報道からパリのファッションまで，国家を背負った戦争報道だけではない，さまざまな国際報道が繰り広げられる時代になっている．

現在，日本のマスコミ（テレビを含む）で，駐在特派員数が最多なのはニューヨークで65人，次いで北京（59人），ワシントン（57人），ロンドン（43人），ソウル（31人）の順になっている．[8] 日本の関心はニューヨーク，北京，ワシントン，ロンドン，ソウルの順になっていると考えてもいいのかもしれない．ニューヨークが最大なのは，米国野球での日本人選手の活躍や米経済情勢，芸能情報への関心が大きな理由だと思われる．

また，世界のどこかで，大きな戦争が発生すれば，たちまち，多数の特派員が急派・増派される．ベトナム戦争，湾岸戦争，イラク戦争と，日本の新聞社は多くの戦場に特派員を派遣してきた．

新聞各社はできるかぎり（財政が許す限り），世界各地へ特派員を派遣し，世界の動きに目を光らせている．ただ，自前の記者だけで，世界で起きていることをすべてカバーするのは不可能である．日本で駐在海外特派員の数が一番多いとされる共同通信社の海外支局数は41である．[9] 現在200近くになっている

世界の国々の大半は日本の特派員が駐在していない．今後も，すべての国に駐在特派員が派遣されるという可能性はほぼありえない．

　また，国際政治ニュースの中心である米国の首都ワシントンには全国紙や通信社，テレビ局など各社が複数の特派員を送っているが，それでも巨大な米政府機構の中で何が起きているのか，全容を知ることは困難だ．さらに全米各地で起きているすべての出来事をキャッチすることも不可能に近い．数千人から数万人規模で取材を展開している米国記者にかなうわけもなく，結局，直接情報は米国記者からの報道に頼り，その後，日本人記者として独自の追加取材を行うのが通常である．それでも情報はこぼれていく．

　またアフリカ大陸のように，50カ国近くの国が存在するのに，特派員は朝日，毎日，読売，共同の4特派員だけという地域もある．この少人数で，アフリカで起きている出来事をすべてカバーするというのは物理的に不可能である．

　国際報道に欠かせない通信社　国際報道は，どこかで，誰かに情報を流してもらう，あるいは集めてもらうという作業が必要となり，そのために，通信社という情報を流すシステムが確立されていった．世界のメディアは通信社を通じ，お互いに情報を交換し，共有し，その間接情報を頼りに，国際報道をしているのが実態なのである．

　世界的な規模でニュースを流す通信社は3つある．ロイター（英），AP（米），AFP（仏）の3大通信社で，いずれも欧米系通信社で世界各地に多数の記者を配置している．世界のニュースは，この欧米系3大通信社によって牛耳られ，決められているといっても過言ではない．日本に入ってくる国際ニュースの大半も，3大通信社を経由して入ってくる．各新聞社が独自に情報を入手し，記事化するケースもあるが，ほとんどは3大通信社経由だ．現在のニュース・メディアの情報の流れは次のようになっている．

　世界各地の現地メディア⇒3大通信社⇒日本の通信社（共同，時事）⇒日本の新聞社——という流れである．

　各国に派遣されている特派員たちも，第1次情報は3大通信社からのニュー

ス配信で知り，それから直接取材を始めるか，または通信社の配信ニュース原稿を下敷きに独自の見解や立場を入れて記事化するケースが多い．

3大通信社に握られる国際ニュース　このような通信社に依存する状況は何も日本の記者だけでなく，世界各国の記者も同様である．たとえば，欧米メディアは，アジアでは，どこか1カ所しか駐在特派員を置いていないことが多い．東京か，北京か，香港か，いずれにせよ，そこからすべてのアジアをカバーする．常識的に考えれば，アジア全体の情報を1カ所からコントロールするのはやはり不可能に近い．どうしても選択的な取材にならざるを得ないし，通常の情報はやはり3大通信社に頼らざるを得ないのが現実だ．

その意味では3大通信社に頼らざるを得ないという構図は日本の記者だけでなく，すべての国際報道に携わる記者の問題でもある．ただ，欧米の記者の場合，とくに3大通信社を持つ米英仏の場合，通信社が持つニュース価値観と各新聞社との価値観は，それほど異なっておらず，通信社配信の情報でも十分という実態がある．独自の特派員を派遣する必要は必ずしもない．瞬発的なニュース報道は通信社配信に任せ，特派員は独自の取材や追跡取材・ルポに仕事を集中させるというケースは多い．

だから，海外特派員の数では，欧米新聞社は必ずしも日本の新聞社よりも多いとはいえない．主な国際ニュースの現場に行くと，日本の記者団は米英独などに次ぐ，もしくはそれ以上に多い人数で取材に駆け回っている．なぜ日本の記者団はこれほど多いのか，「日本はそれほど国際報道への関心が高いのか？」と逆に感心されるほどだ．

一方，国際ニュースの現場では，日本以外の非欧米記者を見かけることはまれである．アジア・アフリカなどの新興国は国際ニュースを自ら取材する力はなく，圧倒的な量の情報を欧米通信社に依存する．欧米の情報価値観の支配下にあるといってもよい．国際ニュースは欧米によって決められ，作られているといっても過言ではないのが実態である．

その意味では，日本の記者団はそれなりに独自の情報や見解を求めて走り回

り，健闘しているといっていいのかもしれない．

§4 何を何のために，国際報道するのか

重労働に追われる日本の特派員　日本の社会に独自の「国際ニュース」を伝えているのは，各社の海外特派員で，彼ら以外に国際社会に起きている新しい出来事・ニュースを系統的に伝えているものはない．しかし，日本の記者たちは世界の実情をすべて伝えているのかとなると，大きな疑問符がつく．日本からみたステレオタイプな国際社会像を繰り返し報道し，実態からはずれていることはないのかと問われると，必ずしも反論できないのが実情だ．新しい出来事が世界各地で起きているのにもかかわらず，旧態依然の取材方法で，古色蒼然とした記事を送り続けているケースは多い．

日本の新聞の多くは朝夕の1日2回発行という世界でもまれな作業をしており，土日も休みなく新聞を発行する．特派員は時差の問題を抱えながら，さらに，通信社的な速報の仕事をこなすという重労働に追われている．深い分析や解説のために時間をかけた仕事は非常に難しい．長期間にわたり，ひとつのテーマで追いかけるテレビや雑誌のチーム取材に負けていることも多い．

そして，大きな問題となるのが，国際報道とは，一体，何を報道するのかという，いわばニュースを取り扱う新聞記者にとっては，根源的な問題がある．メディアによって，その回答はさまざまであり，回答はひとつではありえない．たとえば，米国野球で活躍する日本人選手を追う運動部特派員の仕事は，日本の野球ファンのために，イチローや松井秀喜選手の動向を詳細かつ逐次伝えていくということにある．何を報道するのかという目的ははっきりしている．国際舞台における日本人もしくは日本社会を報道するということで，あまり意見の差は出てこない．

価値観の違いによる情報の取捨選択　しかし，国際報道の本来の目的である「国際社会で何が起きているかを伝える」となると，とたんに難しい話になる．国際社会で起きていることすべてを伝えることは不可能で，物理的に無理

である．どうしても，何を伝えるのか，そこに情報の選択が起き，価値観による取捨選択が進む．

たとえば，米国カリフォルニア州で日本人留学生数人がハイウエイで交通事故死した事件と，バングラデシュで数千人が大洪水で被害にあった事件と，どちらが大きなニュースなのか．日本人の大半は前者と答える可能性が強いが，それは正しい国際報道といえるのか．それは国際社会で起きていることを正確に伝えていることになるのか．となると，必ずしも簡単には答えられない．

米国の大統領がスナック菓子をのどに詰まらせ，大きな騒ぎになったニュースと，アフリカ南部全域で，多数の子どもたちが生まれながらエイズに感染しているというニュースと，どちらが大きなニュースなのか．これも簡単には答えられない．

また，外国メディアから伝えられる情報の場合，その情報を受け取る以前に，情報源による情報の取捨選択が行われているという問題が出てくる．その際の取捨選択の価値観は，われわれ日本人の価値観や感覚とまったく違うかもしれない．間接情報は入手した段階で情報が"歪んでいる"可能性は否定できない．3大通信社が「これがニュースだ」と圧倒的な量で，繰り返し流してくれば，それを無視はできない．日本の新聞にとって必要なニュースなのかと，考える暇もないかもしれない．そして，テレビなど影響力が強いメディアを通じて，圧倒的な映像情報が流れると，それこそがニュースだと思い込んでしまう読者も多い．読者は自分が持っている先入観や偏見から，自分に近いニュースを求め，読みたがるという傾向も否定しがたい．

実は，これは日本の記者だけでの問題ではなく，外国人記者も同様な問題を抱えている．たとえば，外国人特派員が書く日本のニュースはおかしいのではないかという批判は外国特派員自身たちからも出ている．[10] 日本といえば，フジヤマ・芸者・サムライという時代は，さすがに終わったかもしれない．しかし，自動車・電気製品の話以外に，日本の記事を送る機会は少なく，送っても採用されず，ボツ（不採用）にされると不満をこぼす日本駐在外国人特派員は

多い．日本の記者も，外国の記者も，「自国の読者が持っているイメージに沿う記事だけでいいのか」という自問自答は尽ない．

新聞と国家の関係　国際報道は，ニュースを送り出す側と受け取る側の姿勢，そして，その間に横たわる価値観の相違によっては，ニュースの内容や定義は大きく変わる．そうであれば，国際報道とは，何のために存在するのか，もしくは，何のために存在すべきなのか．「国際社会で起きている真実を伝えればいい」との声はよく出てくるが，では，真実の報道とは何か．それは国民もしくは読者が知りたい，もしくは，聞きたいと思っていることと一致するのだろうか？　そして，報道の中身と国家利益が反した場合，報道はどうあるべきなのだろうか？[11]

例えによく出されるのが，外交交渉である．とくに秘密交渉の中身を報道するのはよくないことなのだろうか？　外交交渉の中身を報道することによって，交渉は不利となり，結果的に国益に反するという声はよく聞く．その頂点に立つのは国防・軍事機密である．敵国もしくは仮想敵国に機密情報を知らせるような報道は，国家の安全を脅かすものであり，国益に反すると主張され，時には，法律違反で投獄されるケースさえある．

外国での取材は，国によって，法律や機密事項はさまざまで，日本と同じような報道ができるわけではない．それでも，法律や監視の目を潜り抜けて報道すべきなのか．それとも，身の安全を考えて，さらには，当該国の利害や立場を考えて，報道は控えるべきなのだろうか．

米国政府は 03 年のイラク戦争の際に，厳しい報道管制を実施し，戦場取材は「エンベット」と呼ばれる軍指揮下の同行取材だけを許した．この場合，公平な報道を実現するために，米軍の指揮下に入る軍同行取材を拒否すべきかどうか．世界のマスコミは大きな選択に迫られた．結局，戦争の動向に関し，大量の情報を持っている米軍を無視するわけにはいかず，多くのマスコミは米軍指揮下の戦場取材に入った．

米軍の指揮下に入っても，中立公正かつ客観的な立場を貫けば，真実の報道

ができるとの主張はありうる．しかし，実際には，軍から流される独占情報の真偽を確かめる手段は少なく，それを事実として大量に流さざるを得なかった．また，一緒に行動している米軍部隊に親近感や同情を持つのが普通である[12]．そして，誤報騒ぎもあった[13]．しかし，これは何も，イラク戦争に限らず，生死をかけて取材する戦争報道，戦場報道ではつきものの問題で，戦争という，人びとがもっとも関心を持つニュース報道では，客観的に真実を伝えるのは，きわめて困難なのが実態である．

報道とナショナリズム　イラク戦争の場合，日本は直接戦闘には参加しておらず，ある意味では，まだ客観報道を行う余地があった．しかし，日本が直接関与し，当事者となった場合，とくに戦争や紛争，国家対立，外交緊張関係の報道の場合は，客観的立場を維持するのはきわめて困難になる．とくに一般国民が必ずしも客観報道を望んでいない場合，もしくは，ナショナリズムが高揚し，「戦闘勝利」など自分が希望する情報を読みたいと強く願っている時など，国際報道はきわめて難しい立場に立たされる[14]．

さらに，「人権や個人の自由」など共通の価値観を説く先進国メディアと「国家の安定や経済発展，独自な文化・伝統の維持」を優先する非先進国メディアの価値観が対立した場合，国際報道はきわめて微妙な立場に立たされる[15]．この場合，どちらの報道が正しいのだろうか．本当に客観的報道というのはありうるのだろうか．

ちなみに日本の例では，中国の反日暴動やチベット暴動，北朝鮮の拉致事件など，日本と中国，北朝鮮とでは，報道内容がまるっきり違う．そして，中国の反日デモ報道による日本国内の反感が強まった際には，「日本は正しく，中国は間違っている」という記事の方がどうしても日本国内では喜ばれた．中立・客観的な報道ができたのかとの冷静な反省も，日中，どちらがより感情的だったのかとの言い争いに終わることが多い．

そして，中国国内では，まったく正反対の，しかし，同じような状況が起きている．チベット暴動報道と，それに続く五輪聖火ランナー抗議デモ事件では，

中国とその他の国の報道はまったく違った内容となった．そして，中国国内からは「欧米は偏向報道をしている」とする反感や不満が噴出した．[16)]

　国家ナショナリズムが人びとの間で高揚すると，事実報道よりも，善悪報道が前面に出てくる．そして，その善悪の価値観は国によって違う．人びとや社会がナショナリズムに煽られている場合，国際報道は中立かつ客観報道の維持ができるのか？　難しい問題である．読者もしくは人びとが求めているニュースが，必ずしも真実とは一致せず，正しくないことはありうる．国際報道というのは，常に価値観が交差し，判断基準が分かれる谷間にあると自戒すべきであり，耳に心地よい報道というのは，一歩立ち止まって，疑ってかかるべきである．

(石郷岡　建)

注
1) クジラ問題に関わる欧米と日本の報道の立場は正反対で，日本から見ると欧米報道は感情的，一方的価値観の押し付けと見られることが多い．背景にはクジラに対する特別な感情や思い，さらには宗教観などが横たわっており，どちらが正しい報道かという評価はきわめて難しい．概して，捕鯨抗議問題での日本の報道は冷ややか，もしくは無視の態度であり，オーストラリアや米国など一部報道の騒ぎとは好対照となっている．
2) 池田香代子再話　C.ダグラス・ラミス対訳『世界がもし100人の村だったら』マガジンハウス社，2001年
3) 各国別成人人口1人当たり部数，「World Press Trends」(07年版)
日本新聞協会ホームページ：http://www.pressnet.or.jp
4) 各国別日刊紙発行部数，「World Press Trends」(07年版)
日本新聞協会ホームページ：http://www.pressnet.or.jp
5) 世界の新聞発行部数順位，「World Press Trends」(05年版)
世界新聞協会(WAN)ホームページから：http://www.wan-press.org
6) ENCYCLOPAEDIA　BRITANICA
7) 古本昭三『ロシア特派員』ナウカ，1991年，pp.14-23
8) 日本新聞年鑑07-08年版
9) 共同通信社会社案内　http://www.kyodo.co.jp/
10)「東京特派員の告白－外国の新聞が伝える『世界が見たNIPPON』はなぜデタ

ラメなのか」(「ニューズウィーク日本版」2007年9月19日)
11) 08年3月,古森重隆・NHK経営委員長が「NHK国際放送は国益を主張すべきだ」と発言,国益報道とは何かとの議論が日本でも続出した.
12) イラク戦争従軍記者の実態については,朝鮮日報記者の戦場同行ルポ(姜仁仙著,大沢文護・堀山明子・西岡省二訳)『砂漠の戦場にもバラは咲く』毎日新聞社 2003年)が詳しい.
13) ジェシカ・リンチ上等兵救出大作戦:米女性兵士がイラク軍に襲われ,死闘のすえ,負傷して,イラク側の捕虜となったが,それを米軍は救出したという軍発表だった.しかしのちに,女性兵士の死闘はなく,ただ負傷して,イラクの病院に収容されていただけだったと,告白した.
14) 日中戦争の南京攻略に関わる「中国人百人切り競争」の報道は,当時の日本国内では熱狂的な歓迎を受けたが,今から考えると,事実がどうであれ,常軌を逸した報道で,常軌を逸した日本社会の反応だったといえる.
15) 06年,イスラム教の預言者ムハンマドの風刺画をデンマークの新聞が掲載したことに始まるいわゆる「風刺画戦争」は,「報道の自由」と「宗教の尊厳」について,欧米とイスラム世界の価値観が真っ向から衝突し,各国は,その宗教観の違いを背景に,さまざまな報道を展開する結果になった.
16) 08年,中国ではチベット暴動に続いて,五輪聖火ランナーへの世界的抗議が広がったことに,「政治のスポーツへの介入」「中国への不当な圧力」などの声があがり,国家としてのプライドが不当に傷つけられたとの思いが広がった.さらに,米CNN放送のキャスターが「中国人は脅し屋で,暴漢だ」と発言したことで怒りが爆発し,「欧米の中国報道は偏見に満ち溢れている」との批判につながった.これに対し,日本や米国のマスコミも,中国の外国報道批判に注目する記事を掲載するまでになった.
  ①「中国では日本にあふれる『反中』『嫌中』報道へのいら立ちが根強い」(毎日新聞朝刊・潮流「『愛国心』かじ取りに悩み」2008年4月29日付)
  ②「歪曲報道が中国の名誉を汚している」(朝日新聞朝刊「『外国メディアが歪曲』,中国内,報道批判強まる」2008年3月28日付)
  ③「Western media is even more biased than Chinese media」(International Herald Tribune,「Chinese students in U.S. shed restraint on "bias"」,30th of April.2008)

参考文献
木村昌人・田所昌幸『外国人特派員』NHK出版 1998年
ヒュー・マイルズ著,河野純治訳『アルジャジーラ 報道の戦争』光文社 2005年
石澤靖治『戦争とマスメディア』ミネルヴァ書房 2005年
橋本 晃『国際紛争のメディア学』青弓社 2006年

大石　裕・山本信人『メディア・ナショナリズムのゆくえ』朝日新聞社　2006年

キーワード
国際報道，国際ニュース，グローバリゼーション，インターネット，戦争，特派員，通信社，価値観の違い，国益，報道管制，ナショナリズム，善悪報道

第二部

言論の役割

VII 問われる社説力

地球規模の課題へ　新聞が社の意見として掲載する「社説」は，近代新聞を特徴づけるものであり，時代とともにその様式や役割も変化したが，今なお多くの新聞が継承している．ジャーナリズムが，単なる事実報道だけではなく，報じる内容に価値づけをしながら主体的な主張と批判をすることを生命とする限り，新聞にとって社説はまさにその象徴といえるだろう．

東西冷戦構造や国内の「55年体制」が崩れて以後，旧来の価値観や経験的常識の物差しでは測りきれない政治，経済，社会の新事象が世界規模で起きている．2001年の9.11同時多発テロ以来，戦争の概念も大きく揺らいでいる．一方で温暖化，食糧危機など国家・民族の枠ではとらえきれない地球規模の切迫した問題にもジャーナリズムの真価が問われている．そこに鋭い視点と的確な指針を示し得るか．その意味で社説の存在意義は古くて新しい．とかく陥りがちな主張の押しつけや啓蒙意識ではない，新しい建設的な視点の提供，読者に多様な論議を活発に発展させる役割が今，ますます重要になっている．

社説のみならず，各新聞が近年，社外識者の意見寄稿や討論を積極的に多用し，オピニオン紙の性格を強めているのもそうした状況を反映している．

§1 社説ができるまで——ある日の論説室から

何を書くか　社説は各分野や懸案テーマを分担する論説委員たち（大手紙の場合20人から40人ぐらいいる）が，その日の社説にするテーマを選んで討議することから始まる．そして，基本的な論旨を固め，受け持つ分野がそのテーマにもっとも近い論説委員が執筆し，再び内容を複数でチェックして決定稿とする．多くの新聞社がこうした形で行っている．討議のミーティングを「論説会議」などといい，毎日，昼前後にその日付の朝刊，夕刊の早版，新しいニュース，情報などを勘案しながら進める．

何を書くか．テーマ設定は読者の関心が高いもの，今後の政治，外交，景気に影響が大きいものなど物差しは一様ではないが，主張が比較的はっきりと打ち出せるテーマが選ばれやすい．

2008年，クラスター爆弾の国際禁止条約受け入れにためらいを見せていた日本が，やっと同意した．その論説会議を想定してみよう．どのテーマでもそうだが，社によって問題のとらえ方や視点は異なり，同じ社の論説委員の中でも見解は必ずしもぴたりと一致しない．たとえば，こんなやりとりで始まる論議を思い描いてほしい．

クラスター爆弾をめぐって　「廃棄の意思がないアメリカの意向をうかがって難色を示していた日本がよく踏み切った．わが社もクラスター爆弾禁止のキャンペーンを長年展開してきただけに，歓迎の意志を表明したい」

「日本はずっと煮え切らない態度で，社説も批判してきたが，最後は首相の決断だろう．ここは率直に『よくぞ』と評価すべきだと思う」

「同感だ」

「それはそうだが，安全保障の観点から，手放しに『よかった，よかった』では納得できないという意見も軽視できない」

「周辺でクラスター爆弾を手放すのは日本だけでは，抑止力に『空白』が生じて危険という考え方だね」「それよりも，戦術・戦略の大きな見直しを迫ら

れることが，防衛省や自衛隊サイドが難色を示し続けたゆえんだろう」

「というと？」「知ってのとおり，クラスター爆弾は子爆弾によって広範囲に爆撃効果を及ぼす．本土の海岸線が長いうえに島が多い日本にとっては水際防衛や島嶼部の防衛に不可欠とされてきた．そういう主張は禁止条約支持の社説でも踏まえて読者に説明しておかなければならないと思う」

「緊張関係は海底資源開発問題，島の帰属問題など山積しているが，それが今ただちに武力衝突，侵犯，軍事占領というような展開になるわけではない．そもそもクラスター爆弾自体に侵攻抑止効果があるというのも疑わしい．あくまで外交的努力を重ねるのが当然で，クラスター爆弾の禁止は，改めて平和的関係の構築を前進させる決意の証と位置づけるべきだろう」

「国境を越えて人道を掲げて市民が動き，各国政府機関も動いた．この潮流は軽視できない．日本も率先してこの爆弾の不条理を訴えるスクラムに入り，盟友アメリカを説得するぐらいの構えをとった方が国益にかなう」……．

　<u>積み重ねの上に</u>　さらに論議は続くが，安全保障と軍縮問題を長く取材してきた論説委員が基本点を整理して執筆した．構成は，まず日本政府の大詰めでの方針転換を評価する．次いで，早急に自衛隊保有のクラスター爆弾の廃棄を発表して実行するよう求め，不発弾処理や被害者の治療，リハビリテーションなどの国際協力に大きな役割を果たせと説く．

そして，条約が求めているように，クラスター爆弾の不使用と条約を未加盟国に呼びかけることを主張する．最大の眼目はアメリカへの働きかけである．こうして字句の修正や力点の置き換えなどの作業を経て，その日の社説は誕生する．

留意しなければならないのは，テーマに関連するそれまでの社の主張や紙面キャンペーンを踏まえ，まずその流れの中で検討，評価することだ．それを修正，変更するような場合は，そのポイントを明らかにし，なぜかを提示する必要がある．より重要な主張修正なら，論説室を超えて意見を求め，集約し，改めて方向づけをすることもある．社説は記者個人の意見や見解ではない．その

新聞社として展開してきた主張の積み重ねであり，その上に立った多角的な論議の結果として読者に受け止められていることを忘れてはならない．

独りよがりに傾くのを防ぐために，安全保障や社会保障問題など，間口が広く，複雑な専門知識を要するテーマについては，適宜，専門家らを招いて勉強会を開く．

§2 社説の歴史

政論新聞から近代新聞へ　社説は，18世紀の英国で政治評論の新聞が発刊され，19世紀にザ・タイムズがオピニオン紙として確立したという．日本における近代新聞の始まりは幕末・明治維新期に重なる．鎖国を解き，国家体制を一新するという未曾有の社会・文化変革期に言論興隆の機運は高まり，新聞が情報と論説の媒体として登場する．現存する全国紙で最古の毎日新聞の前身「東京日日新聞」が1872年に創刊されるなど，各地に次々と定期刊行の新聞が誕生した．

民撰議院設立や自由民権など政治的主張を載せる新聞が主流で政党と結んだり背景にした論陣を張るところが多く，「政論新聞」あるいは「大新聞」と呼ばれた．一方で，世俗の事件や花柳界話，小説など娯楽色を出した新聞は「小新聞」と呼ばれ，一般市民の間に普及した．また「新聞紙条例」などによる政府批判への言論弾圧，自由民権運動の衰退などから大新聞は行き詰まり，読者獲得のため小新聞的な要素を取り入れ，報道を重視するようになった．またその論説も「不偏不党」に重きを置き，党派色や政治色を薄めた．様式においてほぼ平準化した現代新聞の祖型をここに見ることもできよう．

陸羯南の「政論考」　そのころ，明治を代表するジャーナリストの一人，陸羯南（1857-1907）は明治初めから国会が開設されるまでの20余年の政治論説の流れを総括した『近時政論考』[1]でこう書いている．「自由主義を唱道してしかして密に権略を事とするものあり．進歩主義を仮装してしかして陰に功利を貪るものあり．理宜しく永久平和を唱うべき者また国防論を草するあり．理

宜しく一切放任を望むべき者敢えて官金を受くるあり．名目の恃むに足らざるやかくの如し．この時に当りて良民それ何くにか適従すべき．思うにその岐路に迷うものすこぶる多からん．店に羊頭を掛けてその肉を売らんと言うものあり．客入りてこれを需むればこれに狗肉を与う．知らざる者は見て羊肉となししかして怪しまず．世間政論を業とするものこれに類すること多し」

　政論にはしばしば複雑な経緯や二面性，論と背反する内実があることを，懐疑と批判精神で突いている．今日の社説のあり方や読み方を考える上でも示唆に富む．

　報道新聞化することで社説が平板になったり，影響力をそがれたわけではない．近代日本では初めての本格的な対外戦争となった日清戦争では，各社論説はほぼ一致して政府を支持，世論を動員した観があるが，10年後の日露戦争（1904年開戦）に際しては，東京日日，万朝報などが非戦の論を張った．社会主義思想も入り，日本には新しい思潮が加わっていた．

　広がる社説のテーマ　社説のテーマも政治だけではなく，広く社会事象にも向かった．これも今日に受け継がれている．いくつかあげてみよう．

　明治天皇に殉じて乃木希典（のぎまれすけ）大将夫妻が自決した．石河幹明（いしかわみきあき）(1859-1943)が「時事新報」に載せた社説は，夫妻に同情しながらもあえてこれを厳しく批判し，反響を呼んだ．

　「世間或は理と情とを混同し，乃木将軍は流石（さすが）に忠臣なり，先帝に殉死して其（その）終りを全うしたりなぞ，其死を称賛するものあらんか，大なる心得違ひと云はざるを得ず」[2]

　世論は大将夫妻の殉死を讃えており，この社説への反響はほとんど非難であったという．あえて大勢に合わせず，批判すべき主張を曲げなかった社説の一例といえよう．

　足尾鉱毒事件を世論に訴えた島田三郎(1852-1923)は熱心な廃娼論者でもあり，紙面で繰り返し展開した．政府は明治の初め，外圧という事情もあって遊郭の娼妓（しょうぎ）解放令を出したが，公娼制はむしろ盛んになり，島田は「人身売買」

として徹底的に批判，この業者を正業とみなすなら選挙権も与え，利益代表の議員も出すことになると追及した．

「娼妓公認の制度は，百害ありて一利なし，抑(そも)政府之を公認す，是れ其業を正視する者にして，既に正業視する以上は，之を保護し，公権を醜業の納税者に与へざる可らず」「公娼の不可なること此(かく)の如く明なり，然(しか)るに世間の風潮は却て明治初年改革の精神を弱め，昔日の蛮習を再興せんとする傾向あり」(1899 年 12 月，毎日新聞)[3]．島田は連載記事でも公娼制度に厳しい批判を展開しており，格差や差別問題など社会矛盾を追及する今日のキャンペーン報道と通じるものがある．

社説ではないが，東京朝日で活躍し，国際派ジャーナリストでもあった杉村楚人冠(そじんかん) (1872-1945) は 1906 年 1～2 月，「雪の凶作地」と題して，日露戦争後の疲弊した東北農村のルポルタージュを連載している[4]．交通難の現地を踏査取材し，「戦勝」の陰で，男たちを兵士，労働者に奪われて飢餓状態に追いやられた人びとの窮状を，訪ね歩いてつぶさに描いた．現地，現実に立脚することは報道記事も社説も共通の基本であり，楚人冠のこの告発ルポは今日でも輝きを失わない．

新聞の企業化と戦争

大正時代，日本の新聞は印刷技術や電信技術の飛躍的進歩，交通網の発達，広告需要などで急速に企業として発展した．読みやすさも競われ，このころ記事も次第に文語体から口語体になって読者層を広げた．大正デモクラシーも言論活発の機運を高め，新聞の多くも憲政擁護の姿勢を示した．

第一次世界大戦による好景気もあって資本主義経済は発達し，都市生活者の増加，鉄道の伸長とともに「通勤サラリーマン」「郊外住宅」など現在の市民生活の原型となるもの，活字に加えて映画やラジオといった新しいメディアも登場してくる．

一方で社会矛盾も拡大し，都市部と農村部の格差，米騒動，大戦末期のロシア革命に刺激された労働運動の勃興など社会は激動期を迎えた．世界恐慌

(1929年)が矛盾,格差の拡大に拍車をかけ,警戒する政府は言論弾圧を強めるが,大きな発行部数を抱えて企業化した新聞もその維持のため反政府姿勢を次第に転換していく.さらに5・15事件(32年),2・26事件(36年)などが軍部台頭の道を開き,満州事変から日中戦争,太平洋戦争に至る過程で新聞,そして社説は歯止めや警鐘たりえず,さらには翼賛的言論で積極的に戦争遂行に協力もした.実力行使をちらつかせる軍部の威圧,言論統制,紙配給などによる経営締め上げなどが背景にある.一方で,中国大陸に拡大する戦争報道で各紙は速報力や伝送の最新技術,航空取材,印刷,販売戦術,関連事業などを発達させ,競い合ったことも否めない.

戦時中は検閲によって完全にコントロール下に置かれた.敗戦(1945年)後は連合国軍総司令部(GHQ)の「プレスコード」による事前検閲に引き継がれ,占領政策に障害となると判断された記事はボツになった.このため,たとえば米兵による犯罪記事は載らず,論説も民主化推進と戦争責任追及の論陣を張ったが,GHQ批判は避けた.敗戦でただちに言論が「解放」されたわけではない.絶対的な権力との関係で新聞がどういう姿勢をとり,対応したかは敗戦後の占領期についても目を向け,検証が必要だろう.

朝鮮戦争特需,講和条約発効(52年)と経済復興,独立回復と進み,今日に至る.その間,社説は「バランスがとれ,無難であること」,つまり不偏不党色にこだわりあまり面白くないという批判もあったが,本章の冒頭に述べたように,時代状況の変化は社説に独自の問題提起力や視点の提供を求めている.

§3 新聞社説の現在

　大学生の目　現状に触れる前に,社説とは何かを,試みに学生に身近なニュースを素材に考えてみよう.自分で書くことを想定してほしい.けっして「天下国家の大事」を論じるばかりが社説の世界ではない.日常の目前の出来事を考える時,いわば「社説的切り口」で着目してみる.ここにも,思わぬ新しい問題点や論点を見いだし得るだろう.

たとえば，大学が外部の業者に委託経営している学生食堂の全メニューの値段が一斉に上がると学生新聞が報じたとする．

　〈学生食堂の全メニューが10月1日から10〜30％値上がりする．学生厚生部が15日発表した．「原油高騰などに伴う連鎖的な食材値上がりや燃料費増に業者が耐え切れず，やむなく利用者に負担増をお願いすることになった」と説明している．厚生部によると，各メニューの新旧の価格は……〉

　と始まる記事を「本記」と呼ぶ．いつ，どこで，何が，なぜ，つまり「5W1H」で事実を報じるニュースの背骨で，これがしっかりしていないと後の記事の展開は難しい．

　〈学食の値上げは物価上昇に連動し，やむをえないと大学・業者側は説明する．しかし，仕入れルートやそれぞれの値上げ幅の根拠は明らかにされず，プラスアルファの便乗部分があるのではないかという疑いもぬぐいきれない．さらに，学食の人気がここ数年で低下し，昨年度の利用者数が前年比15％マイナスというデータがある（学生厚生部調べ）．また今春の本紙の学生生活アンケートでも，味，広さ，メニュー，サービスなど各項目で不満が多く，今のままでよいという回答は3割に満たなかった．こうした状況での説明不十分な値上げは学生の生活を圧迫するだけでなく，学食の存在意義も揺るがしかねない〉．これは「解説」である．着目すべき問題点を指摘している．次に軟派という記事スタイルがあり，これは通例社会面や地域面に掲載される．たとえばこうだ．

　〈値上げリストの掲示板を見上げながらメディア学部3年生，安部芳江さんは「困るなぁ」と繰り返した．山口県出身．入学以来変わらない定額仕送りだけでは，昨今の物価上昇の状況ではパートのアルバイト代を加えてもぎりぎりで，おまけに就活，卒論準備と重なる．「冗談じゃなく，食を削ってということになりかねない．学食経営はもっと合理化できるところがあるはずですがね．大量の残飯を運び出しているのを目撃したのも一度や二度じゃありません」……〉．一般の人たち，一方的にしわ寄せをくう人たちの思いや窮状を理屈ではなく，個別の具体的な現実をレポートする．もっとも共感をもって読まれる

記事でもある.

自分で書いてみる　では「社説」はどうするか. やはりそこには提言が必要だ.

〈今回の学食値上げは多くの学生が訴えるように不可解な側面がある. その追及・解明は当然だが, この機をとらえ, 学食のあり方を根本的に見直し, 大学・業者任せにせず, 学生側も主体的に運営参加するような発想の転換をすべきではないか.「まずいうえに高くなる」では, 学外の社会では通用しない. たちまち倒産だ. ところが, 学食は学内では独占的存在であり, 人気は落ちたとはいえ, 少しでも節約したい学生, 図書館の隣という便利さから時間を惜しむ学生らにとって「やむなく使う」ものだ. 学食側はこんな状況にあぐらをかいていたが, 看過してきた側にも大いに問題がある. まず, 早急に全学各代表と大学・業者とで改善委員会を設けて問題点の整理と今後の運営, チェックの方式を提起して全学に諮るべきだ〉

このほかにさまざまな対応策や手法について選択肢はあるだろう. このように社説に求められているのは選択・前進の提案, 指針であることを忘れてはならない. 軍縮や温暖化のような地球規模のテーマから一大学の学生食堂の問題まで, それは本質的に変わらない. そして, この学食問題では, 学内に他に複数のメディアがあり, それぞれが主体的に論陣を張るのが望ましい.

その提案や主張に対立があれば, もっと実りある論議へ発展するだろう. しかし, 学生（読者）がただ受け身であってははじまらない. 読む側の批判, 検証の目があってこそメディアの問題提起は生きる.

その意味で, 国民が広く関心を寄せる社会事象をめぐって新聞によって社説の論点, 主張が分かれるのは, 論議を整理し, 発展させるという点でも重要であり, 相互批判が大きな意味を持つ.

基軸となる憲法　前述したように明治時代半ばごろから「不偏不党」を標榜する一般紙は, 戦後も党派色を印象づけることを避け, 是々非々を基本的な姿勢としてきた. しかし, 安全保障, 外交, 教育といったテーマでは, ス

タンスの違いがはっきり出る，あるいは違いをはっきり出す傾向もみられるようになってきた．

冒頭に挙げたように，1990年前後の東西冷戦構造の崩壊，それに続いて日本でも引き起こされた55年体制の終焉が影響している．それまで，是々非々の基本姿勢ながら論点，批判の方向，度合いなどから新聞に「右寄り」「左寄り」とか「保守系」「革新シンパ」といった色分けがされることはあった．しかし，以後の世界は「右」「左」のような単純な色分け，区分け言葉は死語になった観がある．2001年の「9・11同時多発テロ」からはその傾向がさらに強まった．

旧来の国家を超えた民族・宗教の激しい対立，世代間の価値観の隔絶，ネット世界の新しいコミュニケーション，その架空・仮装の言語空間など，前例踏襲的な分析や視点ではとらえきれない現象が世界を覆っている．核問題だけでなく，環境，食糧，資源の問題が焦眉の急といえるほど深刻になっているのにジャーナリズム全体が気づいたのは近年のことだ．社説はこれをどう見ているか．そう読者が思う事象が相次いで起きている現代は，真に「社説力」が問われる時代である．

そして各社説の個別の問題のとらえ方のバックボーンとして，憲法をめぐるそれぞれの基本姿勢が映し出されていることが多い．今なお一見紙面構成や様式が似通っているといわれる日本の新聞だが，実際に通読すれば独自性が分かるように，社説に立論や力点，主張の違いははっきり読み取れる．その中で，基軸になる大テーマは憲法であり，「改憲」「護憲」「論憲」「加憲」「創憲」などメディア，政界，法曹界にさまざまな造語も誕生させながら論議が展開されている．

憲法施行60周年の2007年と翌08年の5月3日（憲法記念日）の社説を例に，その差異を見てみよう．

【憲法記念日の社説─2007年】

9条の衝突　『朝日』は，「地球貢献国家をめざそう」「9条生かし，平和安保基本法を」の見出しで，若宮啓文論説主幹の署名入り論文を掲載し，「さ

まざまに迫る地球上の困難に対し，省エネ，環境技術をはじめとする得意技で貢献する」ことが国益にも直結し，戦争放棄の第9条を持つ憲法はそのための貴重な資産とする．そして自衛隊をきちんと位置づけるため，平和安全基本法を設けて「専守防衛」「非核」「文民統制」などの大原則を書き込むことを提言する．さらに「社説21　提言・日本の新戦略」として重要課題ごとに21本の社説を一挙掲載した．

『毎日』は，「平和主義を進化させよう」を主見出しに，「国連中心に国際協力の拡大を」と副見出しを付けた．「私たちは，憲法の原理である国際協調主義をどのように『進化』させるかを，憲法問題を考える出発点としたい．日本は日米同盟を重視しつつも，国連中心主義の原点に立ち返る必要がある」と提起．具体的には「国連決議で正当性が与えられていれば，国連の承認する集団安全保障活動に，より積極的に協力していくべき」であり，それは「日米協力に関して日本の選択肢を増やすことになる．より国益に沿った対米協力を可能にする．カナダは米国のイラク派兵の要請を断ったが，対米関係は悪化していない．アフガニスタンの国際治安支援活動に貢献しているからだ」と実例を示す．9条や安全保障に関し，オール・オア・ナッシング（全肯定か全否定か）的な論議をよしとしない．

一方，憲法改正を提起してきた『読売』は，「歴史に刻まれる節目の年だ」と見出しを立て，改憲手続きの前提となる国民投票法が成立の運びになったことを高く評価する．「時代の変化が，国，社会の基本法である憲法の改正を迫っているという共通の認識」が広がっていることをあげ，現憲法が想定していなかった新しい人権規定が必要なことなどを指摘．「しかし，憲法改正の核心は，やはり9条にある」とし「北朝鮮の核兵器開発や中国の軍事大国化による日本の安全保障環境の悪化や，イラク情勢など国際社会の不安定化に対し，現在の9条のままでは，万全の対応ができない．日本の国益にそぐわないことは明らかだ」と主張し，集団的自衛権について「持っているけれど行使できない」とする政府解釈を批判する．

Ⅶ 問われる社説力　131

「還暦の憲法を時代の変化に合う中身に」が見出しの『日本経済新聞』は,「憲法九条に関しては,政府が憲法解釈で禁じている集団的自衛権の行使を認める場合に,どこまで踏み込むのか」「自衛隊の国際貢献のあり方や活動範囲の議論を詰める必要がある」というにとどめている.

『産経』は,「日本守る自前の規範を」とうたい,『読売』と同様に改正の焦点は9条とする.「改正の核心は戦争放棄と戦力不保持,交戦権の否認を明記した9条である」「集団的自衛権は行使を含めて認められると考えるべきである.日米安保体制も,それを前提に構築されている」と積極的だ.「日本占領中の連合国側が,日本の弱体化を図った時代に,現憲法は生まれた」と認識する.

このように,憲法をめぐる各社にスタンスの微妙な差異はあるものの,肯定的,否定的のいずれかに傾く2極の色合いは出ている.原典に当たってじっくり読み比べてほしい.

【憲法記念日の社説―2008年】

　生存権という視点　この1年間で政治,経済,社会の状況は変わった.「戦後レジームからの脱却」を掲げて改憲を公約していた安倍晋三政権が倒れた.格差,派遣労働,ワーキングプア,年金,高齢者医療,物価高,不況感など制度矛盾・差別への怒りや疎外感が社会を覆い,衆参逆転の「ねじれ国会」の混迷を背景に政治不信も増幅し,国民の間の改憲論議は冷めた.

こうした中で,「憲法は基本的な権利や暮らしを守るものとして機能しているか」という問いかけがクローズアップされた.

『朝日』は,「9条をめぐってかまびすしい議論が交わされる陰で,実は憲法をめぐってもっと深刻な事態が進行していたことは見過ごされがちだった」と,貧困の拡大,低賃金の非正規労働者の飛躍的増加など,第25条の「健康で文化的な最低限度の生活を営む権利」＝生存権が脅かされている実態を指摘.「憲法は現実を改革し,すみよい社会をつくる手段なのだ」と強調する.

「あれほど盛んだった改憲論議が,今年はすっかりカゲをひそめてしまった」と書き出した『毎日』も「生存権の侵害が進んでいる」と訴えた.そして,東

京のホテルの日教組使用拒否，靖国神社を描いたドキュメンタリー映画上映の一時中止など，表現の自由という基本的権利が侵されていることに「感度が鈍っている」と懸念する．名古屋高裁が，憲法前文にいう「平和のうちに生存する権利」を踏まえ，航空自衛隊のイラクでの活動を違憲とした判決に照らし，「その視点から現状を見れば，違憲状態が疑われることばかりではないか」と政治に「行動」を迫る．

『読売』は「論議を休止してはならない」と，改憲論議が停滞していることに強い懸念を示した．「この国はこれで大丈夫なのか——日本政治が混迷し機能不全に陥っている今こそ，活発な憲法論議を通じ，国家の骨組みを再点検したい」．前年，国民投票法が成立し，新しい憲法制定への基盤が整ったのに「衆参両院に設置された憲法審査会は，衆参ねじれ国会の下，民主党の消極的姿勢もあって，まったく動いていない」と批判し，二院制のあり方も憲法調査会で話し合わねばならないとする．

可決－否決－再可決などと，プロセスがしばしば混迷し，非効率的で政治に空白を生むとされる「ねじれ国会」状態を『日経』も厳しく批判した．「憲法改正で二院制を抜本的に見直そう」と各国との制度と比べるなどして，「参院の権限を縮小し，衆院の優越をより明確にするに合わせて，参院の選挙制度も抜本的に見直すべきである．現行の三年ごとの半数改選は米国上院をまねたものでほとんど無意味だ．六年の任期も長すぎる．全国単位の比例代表制は廃止した方がいい」とまでいう．『産経』は中東海域で日本船が銃撃された事件を挙げ「自衛権がなぜ使えない」と批判．やはり，憲法論議の停滞を責め，「タブーなく参院見直せ」と求めた．

「ねじれ国会」批判に対し『毎日』は「『ねじれ国会』の非効率性をだけを言うのは一方的だ．『ねじれ』になる前の自民党はどうだったのか．強行採決を連発する多数の横暴そのものだった」と切り返す．そして，自民党は話し合い路線に転じ，道路特定財源の一般財源化，年金問題の内実などもこれがあったから実現したと指摘．選挙で打開を図るのが基本だと説く．

Ⅶ 問われる社説力　133

憲法という積年の大テーマでも，その時の時代と社会の情勢で論点は変わる．ここに各紙の特色が出る．そこも社説の真骨頂といえる．

§4　社説無用論を超えて

「署名社説」の試み　　社説は言論機関・新聞社としての公式の見解，意見，提言とみなされることを前提にしている．だから，記者独自の主張や評価を主柱にして構成する署名入りコラムなどとは画然と区別されてきた．「社」の「説」とする限りは当然だといえるが，一方で，「筆者の個性的な視点や息遣い」を薄め，最大公約数的な論旨に傾いてしまうきらいもある．野球でいえば，クセ球のないセオリー通りにストライクボールを置きにいくピッチングのようになってしまうと単調だ．投球ゾーンをもっと広くし，個性的な配球で打者（読者）を揺さぶることはできないか．

『毎日』は1970年代から従来のニュース面の解説記事や特集の型を破る「記者の目」を始め，取材記者の体験や試行錯誤，取材者でなければ見えない現実などに基づき，独自の見解，問題提起をしている．たとえば，大麻は有害か否かというテーマなど記者同士の論争の場になることもあり，読者の反応も得やすい．「開かれた新聞」「顔が見える新聞」という理念から90年代からは一般記事も「署名の多用化」に踏み出し，これは他の新聞にも広がりつつある．

毎日新聞の「視点」　　こうした流れもあって，従来の社説と並立するように「署名入り社説」も試みられるようになった．『毎日』は80年1月から「論説ノート」という論説委員署名入りのコラムを社説と隣り合わせでスタートさせ，今日も「視点」のタイトルで続いている．「社説には至らないが，社説の方向性からははずれておらず，社説への途中経過や論説室内の議論を示すもの」という．いわば集約しきれないが，会議の中で飛び交ったさまざまな論点や着眼点の一部を紹介し，考える材料として提供するという考え方である．[5]

しかし，「（社説は）執筆者の『個論』ではない．時々，社説についても，執筆者の名前を入れるべきだ，などという議論が見られる．全国紙における社説

というものの形成過程を知らない，あるいは誤解している議論である．社説は，論説委員会という組織の集団作業による所産であって，個人の見解ではない」という峻別する考え方もある．[6)]

手間をかけ知恵を合わせ　社説に対する批判で多いのは「きれいごとを並べて当局非難をするばかりで，具体的な対案に乏しいではないか」という「高みの見物」批判だ．しばしば批判の対象になる政治家や役所・官僚からこういう声が聞こえてくることが多い．責任を回避しようとする当局の自己弁護は論外としても，確かに終始「高みの見物」的な印象であっては読者の共感は得られないし，その社説の主張，提言も軽くなってしまう．

問題提起するだけではなく，改善・解決の手がかり，方策について案も示す「提案型」の社説がますます重視されるようになってきた．解説や論点整理，問題点提示と当局への批判・注文といった構成要件に加え，社説が本来果たすべき「策を掲げて世に問う」という機能や力をもっと強めようという流れである．

明治の近代新聞草創期とは違い，これほど情報や価値観が多様，複雑化した社会では，単純な構図や公式にはめて「対案」を簡単に提示できるものではない．十分な目配りと事実検証が必要である．ただ，四方の言い分をバランスよく反映して当たり障りなく，という社説は何も言っていないのに等しく，読者にまったく応えるものではない．

連日，ベテラン記者たちが論議を重ねて，試行錯誤もして生み出している社説は，古いようで，今の複雑，重層の時代こそ必要な手間をかけ知恵を合わせるジャーナリズムといえる．

（玉木　研二）

注
1）岩波文庫『近時政論考』(1972 年) 所収
2）筑摩書房『明治文学全集 91　明治新聞人文学集』所収
3）同上
4）同上
5）日本新聞協会『新聞研究』2007 年 6 月号の特集「ネット時代の社説・論説」
6）同上所収の読売新聞論説委員長・朝倉敏夫「組織が作る『言論』機関の象徴」

参考文献
小野秀雄『新聞の歴史』東京堂　1961 年
和田洋一編『新聞学を学ぶ人のために』世界思想社　1980 年
池田龍夫『崖っぷちの新聞――ジャーナリズムの原点を問う』花伝社　2005 年
毎日新聞論説室『論憲の時代』毎日新聞社　2003 年

キーワード
オピニオン紙，政論，大新聞・小新聞，不偏不党，大正デモクラシー，企業化，署名社説

VIII 記者ブログの可能性

§1 記者ブログの始まり

　　日記風簡易ホームページ　　ブログとは「ウェブ」(インターネット網) 上の「ログ」(記録) を意味する「ウェブログ」(Weblog) が短縮された言葉で，1990年代末に米国で登場した．それ以前は HTML というプログラム言語を使いこなせる人たちが「ホームページ」を作成して楽しむ程度で広がりがなかった．それが，HTML を理解していなくても，ブログを開設・運用するのに必要な「ブログツール」と呼ばれるソフトを簡単に入手できるようになり，急速にブログが普及した．その結果，情報の受信者でしかなかった不特定多数の個人がインターネット上で情報発信できる時代が到来した．

　米国でブログが注目されたのは，2001年9月11日の同時多発テロからとされる．報道機関に所属する記者たちが伝えるニュースとは別に，大事件に遭遇した当事者たちが自分で見聞きした情報を刻一刻とインターネット上に書き込んでいった．そこには臨場感あふれる生々しい情報があり，プロのジャーナリストが提供するニュースより役立つ内容もあった．このことは情報の送り手が

一部のプロ集団から一般の人に広がったことを意味する．

　2003年3月のイラク戦争や，同年7月のロンドンでの同時爆破テロなど，皮肉なことだが，不幸な出来事が起きるたびにブログが脚光を浴びていった．このころ米国内のブログは100万を超えていたという統計もある．

　日本にブログが上陸したのは2002年とされるが，翌2003年12月にニフティが「ココログ」というブログツールのサービスを無料で始め，利用者を増やしていった．毎日新聞の記事データベースで「ブログ」を検索すると，一番最初に出てくるのは2004年1月21日の夕刊である．電子書籍の動向について書かれた記事の中で「ネットでは今，ブログと呼ばれる一種の個人評論が急速に広がっている」と紹介されている．

　ブログという言葉が定着する前，新聞記事などではカッコ書きの「日記風簡易ホームページ」といった注記がみられた．しかし，今では注釈がつくことはほとんどなくなった．個人でブログを運営し，情報発信する人たちのことを「ブロガー」と呼ぶ．

　国内のブログは1690万　　総務省情報通信政策研究所の調査によると[1]，2008年1月現在，日本国内で公開されているブログの総数は1690万である．2001年1月以降に開設されたブログの総数は2240万で，いったん開設はしたものの，その後約4分の1が削除された計算になる．時期としては2004年から2005年にかけて急増し，最近では毎月40万から50万のブログが新たに開設されている．

　ただ，1カ月に1回以上内容を更新している「アクティブブログ」は約300万とみられ，全体の2割弱にとどまっている．この数字は2005年以降，ほぼ横ばいで推移しているというのが同研究所の分析である．

　一方，これらのブログに掲載されている記事の総数は13億5000万件に上り，データの総量は単行本に換算して約2700万冊に相当する．

　報告書には米国の会社による調査結果も添付されており，それによると，ブログは全世界に約7000万あり，使用言語別では日本語が約37％で第1位を占

めている．次いで英語の約36％，中国語の約8％の順で，この数字を見る限り，日本人はブログ好きということになる．

ブログの付加機能としては，読んだ人が自分の意見を書き込むことができる「コメント」のほか，読んだ人が自分のブログのリンクを貼ってそこに誘導する「トラックバック」がある．前者が約8割，後者は約5割が利用しているというアンケート結果もあり，この2つの機能がないものは，ブログとは呼ばない，との指摘もある．ほかには広告や本などの商品販売に結びつける「アフィリエイト」（成功報酬型）という機能もある．

ブログは文字情報だけでなく，音声や写真，動画を載せることも可能で，インターネット時代ならではの情報ツールといえる．

少し古い数字だが，総務省が2005年3月末現在でまとめた日本国内のブログ利用者（自分のブログを開設しているインターネットユーザ）[2]数は約335万人．2007年3月末には2倍強の約782万人に増えるとの予想だった．

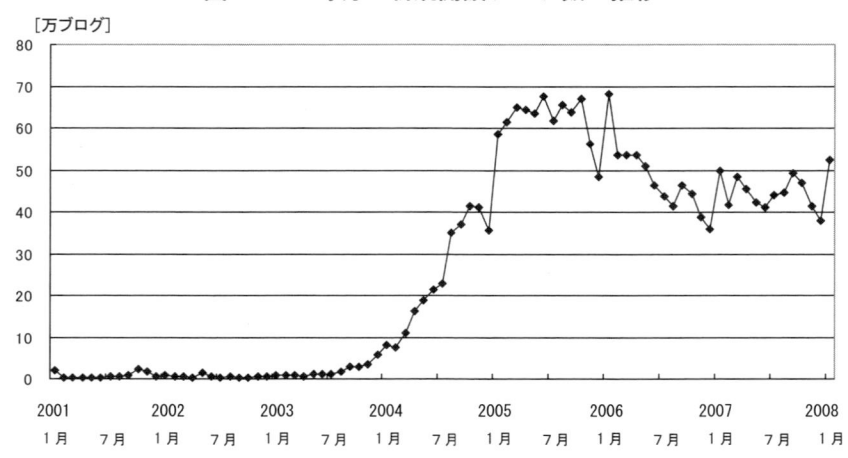

図Ⅷ-1　毎月の新規開設ブログ数の推移

出所）総務省情報通信政策研究所調査研究部編「ブログの実態に関する調査研究の結果」2008年

図Ⅷ-2　国内のブログ総数の推移

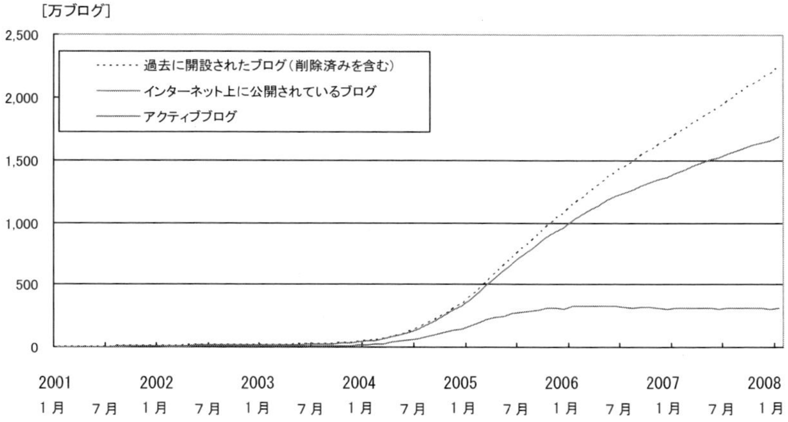

[万ブログ]

凡例:
・・・・・ 過去に開設されたブログ（削除済みを含む）
―― インターネット上に公開されているブログ
―― アクティブブログ

出所）図Ⅷ-1に同じ.

2005年10月に発刊された『ブログ・ジャーナリズム』という本が，副題に「300万人のメディア」と掲げているのは，この数字を引用している.

署名が原則の記者ブログ　欧米のメディアは「by-line」といって1本1本の記事に筆者の署名を入れる場合が多い．個々の記者の視点が尊重される社会風土に加えて，転職が多いという事情もある．終身雇用が一般的で「○○新聞△△記者」の名刺を長く持ち続けることが多い日本の報道機関と違って，米国などでは各地の地方新聞を経てニューヨーク・タイムズやワシントン・ポストの花形記者に「出世」するコースもある.

もうひとつ，日本の報道機関は長年，「不偏不党」「客観中立」を掲げてきたので，一部のコラムニストによる記事や解説，連載企画などを除けば，記事に署名を入れることを避ける雰囲気がある．とはいえ，毎日新聞が1996年4月に「署名の多用化」を打ち出して以来，署名記事は着実に増えている．その傾向は毎日新聞に限ったことではない.

現役の新聞記者らによる記者ブログは，原則として署名で運営される．中には「ハンドルネーム」（HN）といって本名を載せない場合もあるが，それでも

誰が書いているかが分かる場合が大半である．言い換えれば，記者ブログは記者の個性が前面に出た情報発信手段といっていい．

このようなブログの特性を考えれば，記者ブログが全国紙の第一線の取材部門からでなく，ブロック紙や地方紙，通信社などの個性の強い記者を担い手として始まったことは理解しやすい．日本で記者ブログが登場し，注目され始めたころ，大手紙ではまだ慎重論を唱える編集幹部が多かった．「社の主張とは異なる内容を勝手に書かれては困る」といった理由からだった．

誤解を恐れずに書けば，日本の記者ブログは，全国紙の政治部や社会部，経済部といった出稿部の記者やデスク（副部長や次長），部長の発想からは出てこない．彼らはかなり頻繁に新聞の１面トップに掲載される記事を書き，そのことで達成感があり，それが自分たちの使命だと考えてきた．同時に，紙面上の記事というのは匿名で書かれることが当たり前という世界で仕事をしてきた．

実際，記者ブログを始めたのは，従来の報道のあり方に疑問を持ち，その手法に満足せず，新しい挑戦をしたいと考えていた記者たちだった．上司に簡単な報告をしただけで，ゲリラ的に始めた記者もいた．

記者ブログの先駆者たち　日本のブログはまだ５年ほどの歴史しかないが，記者ブログの「黎明期」にその道筋をつけた者は誰かと聞かれれば，筆者は次の３名をあげる．

時事通信の湯川鶴章氏，北海道新聞の高田昌幸氏，徳島新聞の藤代裕之氏である．湯川氏が1958年生まれ，高田氏が1960年生まれで，ほぼ同年齢であるのに対し，藤代氏は1973年生まれで30代半ばと若い．この３名は，前述した『ブログ・ジャーナリズム』の共同の著者でもある．

湯川氏は米カリフォルニア州立大サンフランシスコ校を卒業後，地元紙の記者を経て，時事通信の米国法人に入社した．米国のメディア事情に詳しく，2000年に帰国し，編集委員になった．専門は先端技術である．

2003年９月に共著で『ネットは新聞を殺すのか』という刺激的なタイトルの本を出した．副題は「変貌するマスメディア」である．第１章のタイトルは「報

道機関に挑む草の根ジャーナリズム」で，2001年9月11日の米同時多発テロでのエピソードを紹介している．テロ直後，ニューヨーク・タイムズなどが運営するニュースサイトはアクセスが殺到してパンク状態になったのに対し，個人のウェブログが「貴重な情報源として活躍した」というのである．

　2004年5月，湯川氏は実践の場として「ネットは新聞を殺すのかblog」を立ち上げた．なぜこのブログを始めたのかについて同氏は「新聞はインターネットという暗闇の中に入った」と指摘した上で，その出口が見えるまでこの問題を追いかける責任が自分にはあるのではないか．また，草の根ジャーナリズムと報道機関が融合する新しい報道の形とはどのようなものになるのか，それを考えるブログにしたいという趣旨のことを書いている．

　湯川氏本人が「裏ブログ」と呼ぶこの「ネットは新聞を殺すのかblog」はその後「炎上」に近い書き込みなどもあって，2006年6月以降は更新がストップしている．現在は時事通信社公認の「湯川鶴章のIT潮流」というブログで，ポッドキャストなども活用して映像や音声も使いながら新しい情報発信を続けている．

　会社の方針と個人の見解　高田氏は1986年に北海道新聞に入社し主に経済や社会，国際畑を歩いた．2004年の「北海道警の裏金問題」報道では取材と執筆のまとめ役を務め，その年の新聞協会賞，JCJ大賞，新聞労連ジャーナリスト大賞などメディア関係の主要な賞を総なめにしている．その後，東京勤務を経て，ロンドン駐在となった．

　ブログのタイトルは「ニュースの現場で考えること」（当初は「札幌から　ニュースの現場で考えること」）．2004年12月末に開設した．本人は自分のブログにこのような注釈をつけている．

　「このブログの内容は，あくまで私個人の考えや感想などを綴ったものです．勤務先の新聞社の論調とは見解の相違等が出るかもしれません．また，日常の仕事とかかわりある内容を記すことがあるかもしれませんが，このブログ内の文責は，すべて私個人にあります」．すなわち，北海道新聞の編集方針や報道

姿勢とは一線を画している．

　同じ日のブログの書き込みをもう少し紹介する．「真面目な記者であればあるほど，既存メディアへの絶望感を深めていく．（中略）この閉塞感はいったい何なのか？　既存メディアは救いようがないのか？　でも，会社の看板を外した下には志を秘めた記者たちがたくさんいるに違いない……」．会社の看板の下に個々の記者の本音がある，という指摘は興味深い．

　3人の中でもっとも若い藤代氏のブログのタイトルは「ガ島通信」．徳島県生まれで，広島大学を卒業後，1996年に地元の徳島新聞に入社した．

　ブログを始めたのは2004年9月30日．最初の書き込みの表題は「またも読売が…」だった．これだけでもある程度想像できるが，世界一の発行部数を誇る新聞社をほめている内容ではない．藤代氏は相手がたとえ同業他紙であっても歯に衣を着せない．おかしいものはおかしい，と書くその姿勢が人気を集めた．

　9年目の2005年3月に退社．現在はNTTレゾナントで「gooニュース」デスクと「gooラボマーケティング」の担当を兼務している．所属する情報ネットワーク法学会の「デジタルジャーナリズム研究会」などでの発言，執筆活動は精力的で，表現の場が変わっても批判精神はまったく衰えていない．

　「このブログは藤代裕之個人の責任で発信しています．関係する会社や団体の意見とは関係がありません」というおことわりは高田氏と共通している．

§2　記者ブログはいま

　居酒屋感覚？　　毎日新聞にとって初めての記者ブログは2004年9月にスタートした「理系白書ブログ」である．「理系白書」は2002年1月に始まった長期連載企画で，日本の科学技術を支える研究者や技術者，いわゆる「理系」の人たちにスポットを当てていた．

　ネーミングの良さもあって「理系白書」は読者の反響を呼び，2003年6月には最初の連載をまとめた単行本が講談社から出版された．科学環境部の若手，中堅記者で構成する取材班は，電子媒体向け情報部門である総合メディア事業

局（現デジタルメディア局）から持ち込まれたブログの提案に，少し戸惑いながらも積極的に応じた．その中心メンバーが元村有希子記者である．

　最初の1カ月，1日当たりのアクセス数は50程度だった．やがて300ほどになり，開設から13カ月余りで総アクセス数は100万を超えた．最初は2カ月かかった1万アクセスがわずか2日で稼げるようになっていた．

　元村記者はある団体の機関誌に次のように書いている[3]．「素材を選び，丁寧に手をかけ，盛り付けにも凝った料理は私にとっては新聞記事．作業の合間に手早く作るまかない飯がブログかもしれない．客にとっては目先の変わった一品になる」と．手抜きというわけではないが，「本業（新聞記事）の邪魔にならない範囲でブログを続けた」（元村記者）ことがよかったのだろう．ブログの管理人＝居酒屋の亭主という感覚で，寄せられたコメントやトラックバックに対応し，「理系白書ブログ」は毎日新聞の記者ブログの「看板」に成長した．

　2006年，NPO法人「日本科学技術ジャーナリスト会議」が創立10周年を記念して優れた科学ジャーナリスト活動を顕彰する「科学ジャーナリスト賞」を設けた．その第1回の大賞を受賞したのが元村記者だった．受賞理由は「ブログを含む『理系白書』の報道」．彼女が取材班キャップを務めた長期連載企画が評価されたものだが，わざわざ「ブログを含む」という注釈がついている．日本の記者ブログが公的な機関から評価された初めてのケースだった．このブログはその後，同僚の田中泰義記者と2人で運営されている．

広報活動としての記者ブログ　筆者自身のことで面映いのだが，毎日新聞で2番目の本格的な記者ブログが2005年3月の愛・地球博（愛知万博）に合わせて始まった「上昇気流なごや」である．その年の2月に中部国際空港（セントレア）が開港し，東海経済圏は日本で一番元気だといわれた．このブログではそういう側面も伝えたいと考えた．

　万博取材班のブログにする案もあったが，取材班は忙しいこともあって，毎日新聞中部本社編集制作総務兼報道センター室長のポストにいた筆者が一人で書くことになった．スタートする時には地域面に社告を掲載し，中部本社のホー

ムページ上にコーナーを作ってもらった．ためらいもあったが，実名と肩書きを明記し，顔写真も掲載した．

　読者からのコメントにはできるだけ丁寧に答えるようにした．新聞の紙面づくりがどのように行われているかについても説明することを心がけた．しばしば新聞やマスコミに対する批判が寄せられたが，「個人的見解」と断った上で日ごろ考えていることを書き込んだ．

　「広報としての記者ブログ」は，先輩記者ブロガーの一人である時事通信の湯川鶴章編集委員が「上昇気流なごや」について論評した言葉である．湯川氏は併せて「読者とかけ離れた存在になってしまった新聞をもう一度読者の側に立たせるためには読者との対話が不可欠」と激励してくれた．「上昇気流なごや」は週刊経済誌のブログ特集号で紹介されたこともある．[4]

　「上昇気流なごや」は万博閉幕後も続いたが，筆者の東京本社転勤で中断．2006年8月，毎日新聞の愛読者との双方向コミュニティサイトである「まいまいクラブ」上で「竹橋発」のタイトルで再開した．「竹橋」は毎日新聞東京本社がある地下鉄東西線の駅名である．

　「理系白書」と違って筆者は一線の記者ではないので，取り上げるテーマは新聞作りの裏話や，新聞各紙やテレビ各局がニュースをどのように報じているなどメディア論になることが多い．ただ，「竹橋発」にはトラックバック機能はなく，コメント欄も承認制にしている．新聞社の場合，書き込まれる内容が"荒れる"可能性を考えると，コメントの承認制はやむを得ないと思う．

　一挙84ブログを掲載　新聞社の中でもっともブログを積極的に活用しているのは産経新聞である．同紙のウェブサイトには，マイクロソフトと共同で運用しているニュースサイト「MSN産経ニュース」のほか，「iza（イザ）！」やエンターテインメント色の強い「ZAKZAK」などがある．このうち「iza（イザ）！」がもっともブログに熱心だ．

　「iza（イザ）！」のトップページの「ブログ」のところをクリックすると，「ブログイベント」の紹介から「記者ブログ」「専門家ブログ」「ユーザーブログ」

「オフィシャルブログ」などがずらりと並ぶ．読者（ユーザー）自身がブログを開設できる「ユーザーブログ」があるのはここくらいのものである．

　記者ブログは全部で84件．ワシントン駐在編集特別委員兼論説委員の古森義久氏の「ステージ風発」は中国の人権抑圧問題などを正面から取り上げ，コメント欄では丁々発止のやりとりを繰り広げている．サンスポ芸能班の「踊るギョウカイ大捜査線」というナンパ路線のブログもある．

　現在，政治部外務省兼遊軍担当の阿比留瑠比記者は，かつて首相官邸記者クラブキャップ時代に当時の安倍晋三首相と親しく，ブログには特ダネ情報の裏話が満載だった．2007年3月には「阿比留ブログ」が本になり，日本プレスセンターで出版記念パーティーが開かれた．アクセス数が100万を超える人気ブログで，「iza（イザ）！」では初めての単行本になった．

　読売新聞のウェブサイト「ヨミウリオンライン」には10を超えるブログがある．政治部記者を経て日本テレビの番組にも出演している鈴木美潮記者のブログ「donna（どんな）」は，2005年5月のサイトのリニューアルに合わせてトラックバック（TB）をつけられるようにし「全国初のTB機能実装」をPRした．その後，記者ブログではトラックバックは当たり前になった．

　ただ，読売は記者個人を前面に出すことはあまりなく，「北京五輪取材団ブログ」や写真部員による「写旬こぼれ話」など，複数の記者が書き込むブログが多くみられる．記者一人ひとりの個性を抑制するのは読売新聞の社風かもしれない．

　朝日は本紙購読者だけに公開　朝日新聞は記者ブログに対する取り組みが他紙とは少し異なっている．同紙のニュースサイトである「asahi.com」では記者ブログを展開せず，購読者の会員組織である「アスパラクラブ」の中の「aサロン」でしか掲載していない．

　その理由について朝日新聞は説明していないが，一般の読者が見ることができるウェブサイトだと，朝日批判のコメントが数多く寄せられ，収拾がつかなくなると考えたからではないか．その点，有料の購読者であれば，朝日新聞に

対してある程度のシンパシーがあり，コメント欄が「荒れる」ことも少ない．

「アスパラクラブ」で読むことができる記者ブログは約20あり，後発の割には積極的に取り組んでいる印象を受ける．自分から手を挙げる記者も多いそうで，ブログの数も少しずつ増えている．

ただ，朝日新聞本紙での連載企画と連動して記者ブログが展開され，連載終了と同時にブログも終わるケースもある．個々の記者がじっくり腰を据えて展開する記者ブログはまだ少ないようだ．

朝日新聞の社内報『エー・ダッシュ』は2005年6月号でブログを特集した．タイトルは「ブログは新聞を変えるか？」．この年の3月にスタートした週刊朝日編集部ブログのほか，大阪本社地域報道部員の団藤保晴氏による「ブログ時評」も取り上げている．そのころ，記者ブログに関心を示しつつ，なかなか本格的に取り組むことができないジレンマのようなものが感じられる．

日本経済新聞のサイトには編集委員や論説委員11人による「NET EYE プロの視点」というコラムがあり，意見投稿も受け付けている．しかし，コメントとして掲載することはしていない．記者ブログにはあまり積極的でないようにみえる．

地方紙では神奈川新聞が2005年2月にニュースサイトをウェブ化して話題になった．日本の新聞社では初めて，サイト上のあらゆる箇所にコメント欄を設け，ブロガーからのリンクやトラックバックを受け付けるようにした．読者との対話を全面的に打ち出した最初の事例とされる．

スポーツ紙でも，スポーツニッポンのように「本社記者ブログ」と「支社・支局記者ブログ」を始めたところがある．

テレビ局は記者ブログにはあまり熱心ではなかったが，日本テレビは2008年を通じて展開する報道特別番組「ACTION」に連動して社会部長のブログを始めた．

そのほか新聞労連委員長を務めた共同通信社会部デスクの「ニュース・ワーカー」などもある．

§3 記者ブログをめぐる賛否

ブログは危険か　「トップも社員も気を付けろ『ブログ社会』はこんなに危険」．こんな見出しの記事が，東海道新幹線の車内やキヨスク，書店などで販売されている月刊誌に掲載された．この雑誌はビジネスマンに人気があり，「新たなマーケティングの手法」として脚光を浴びつつあるブログも，社内情報の漏洩につながる心配がある，という指摘だった．

確かに，不用意に機密情報をブログに掲載すれば，取り返しのつかない事態も考えられる．この記事はビジネスブログ一般に言及しているが，「運用を誤れば企業イメージの失墜につながる」との警告は説得力がある．

日本経済新聞の 2005 年 10 月 29 日付朝刊には「ブログで失敗しないための 5 カ条」という記事が載った．5 カ条は①匿名が無難，②守秘義務を守る，③著作権やプライバシーなど他人の権利を侵害しない，④職場の備品・設備は使わない，⑤公開前に反響を考える――である．

趣味や身辺雑記を中心としたブログなら，この 5 カ条を守っていればいい．しかし，書き手の視点や意見が「売り物」の記者ブログであればそうもいかない．実名は必須だし，勤務時間中に業務の一環として書き込むこともあるから，当然，職場の備品や設備を使うことになる．

もちろん，プライバシーや著作権への配慮は必要である．どんな内容をブログに載せたら反響があるだろうかということは，公開前に予想し，配慮しなければならない．記者活動を通じて一般の人よりも早くたくさんの情報を知る立場にある記者としては当然である．

2006 年 3 月，京都地裁がブログの書き込みについて名誉棄損を認め，元タクシー会社の運転手に 100 万円の支払いを求める判決を言い渡した．元運転手がブログの小説の中で，京都市内のタクシー会社が飲酒運転を放置したり，幹部が横領していると書いたからだ．ブログでの名誉棄損を認めた判決は日本ではこれが初めてといわれる．

2008年5月には，福島中央テレビのアナウンサーがテレビ局の公式ホームページ上のコラムで他人のブログの表現を盗用したとして，夕方のニュース番組のメーンキャスターを降板する処分を受けている．

　印刷物と同じくらい，いやそれ以上に，ウェブサイトでの書き込みには細心の注意が求められる．

　記者ブログも炎上する　ブログに書かれた内容についてそれを読んだ人から批判が集中し，ブログの運営がしにくくなることを「炎上」という．記者ブログであっても例外ではない．いや，一般の人のブログに比べ記者ブログの方が既存のマスコミに対する批判を浴びやすく，炎上しやすい要素がある．

　共同通信の編集委員室が運営する「署名で書く記者の『ニュース日記』」は2004年3月に開設された．記者ブログの中では早い方だ．そのころ執筆していたのは小池新編集長と伊藤圭一記者の2人．この年の6月に小池編集長が書いた「『社長日記』に異議アリ！」が火だねになった．

　ここに登場する「社長」とはライブドア社長（当時）の堀江貴文氏で，彼がセレブな生活を書き連ねていることに対し「はっきり言って，これこそ『スノッブ』以外の何ものでもないと僕には思える」と小池氏は書いた．さらに「（社長日記を）読んでいる人たちにはぜひ言いたい．こんなのにだまくらかされてはいけない！」とも批判した．

　これに対し堀江氏本人はさらっと受け流したが，熱心な支持者たちが強く反発してコメント欄が炎上．同ブログは2カ月にわたって更新を停止した．

　産経新聞で政治部長や論説副委員長などを歴任した花岡信昭氏は，今も政治評論家としてインターネット上で積極的に発言しているが，2度の炎上体験を持つ．1度目は2006年2月のトリノ冬季五輪のテレビ中継をめぐってNHKを擁護するような内容を書き，「NHKの一方的な説明を鵜呑みにするのか」と批判を浴びた．

　2度目は同じ年の5月から6月にかけて，花岡氏本人が「本格的な全焼」と振り返る事態に発展した．きっかけはアイドルグループの「モーニング娘。」

の「。」の表記について「日本語の誤用である」と書いたことだった．

　保守系のコラムニストを自任する同氏にとって，文章の末尾でもないところに「。」が出てくるのは許せなかったに違いない．自身のブログで日本語の乱れを指摘し，さらに，歌もダンスもへたくそでとてもエンターテインメントの域にも達していない少女集団という趣旨のことを書いた．

　その結果，1800 件を超える反論コメントが寄せられ，花岡氏はファンの心を傷つけ不快感を与えたのであれば本意ではないとして謝罪文を掲載したものの，騒ぎは収拾せず，ブログを閉鎖せざるを得なかった．

　許可制の新聞社も　「炎上」を避け，無難な記者ブログを目指すのであれば，確実な方法は冒険しないことである．具体的には，ブログの中身を厳しくチェックし，あるいはブログそのものを認めなければいい．しかし，規制を強めれば強めるほど，ブログは個性を失い，面白くなくなる．

　筆者が毎日新聞中部本社で展開した「上昇気流なごや」は事実上，デスクチェックがなかった．編集部門は私が責任者であり，上司である取締役中部代表は私に運用を任せてくれ，記事が掲載されたあとネット上でその内容を点検していた．ただ，私の書き込みに対して，東京本社から「この書き込みは問題ではないか」と指摘されたことはある．

　毎日新聞では「理系白書ブログ」も同様で，基本的にデスクチェックは行われていない．2 人の書き手は中堅からベテランの域に達する年次の記者で，それぞれの判断力と力量に任されているというのが実態だ．

　入社間もない新人記者にブログを認めるのは勇気が要る．まだ取材力も執筆力も未熟な若者に，運用面でフリーハンドの余地が大きいブログを任せるのはリスクが大きい．そこで，まず力量をつけてからということになる．しかし，リスクがあるかどうかは，入社年次の問題ではなく，ベテラン記者でも危ないケースはあるとの意見もある．

　2006 年 9 月，毎日新聞社は就業員規則を改訂し，社員がホームページやブログを開設する場合は「あらかじめ文書をもって会社に届けて承認を受けるこ

と」という一項目を追加した．運用基準として，① 職務上知りえた秘密を漏らさない，② 毎日新聞の取材活動に支障を及ぼすような記載は慎む，③ 関係者のプライバシーに十分配慮し，個人情報をみだりに漏らさない，④ 毎日新聞社や同社員を中傷したり，品位をおとしめてはならない――の4項目を挙げている．

どれも当たり前の内容だが，この改訂を社内で論議した際，筆者は「リスクを回避するために記者ブログを規制するという考えより，記者ブログを育成するという考えに重点を置くべきだ」と主張した．2007年7月，北海道支社報道部に所属する41人の記者全員が参加して「大盛りほっかいどうブログ」がスタートしたのは，このような考えが認められたからだと信じている．

§4　記者ブログの力

草の根対マス　　情報通信技術の進歩により20世紀末に米国で生まれたブログは，当初，草の根ジャーナリズム，あるいは市民ジャーナリズムのツールとして考えられた．新聞や通信社，テレビ局などの報道機関に所属する記者たちはそれぞれの媒体という発表の機会を持っており，ブログが必要だとは考えていなかったし，ブログの本当の力，使い勝手も知らずにいた．

ところが，大きな災害や事件を契機として，個人の情報発信手段であるブログが実はマスメディアに匹敵する力を持つことが次第に分かってきた．また，マスメディアに籍を置く組織内ジャーナリストたちが，時に，自分たちが所属する組織から離れ，まるでフリーランスのライターのようにブログに書き込むケースも目立ち始めた．

日本では記者の実名を出さず無署名で報道する慣習があり，そのことが記者ブログが広がる障害となった．しかし，ブロック紙や地方紙，通信社などに所属する「志」を持った記者が，時には会社に意向に反して，記者ブログをスタートさせ，記者ブログの有用性が注目される原動力となった．

朝日新聞は，いわゆる「マスゴミ批判」の標的になりやすく，2006年の秋ごろ，

デジタルメディア本部の中堅記者が「うちは実名による記者ブログはとても無理．産経や毎日がうらやましい」と言っていたのを聞いたことがある．しかし，今では，朝日新聞本紙の有料購読者の会員組織である「アスパラクラブ」という限定された場とはいえ，20 を超える記者ブログが誕生している．

慣行慣習を打ち破るには，少しばかりの勇気を持った先駆者たちが一歩前に踏み出し，それを見習った後続の者たちが大きな流れを形成するというパターンが繰り返される．記者ブログの広がりにもそれはあてはまる．

大きな組織を持つ報道機関の中には，いまだ記者ブログを認めようとせず，規制の対象と考えているところもある．しかし，時代は明らかに変わりつつあり，その流れを止めることはできない．

ブロガー懇談会　先駆者たちの努力のほかに，記者ブログが影響力を持ち始めたのは，それを利用しようとする人たちの影響もある．たとえば，2005年8月の郵政解散総選挙では，自民党広報本部長代理と自民党幹事長補佐を兼務した世耕弘成参院議員が徹底したイメージ選挙戦略を展開した．

同議員は日本電信電話（NTT）に入社後，ボストン大学コミュニケーション学部大学院に留学して企業広報論修士号を取得．帰国後，広報部の報道部門報道担当課長を務めた．広報戦略に長けた世耕氏が目をつけたのがブログで，8月28日には，一般のブロガーだけを集めて当時の武部勤幹事長ら自民党幹部との懇談会を開いた．

この懇談会は，自分たちが最優先で大事にされることが当たり前と考えていたマスメディアの政治記者たちをあわてさせるのに十分な効果があった．大手紙の政治部記者であっても，ブロガーという資格がなければ懇談の場に呼ばれない．そんなばかな話があるか，というのが彼らの率直な感想だった．同じ年の10月31日には，今度は民主党執行部がブロガー懇談会を開き，当時の前原誠司代表らがブロガーの取材に応じた．

記者ブログを展開するブロガーたちが横のつながりを持とうとする動きも出ている．2005年11月15日には毎日新聞東京本社のある東京・竹橋のパレス

サイドビル地下1階の毎日ホールで「記者ブログの今」をテーマに合同のオフ会が開催された．

オフ会とはオフラインミーティングの略で，ふだんはインターネット（オンライン）でやりとりしている人たちが，実際に会って意見を交換する場である．この時のオフ会は「まいまいクラブ」で「竹橋発」を展開している筆者と，「iza（イザ）！」で「日刊サイタマ　本日のダメ出し」を展開している片岡友理記者（その後，退社）が参加した．

産経新聞と毎日新聞は論調も違うし，それぞれの読者も交えた意見交換会が開かれることはまずありえない．それが「記者ブログ」上での書き込みをきっかけに短期間で合同オフ会が実現した．2人の記者ブロガーの対談は，自身も「企業経営に生かす Blog 道」を展開する久米信行氏が司会進行役を務めた．久米氏は「これまでにないユニークな試み」と総括している．記者ブログの思わぬ副産物といえる．

ブログは新聞を殺すのか　2006年ごろから新聞社の未来を悲観するようなレポートがいくつも出されている．新聞労連がまとめた『新聞が消えた日』という本の副題は「2010年へのカウントダウン」とあり，この期限まであと2年しかない．

2007年10月，朝日新聞，日本経済新聞，読売新聞の3社の社長が共同で記者会見し，「新聞読み比べナビゲーションサイト」と銘打って「あらたにす」という共同のニュースサイトを翌年立ち上げることを発表した．同じころ，毎日新聞はマイクロソフトとの提携を解消し，自社の総合情報サイト「毎日 jp」をスタートさせた．一方，産経新聞はそのマイクロソフトと手を組み，ウェブファーストならぬウェブパーフェクト（すべてにウェブが優先する）という姿勢を明確にしている．

2006年春，米国の週刊誌の日本版は巻頭特集で「ブログは新聞を殺すのか」[6]を大きく展開した．欧米でも日本でも，ブログはその存在感はますます高めている．記者ブログは新聞の衰退に手を貸すのか，それとも存続のために力を発

揮するのか．先はまだ見えないが，マスメディアで働く記者たちが自在にブログを使いこなせる時代がくるならば，新聞の寿命はまだまだ延びる可能性がある．

(磯野　彰彦)

注

1) 総務省情報通信政策研究所調査研究部編「ブログの実態に関する調査研究の結果」2008 年
2) 総務省編「ブログ・SNS（ソーシャルネットワーキングサイト）の現状分析及び将来予測」2005 年
3) 日本科学技術ジャーナリスト会議『会報』2005 年 10 月号
4) 『週刊東洋経済』臨時増刊「ブログキャスター」2006 年 2 月
5) 『月刊 WEDGE』2005 年 4 月号
6) 『ニューズウィーク日本版』2006 年 3 月 15 日号

参考文献

湯川鶴章・高田昌幸・藤代裕之『ブログ・ジャーナリズム　300 万人のメディア』野良舎　2005 年
伊藤穰一・デヴィッド・L・シフリー＆デジタルガレージグループ『革命メディア　ブログの正体』インデックス・コミュニケーションズ　2006 年
日本新聞労働組合連合編『新聞が消えた日　2010 年へのカウントダウン』現代人文社　1998 年
青木日照・湯川鶴章『ネットは新聞を殺すのか　変貌するマスメディア』NTT 出版　2003 年
歌川令三・湯川鶴章・佐々木俊尚・森健・スポンタ中村『サイバージャーナリズム論　「それから」のメディア』ソフトバンククリエイティブ　2007 年
西村幸祐編『撃論ムック　ネット VS マスコミ！大戦争の真実』オークラ出版　2007 年

キーワード

ブログ，記者ブログ，ウェブログ，日記風簡易ホームページ，ブロガー，アクティブブログ，コメント欄，トラックバック，ブロガー懇談会，理系白書ブログ，竹橋発，炎上，オフ会

IX メディア規制の動向

　靖国神社模様を描いたドキュメンタリー映画「靖国—YASUKUNI」は，監督が中国人ながらプロパガンダ性がない作品とも評価された．ところが，タカ派国会議員の求めを機に議員向け試写会が開かれた後の2008年4月，少なからぬ映画館が右翼団体の抗議への懸念などを理由に上映を取りやめた．この出来事は，憲法が保障する表現・言論の自由が深く蝕まれている現状を印象づけた．

　このケースを含め，表現活動の萎縮が進行している．背景には，1990年代後半から目立ってきた，報道などの言論・表現活動に対する権力の規制強化がある．それは，新規立法と既存法利用や情報操作などにより，さらに強まる流れにある．

§1　メディア法規制の経緯

　敗戦前の規制　　為政者は権力の獲得・維持のために新聞を規制し，操作し，利用しようとする．その傾向は，近代新聞黎明期から現在まで続いている．

　明治新政府は1868年に発表した五箇条の御誓文で「公論」を尊重する方針を示し，新聞が次々に創刊された．だが同じ年，新政府は旧幕臣発行の江湖新

聞が新政府に批判的な記事を掲載したとして発行を禁止し，記者を逮捕した．翌年の新聞紙印行条例では新聞発行を許可制にし，政府批判報道も制限する内容とした．

　他方，新政府の政策を効率的に国民に知らせる手段として新聞の役割を評価し，発行資金まで提供し援助したケースもあった．

　そうした二面的対応のうち報道への法規制は，藩閥政治批判と自由民権運動が高まるなか，新聞紙条例や讒謗律制定などで強化された．政策・政体と，主に皇族・為政者への個人批判封じ込めが狙いで，記者の逮捕も相次いだ．

　法規制は，中国などへの軍事侵略拡大に伴って敗戦まで強められ，行政権力による新聞の販売・頒布禁止などの新聞統制手段となった新聞紙法（1909年）から言論・出版・集会・結社等臨時取締法（1941年）さえ制定されるに至った．

　明治憲法は第29条で，国民は「言論著作印行集会及結社ノ自由ヲ有ス」と認めていたが，「法律ノ範囲内ニ於テ」という限定付きで，立法権を手中にした政府・与党による厳しいメディア法規制を可能にしていたのである．

　規制志向は民主主義体制でも　敗戦後は各種報道規制法が廃止され，新憲法で思想・表現の自由が人権と位置づけられて，ようやく報道が自由化された．

　だが，権力の批判封じ込め体質は変わっていない．80年代までは，国家秘密保護法の制定を目指すような，搦め手からの規制も行われかけた．

　自民党の長期単独政権が崩壊して連立政権体制が常態化するなか，権力の獲得・維持が党内の支持だけでなく国民の支持の行方に左右される比重が増すに至ると，同党はメディア監視と直接・間接の法規制を活発化させた．

　その動きは，98年7月の参院選で自民党が大敗・過半数割れし橋本内閣から小渕内閣に交代したのを機に顕在化し，同年10月，自民党が報道モニター制度を創設し監視を強め始めた．続いて，翌99年には，メディア法規制につながる個人情報保護法制定に向けて政府の高度情報通信社会推進本部に個人情報保護検討部会を設置し，人権擁護推進審議会は人権擁護法案の素案となる人権救済新制度の審議を開始した．

さらに同年8月，自民党「報道と人権等のあり方に関する検討会」は「人権・プライバシー保護」をテコに，メディア統制を根拠づける報告書をまとめ，人権侵害報道に対する損害賠償額の高額化，総括的プライバシー保護法や人権保護法のような規制法の整備などを提言した．支持率低下に悩んだ森内閣は，提言に沿う法案の国会提出に着手し，同党の危機意識の高まりのなかで誕生しテレポリティクスを特徴とした小泉内閣が制定を進め始めた．

敗戦後のメディア法規制では，明治憲法下のように批判的な政論まで対象に含めることは回避されてきた代わりに，国民の人権・プライバシー保護を理由として規制しようとする傾向が強まってきたことが大きな特徴といえる．ただ，安倍政権下で制定された国民投票法の与党素案では，憲法改正案についての批判的報道を抑制させるような条文が導入されようとしたこともあり，メディア規制が強化されてきていることを示すかたちとなった．

§2　相次ぐメディア規制立法

個人情報保護法　「メディア規制立法の三点セット」として批判を集めた個人情報保護法案と人権擁護法案，青少年健全育成基本法案を国会で審議等取り扱ったのは小泉内閣で，2008年5月現在，制定されているのは05年施行の個人情報保護法である．

個人情報保護法の問題点の一端は，05年に発覚した耐震強度偽装事件で顕在化した．問題解明の出発点として，国土交通省は偽装実行者の一級建築士に対して聴聞を実施したため，民主党衆院議員は国会審議資料として聴聞記録を開示するよう国交省に求めた．だが，同省は「個人情報の保護」を理由に開示を拒んだ．その国交省も，同様な理由で情報提供を拒否されるという皮肉な事態に直面した．06年に起きたエレベーター死亡事故後間もなく，メーカーにエレベーター設置情報の提供を求めた際だった．いずれも，「個人情報保護」という法の目的が，官僚や企業の情報隠しの名目に使われ得ることを示したのである．

日本新聞協会が07年と08年に新聞，放送57社と協力してまとめた調査は，

取材に対し個人情報を提供しない過剰反応傾向が官民の間に広がり，取材・報道に支障が生まれている実態を浮かび上がらせた．

　警察では，不祥事を起こした警察官や事件・事故の加害者，被害者の名前を発表しないケースが増えた．さらに，「被害者が希望していない」という虚偽の理由で不祥事を起こした職員の名前を発表しない自治体まで現れた．

　日本弁護士連合会の06年調査は，取材関連以外の社会生活分野でも，子どもを犯罪から守るための学校緊急連絡用名簿を整備しにくくなったり，国勢調査への非協力，校内で負傷した生徒を入院させた学校側に病院側が容態を教えないなど，匿名化が社会と国民のつながりを弱め，分断化しつつある状況を示した．

　そうした事態を生むきっかけになった個人情報保護法は，企業ばかりか個々の国民でも，5千人を超える個人情報を扱う場合は「個人情報取扱事業者」として罰則付き義務規定を適用するとし，適用除外は報道，学問，政治，宗教の4分野だけに限定している．

　規定の内容は，個人情報の利用目的について本人の同意を得ない範囲での収集を禁止，利用目的やその目的を変更する場合の本人への通知義務付け，本人の同意を得ない第三者への個人情報提供の禁止などだ．

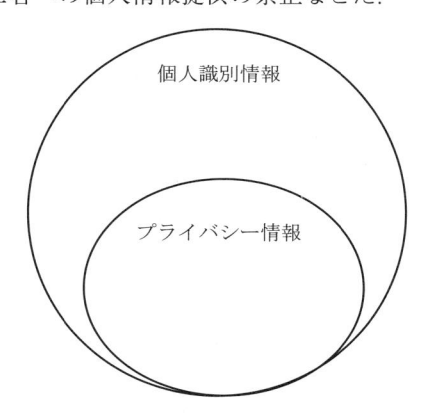

図Ⅸ-1　個人情報の保護範囲イメージ

保護対象を「個人識別情報」とすることで，「プライバシー情報」とするより保護（規制）範囲が広がる

立法の本来の趣旨はプライバシー保護なのに，同法はプライバシーに抵触するか否かを保護の基準とせず，保護すべき情報を「特定の個人を識別できるもの」と定義した．このため，規制対象の範囲がプライバシー情報より大幅に広がり，社会に必要な個人情報の流通まで阻害するに至ったのである．

日本の個人情報保護法はOECD（経済協力開発機構）が80年に出した勧告をモデルにしたが，タイトルに「プライバシー保護」を掲げた勧告を換骨奪胎して制定されたかたちだ．

報道規制を志向　法の制定過程を検証すると，官僚の規制権限を広げられる内容にし，表現・報道を規制しようとした権力側の意図が見えてくる．

立法の出発点は，住民基本台帳に登録されている国民の情報を国や自治体が管理できる住民基本台帳ネットワークの構築だった．99年にスタートしたその制度では，行政機関からの情報流出が大規模化する恐れがあるため個人情報保護の強化が課題とされた．それには，88年に公布された行政機関を対象とする個人情報保護法の強化こそ先行実施すべきだった．

その必要は，毎日新聞の02年と03年のスクープでも明確になった．旧防衛庁が，情報公開を請求した国民が所属するNGO名などの個人情報や，住民基本台帳に記載されている個人情報を自衛官募集のため無断で集めていたのである．だが，それにもかかわらず政府は行政機関を対象とした個人情報保護法は見直したものの，その法案をようやく閣議決定したのは民間対象法より約1年後となった．

他方，民間分野について，政府の高度情報通信社会推進本部は保護の必要度が高い信用，通信，医療の3分野では個別立法とするべく検討を進めていた．その発想は，住基ネット構築決定後の99年に発足した同本部・個人情報保護検討部会が同年11月にまとめた中間報告にも反映されていた．

ところが政府は，個別立法路線から離れ，一部の分野以外は全て規制対象とすることで権力側の規制権限を拡充できる一般法型の立法に切り替えた．

法原案では,義務規定を抽象的な文言で5項目にまとめた個人情報保護の「基

本原則」を報道分野へも適用するとした．政府は「拘束的義務ではない」としたが，メディアなど表現者に対し「保護法違反」を理由に民事訴訟が起こされれば責任の判断基準として使われる．そうした訴訟を回避しようとすれば，疑惑の人物に取材しようとした際，相手から取材目的をたずねられた場合は答えねばならず，疑惑人物に関して得た手持ち情報について，当人から開示を要求され，「間違いがある」と訂正を求められれば応じざるを得なくなる．これでは，さまざまな疑惑に関する調査報道などに支障が出てくる．メディアの取材対象となった人が自ら収集した個人情報の目的外禁止規定や第三者への提供制限規定も，つまりはメディアへの提供を禁止することにつながるため，情報隠しや情報源摘発に使われかねない．

さらに，中間報告が「報道・出版（第21条：言論，出版その他一切の表現の自由）」と「学術・研究」分野を法規制の適用除外対象としていたのに対し，01年に国会に提出された法原案では，「報道・出版」から「出版」を削除しただけでなく，「報道」も「放送機関，新聞社，通信社その他の報道機関」と狭く限定した．しかも，政府が法素案としての大綱案の発表段階で作成した文書には，「報道」を適用除外するか否かを判断する際に「主務官庁の関与を認めることになる」とする案まで示していた．「報道」に対する適用除外判断権を官僚が握る方向を探っていたのである．

それだけに反対の声が全国的に高まり，02年に廃案になった．結局，政府は「基本原則」を全面削除せざるを得なくなり，「報道」の幅を広げる文言も加えて国会に再提出し，03年に制定を実現させたのである．

欠かせない法改正　施行法では「報道」について「（報道を業として行う個人を含む）」との文言でフリージャーナリストも含むことが明示され，小説家らを視野に置く「著述を業として行う者　著述の用に供する目的」を加え，個人情報そのものを出版・販売する行為以外の出版は「著述」に該当するとして，表現活動の規制除外範囲を広げた．しかし，「報道」について，政府は「不特定かつ多数の者に対して客観的事実を事実として知らせること　これに基づい

て意見又は見解を述べること」と，初めて定義したことにより，表現内容が報道かどうかをチェックできる立場を得たことになった．

　政府が法原案を大幅修正したのは，表現・報道の自由に対する理解を深めたからというわけではない．事実,衆議院「個人情報の保護に関する特別委員会」で修正法案を可決した際の答弁で，小泉首相は「新聞についても週刊誌にしても，いかに虚偽報道が多いか，迷惑を受けている場合がたくさんある」としたうえで,「メディアの公正な，正しい報道，表現の自由，これを確保していくという意味においても，今回の法案はぜひとも早期に成立していただきたい」と述べたのである．個人情報保護法によって"報道の正常化"を期待する意図を示したこの答弁は，個人情報保護法がメディアに対して及ぼす影響を見越していたことを示したといえる．

　法施行の1年後，社会生活に有用な個人情報の提供拒否や，情報隠しの名目に使われる事態が続発したことから，政府は法の見直しを余儀なくされた．だが，構造的な問題点の改善までは踏み込まず，法内容の積極的なPRや，行政機関側の運用を改善する方針を06年2月に示すにとどめた．

　しかし，法そのものの根本的問題は依然として内在しており，その解消なしには，社会の透明性とともに国民と社会の適切な関わりが損なわれ，影響はメディアにも波及する．報道の原点は，事実を正確に伝えることだが，現行のままの個人情報保護法の下で匿名発表や個人情報隠しが増え，事実の一部である個人の実名情報を取材しにくくなれば，多数の関係者を取材して出来事の背景を明らかにすることは困難になる．官公庁や企業の情報操作に乗せられやすくもなるだろう．その結果，調査報道に象徴されるジャーナリズムの力は衰弱せざるを得なくなる．

　個人情報保護法はメディアの取材や報道を直接規制するものではないが，実質規制につながる影響を生んでいる．表現を「業」としない個人やNGOの表現活動への規制も懸念される．それだけに，公人情報の開示範囲や本人の同意を必要としない例外領域拡大なども含めた法改正が不可欠である．

§3 人権擁護法案の危険性

報道へ直接規制も　政府が個人情報保護法と同時並行で検討し02年に国会へ提出した人権擁護法案は，権力側が取材・報道に直接介入し得る内容を含んでいた．そのため，メディアを中心に反発が強まり03年に廃案となったが，自民党は福田政権下で制定に向け検討を再開した．

法案の原型は，法務大臣の諮問機関・人権擁護推進審議会が01年にまとめた答申だったが，それを反映した法案は初めて"報道被害"を人権救済の対象と位置づけた．救済対象は，①犯罪の被害者，②犯罪行為を行った少年，③犯罪被害者又は犯罪行為者の配偶者，直系か同居の親族，又は兄弟姉妹とした．

そのうえで，報道側が取材対象者の「私生活に関する事実をみだりに報道し，その者の名誉又は生活の平穏を著しく害」したり，取材対象者が取材を拒んでいる状況で，「つきまとい，待ち伏せし，進路に立ちふさがり，住居，勤務先，学校その他その通常所在する場所の付近において見張りをし，又はこれらの場所に押し掛けること」や，「電話をかけ，又はファクシミリ装置を用いて送信すること」が人権侵害に該当するとし，特別救済措置を実施できるとした．

特別救済措置は独立行政委員会としての人権委員会が行い，報道機関に対して調査や調停，意見聴取，人権侵害と認めれば中止勧告とその公表，被害者が起こす被害救済訴訟への参加もできる，とした．

だが，それらの措置はメディアを取材途中で萎縮させ，報道を事前にまたはその継続を断念させる，検閲的な規制力を発揮しかねない．人権委の調査に対し，取材内容をある程度示さざるを得なくなれば，情報源の秘匿も難しくなり，政治家，官僚や企業の不祥事の取材に支障が及びもする．

危ぶまれる多面的報道　こうした懸念に対し，法務省はPR資料「人権擁護法案に関するQ&A」で，「調査は任意で，勧告・公表に拘束力はなく，報道を萎縮させるものではない」と説明した．だが，メディアのなかでもとくに，電波使用権を政府から割り当てられる立場の放送機関は，行政機関としての人

権委による勧告を受ければ，政府・与党への配慮から取材，報道を進めにくくなるだろう．

とくに憂慮されるのは，大きな出来事の真相に迫る多面的取材への影響である．事件・事故の被害者や被疑者と家族，親族，兄弟姉妹に取材を広げることも必要になるが，発生・発覚の直後ほど関係者は動揺し，口を閉ざしがちだ．その壁を越えるにはさまざまな工夫と粘り強い取材が必要になる．容疑者の家族や親族，知人らにコンタクトするため，職場や学校を訪ねたり，自宅周辺や駅などで帰宅を長時間待つといった努力は定石的な取材方法だが，法案はそれらの工夫や努力を規制対象に組み込もうとした内容だといえる．ファクス取材規制も，政治家，企業や官僚さえ「取材したい事項を事前にファクスで知らせてほしい」と求める例が日常化している実態にそぐわないものだった．

法案が規制対象とするような粘り強い取材の一例として知られているのは，99年のJR桶川駅女子大生殺害事件である．写真週刊誌『フォーカス』の清水潔記者は，当初は取材を拒んでいた被害者の両親のほか友人らとのコンタクトを求め続けて取材に成功し，真犯人を突き止めただけでなく，埼玉県警が被害者の告訴を取り上げようとしないでいるうち悲惨な結末に至った裏の事情を解明し，著書『遺言』(新潮社)で紹介した．もし人権委が，熱心で粘り強い取材を人権侵害とみなして中止を勧告すれば，そうした取材は続けにくくなり，警察の怠慢による殺人被害という問題も暴き出しにくくなるだろう．

法案の不当さは，報道被害行為として示された取材行為が，倫理的にも許されないストーカー行為の規制法の定義とほとんど同じ表現になっていることでも分かる．粘り強い取材とストーカー行為とを，「目的」の違いを度外視して外形的類似のみをとらえて事実上同一視し，憲法に裏付けられた行為である取材・報道を規制しようとしたのである．

必要な権利調整　取材・報道権とプライバシー権という，ともに憲法で保障された権利が衝突するケースは確かに生じうる．だが，その場合は，取材・報道行為の一面を短絡的に「人権侵害」と位置づけ，法規制の対象に組み込む

のではなく，裁判などによる調整で対応すべきである．

　報道はむしろ権力機関の人権侵害を暴き，中止させる役割を果たしてきた．たとえば，法務省所管の名古屋刑務所で刑務官が受刑者を死傷させた事件の報道などを機に，再発防止法が05年に制定されている．

　そうした報道の役割に関する権力側の認識レベルの低さは，人権擁護推進審議会の検討段階で露呈していた．同審議会担当の法務官僚が99年，新聞協会にヒアリングへの出席を求めた際，「行政命令による差し止め等も検討課題の一つとして問題になるのではないか」と述べたのである．報道の差し止めを，裁判所でなく官僚の判断で行えるようにするという発想である．新聞協会の抗議を受けて法務省は発言を撤回したが，憲法違反の検閲に該当するような方策を語る言葉が軽々しく担当官から出されたことは，人権擁護法案にこめた法務省の意図を推察させる結果となった．

　<u>人権委の独立性</u>　法案は，被害救済の柱とされた人権委員会そのもののあり方に関しても大枠に関わる問題点を抱えていた．人権委を「法務大臣の所轄に属する」としたことである．自民党主導内閣において派閥の順送りで任命されてきた各大臣は，担当官庁の職務に精通しないまま官僚の言いなりになりがちで，「官僚内閣制」とさえ呼ばれている．法務大臣も例外とはいえない．そうした状況で法務大臣に所轄させる人権委の運営は，実質的には法務官僚主導となる可能性が強い．人権委の独立性のためにとくに重要な委員長と委員の人選も，各種諮問機関の委員選任の場合のように，法務官僚が予め人選案を作り，それを大臣が了承するパターンになるとみられる．

　だが，新たな人権擁護制度構築のきっかけのひとつは，98年に国連規約人権委員会が行った対日勧告で，警察や入国管理局による人権侵害に対して適切に対応できる独立機関の設置を求めていたことであった．しかし，警察は犯罪の立件で法務省に属する検察庁と密接な協力関係にあり，入国管理局は法務省の機関そのものだ．そのような組織である法務省に人権委を所轄させれば，独立性に疑義が生じるのは当然である．

現に，警察，検察という，国民を拘束できる強力な権限を握る捜査機関は人権侵害を起こしてきている．03年の鹿児島県議選後，鹿児島県警が事実もないのに選挙違反容疑で逮捕した県民13人について自白を強要し，鹿児島地検が起訴して裁判で刑事責任を追及しようとした志布志事件はその一例だ．13人は07年に全員無罪が確定している．

また法務省入国管理局長は03年5月，読売新聞が，ある脱北者について法務大臣が難民認定する方向であるとの記事を複数の法務省幹部への取材を基に報道した際，読売新聞社に「事実でなく厳重抗議する」と伝え，同じ文書で「今後そのような誤った記事を掲載することのないよう」と申し入れた．見通し記事を禁じるような抗議のうえ，将来の報道さえ押さえ込もうとする内容は国会でも批判されたが，こうした体質と組織の性格を持つ法務省にメディア規制権限をも持つ人権委を所轄させることは，国連規約人権委が独立性ある救済機関の設置を求めた勧告に沿わないことは明白である．

保守・タカ派も反対　人権擁護法案は衆議院解散により03年に廃案となったが，法案に反対する声はさらに広がった．メディア以外の一般国民も表現の自由を規制されかねない条項が含まれていたためである．

05年に東京都内で開かれた集会では「自由な意思表明はもとより，何気ない日常会話まではばかられる暗闇の世の中にしてはなりません」という主張が掲げられ，保守・タカ派の論客が次々に法案の問題点を指摘した．その一人である城内実衆院議員がまとめた「論点整理」は，「不当な差別的取扱い」を「助長」，「誘発」する行為を禁止，「人権侵害」の「おそれがあるとき」の「予防」も可能にする，相手を「畏怖」，「困惑」させたり，「著しく不快にさせる」場合の「差別的言動」も規制対象とする，など解釈の余地が広い規定の運用次第では言論の自由を予防規制することさえ可能になる，とアピールした．

そうした事情も背景に，政府・与党は05年，報道機関による人権侵害に対して人権委が行うとした勧告や訴訟援助などの救済措置の規定の施行を「別に法律で定める日までの間」は凍結するとの修正方針を打ち出した．

さらに 08 年 5 月,自民党人権問題等調査会の太田誠一会長は法の名称を「『話し合い解決』等による人権救済法（案）」と変更する私案をまとめ,「報道機関については特別な取り扱いをせず」として,報道被害を規制対象と位置づける扱いを放棄するかに見える考え方を盛り込んだ．だが,人権委の独立性については言及しておらず,原案の基本的な問題点は解消されていない．しかも,報道機関を「法の下に平等な扱い」としたうえ,人権侵害の有無の調査に基づく勧告や訴訟援助の対象とするかどうかについては「将来検討課題」とするとしているため,メディア規制に発展する可能性も残されている．

§4　絶えないメディア規制の動き

裁判員制度　メディア規制の新規立法は,他のさまざまな分野でも試みられてきた．裁判員制度もその一例だ．

富山県内の元タクシー運転手が婦女暴行・同未遂罪で懲役 3 年の実刑判決を富山地裁高岡支部で受け,服役後,真犯人が逮捕され 07 年に無実と分かった．この事件は,自白強要捜査と裁判への不信をかき立てた．元運転手は再審で富山県警取り調べ担当官の証人申請を行った．証人尋問が実現すれば,不適切な捜査とともに,それを見過ごして有罪判決を出した裁判官のミスの解明にもつながるとみられたが,同地裁は申請を却下した．

そんな見識が疑われる裁判官による,裁判への不信を招く訴訟指揮や判決が目立つだけに,09 年スタートの裁判員制度は,国民が職業裁判官とは違った視点で裁判に参加できる仕組みという点に意義がある．

ただ,専門家でない裁判員の判断に対する危惧が絶えないのも事実だ．それだけに,裁判員には適切に判断できるようにするため十分な情報が与えられると同時に,裁判をチェックするメディアの役割は従来にも増して大きくなる．

ところが,それに必要な透明性を損ないかねない制度設計と運用が懸念されている．政府の司法制度改革推進本部が 03 年に示した制度骨格案は,その恐れを明瞭に示した．裁判員の判断を歪めないという趣旨で報道機関に「偏見を

生ぜしめないよう」との配慮を義務づけ，「知りえた事件の内容を公にする目的」での裁判員に対する接触を期限なく禁止，裁判員の名前などの個人情報の公開を禁止，裁判員が裁判で知りえた秘密の漏洩，担当した裁判の事実認定や量刑についての意見表明を罰則付きで禁止，などの点である．

　裁判が公開されるのは審理の公正さを保つためだが，骨格案はそれに必要な透明性を低下させる内容だったのだ．その点を批判され，04 年に制定された裁判員法では，偏見報道など報道関連条項は外されたが，裁判員に関する義務や規制は残され，取材に支障が出るのではないかと危惧されている．

　そのうえ，07 年，最高裁参事官が裁判報道について注文をつけた．捜査状況や証拠に関する報道，生い立ちや対人関係等の報道などに配慮を求めたのである．裁判以前に行われる事件報道が裁判員に予断を生じさせる，との懸念を背景にしたものだった．しかし，事件の真相に迫る情報を国民に伝えるには，いずれも必要な要素である．ただ，一方的な捜査情報報道は容疑者の犯人視につながりやすい点に注意する必要があるのは確かであり，新聞協会も事件報道の要点を改めて確認する趣旨の指針を 08 年に示した．

　国民保護法の報道規制　旧日本軍はメディアを報道統制下に置いて無謀な戦争に走り，日本を焦土化する事態を招いた．その反省に立てば，メディアは自衛隊活動などの安全保障体制の外でチェックする立場を確保すべきである．ところが政府は 04 年，有事立法の一環で「武力攻撃事態等における国民の保護のための措置に関する法律」（国民保護法）を制定した．

　そのなかで，有事に備えて予め個々の放送機関を「指定公共機関」として業務計画を策定させるほか，警報と避難情報の伝達や，各放送機関が収集した被災情報を国や地方の指定行政機関に報告させることまで義務づけた．メディアは有事関連行政をチェックする立場どころか，行政の一部に組み込まれるわけで，報道のための情報収集というメディアの取材目的から逸脱させられる仕組みである．業務計画については，行政側に放送機関への助言権限まで認めており，今後，行政が報道内容にまで介入することも懸念されている．

IX　メディア規制の動向　167

ネット報道規制の可能性　新聞，放送といった既存メディアにとって，インターネット配信への対応は目前の課題になっているが，この分野でも権力介入の可能性を秘めた立法構想が浮上してきた．総務省が2010年での制定を目指している情報通信法（仮称）がそれである．

放送と通信の融合の進展を背景に，事業の活性化と利用者保護を目的に掲げて両事業分野の計9本の現行法をまとめ，社会的影響力の大きさを基準として現在の地上波・テレビを「特別メディアサービス」，CS放送などを「一般メディアサービス」，インターネット上のホームページやブログを「オープンメディアコンテンツ」とする，放送・通信を3分類した新制度とする構想だ．

問題は「不偏不党」や「政治的公平」といった報道ルールを含む放送法の規制を「特別メディア」に引き続き継続するほか，インターネット分野にも法規制をかける点である．その分野では，掲示板への不適切な書き込みを自主的に削除するよう業界に促すプロバイダー責任法があるが，情報通信法によって幅広いネット規制が導入された場合，新聞やテレビ，雑誌でも報道コンテンツのネット配信が進んでいるだけに，ネット配信コンテンツ規制と重ねるかたちで，既存メディアの報道への法規制に発展する可能性が懸念されるのである．

「青少年保護」規制も　インターネットで流布される情報の一部を「有害情報」と位置づけ，発信サイトから18歳未満の子どもを守るための立法に，自民，公明与党と民主党が08年5月に合意した．民間の第三者機関に，どのような情報が有害なのかの判断を委ね，有害サイトを閲覧できなくするフィルタリングサービスの提供を携帯電話会社に義務づけることなどを主な内容としている．

この立法は，自民党が青少年有害環境対策基本法案の名で制定を目指していることが判明した2000年にさかのぼる．同党は特定の情報が「有害」かどうかの判断を，当初は国が行う方針だった．だが，表現の自由に対する権力の介入につながりかねないとしてメディアなどから批判され，国指定の第三者機関に判断を委ねると変更しても批判を浴びたため，民間機関に任せることに同意したのである．

この経緯は，長く統治権力を握り続けてきた政党や関係官僚が，表現の自由に対し権力介入の可能性を少しでも確保しようとする姿勢を示したといえる．

国民投票法　敗戦後の民主化日本を象徴してきた現行憲法の改正手続法として07年，国民投票法が制定されたが，自民，公明の与党協議会が04年にまとめた法案には，国民の言論を大幅に規制できる条文が盛り込まれようとした．

自民党の原案では，通信類を含む新聞や雑誌について「国民投票に関する報道及び評論において，虚偽の事項を記載し，又はゆがめて記載する等表現の自由を濫用して国民投票の公正を害してはならない」とし，放送事業者向けにも同様な禁止規定が盛り込まれた．

「国民投票の結果に影響を及ぼす目的をもって新聞又は雑誌に対する編集その他経営上の特殊な地位を利用して（中略）国民投票に関する報道及び評論を掲載し，又は掲載させることができない」という規定も加えられた．

憲法改正については新聞，雑誌，放送などを媒体としつつ国民的な議論こそ求められるのに，政府・与党の憲法改正案に批判的な言論・報道を，誰もが反対しにくい「虚偽」や「濫用」などに該当するとして，報道，評論活動そのものを制限できるような，あからさまな内容だった．「虚偽」や「濫用」といった抽象的な言葉は，規制しようとすれば恣意的に解釈して「違反行為に該当する」と裁定できるような文言なのである．

批判を受けて，それらメディア規制条項は削除されて法制定に至ったが，この経緯は，統治権力の表現・報道の自由に対する理解の浅さと規制意識をうかがわせたのであった．

§5　メディア規制抑止のカギは信頼獲得

情報源規制　権力の表現介入はメディア規制立法にとどまらない．個人情報保護法の大幅修正や人権擁護法案，青少年健全育成基本法案の廃案など新規立法が難航してきたなかで，既存法による実質規制や情報操作も目立ってきた．

07年には，奈良県の母子放火殺人事件で容疑少年の精神鑑定を行った医師

が，鑑定記録などを，引用著書を出版したフリージャーナリストに漏らしたとして奈良地検に逮捕された．読売新聞が05年に中国潜水艦の動向を報道した件では，陸上自衛隊が08年，一等空佐が情報源だとして自衛隊法違反（秘密漏洩）容疑で一等空佐を書類送検した．いずれもメディアへの直接規制ではないが，権力に不都合な報道につながりかねない情報の提供者への威嚇と疑われる例である．

放送法などで権力の規制枠に組み込まれているテレビに対する介入も活発だ．安倍首相の側近閣僚だった菅義偉総務大臣は06年，NHKに対し北朝鮮拉致問題という具体的テーマについて初めて，国際放送で重点的に扱うよう放送命令を出した．この措置への批判をも視野に，福田内閣は07年の放送法改正で「命令放送」を「要請放送」に変更したが，政府介入の可能性が消えたわけではない．同法改正で政府は，捏造放送に対する行政処分規定を導入しようとしたが，野党の反対で見送った経緯もある．

メディア・スクラム対策　以上のような統治権力の表現・報道規制は，国民の人権保護などの名目で，メディアと国民を分断する構図で行われる傾向が強まっている．それに対抗する上で最大の支えになるのは国民の支持だけに，メディアとしては信頼される報道を展開することがきわめて重要である．

その対策のひとつとして日本新聞協会，日本民間放送連盟と日本雑誌協会は01年以降，メディア・スクラム（集団的過熱取材）対策を構築した．単独取材では問題にならないが，ニュース価値が大きいテーマの取材ではメディアが集中し，取材対象者や家族，付近住民らに圧迫感を与える．そうしたメディア・スクラムの弊害を防ぐため，取材参加メディアが協調して対応する．具体的には，取材担当者・取材車両数や取材場所の制限，代表取材などにより，北朝鮮拉致問題や06年の秋田連続児童殺害事件などで，課題を残しながらも着実に成果を上げてきた．

そうした"報道被害"対策にメディアが横断的に取り組む意義は大きい．とくに新聞界では，まだ組織されていない各社横断的な苦情対応機関の設置への

足がかりになる可能性もある．そうした組織が設立されれば，権力の規制に協調対抗する力にもなり得るだろう．

また，情報の入手を行政機関に過度に依存せず，日弁連や実力向上が目立ってきたNGOにも積極的に取材を広げ，国民の目線で権力発信情報をチェックする多面的な取材も，国民に信頼される報道につながるはずである．

権力のメディア法規制と情報操作は，連立政権の常態化を背景にとくに目立ってきた．その流れは今後も続くとみられるだけに，メディアには信頼される報道とともに，権力側の規制姿勢に敏感に対抗していくことが求められる．

（関係者の肩書きは原則として当時のもの）

（鶴岡　憲一）

参考文献

梓澤和幸『報道被害』岩波書店　2007年
小野秀雄『日本新聞発達史』大阪毎日新聞社，東京日日新聞社　1922年
田島泰彦・山野目章夫・右崎正博編『表現の自由とプライバシー』日本評論社
　　2006年
臺　宏士『個人情報保護法の狙い』緑風出版　2001年
田島泰彦・梓澤和幸編著『誰のための人権か』日本評論社　2003年
飯室勝彦・赤尾光史編著『包囲されたメディア』現代書館　2002年
鶴岡憲一『メディアスクラム』花伝社　2004年
川上和久「強まる自民党のメディア規制とその背景」『総合ジャーナリズム研究』
　　第177号　2001年

キーワード

個人識別情報，過剰反応，報道被害，人権委員会，裁判員制度，指定公共機関，オープンメディアコンテンツ，フィルタリングサービス，情報源規制，メディア・スクラム

第三部

新聞産業の変容

X 揺らぐ新聞経営の基盤 1
部数減と販売制度への批判

§1 長く続く右肩下がり

　新聞社の主な収入は，いうまでもなく新聞の販売収入と広告収入である．日本の新聞社の場合，全収入のうち前者は50％，後者は30％を超え，合わせて約85％を占めている[1]．その2大収入源に大きな異変が生じている．それぞれ1998年，2001年以来，下降線を描いたままなのである．

　販売収入と，その源である販売部数は単年（度）で前年を下回ることはあっても何年も減り続けることはなかった．広告収入の場合も，不況時には大幅減収となったことはあったが，景気回復とともに浮上するのが常だった．しかし2001年からは景気の回復があるのに広告収入は浮かずに沈み込んだまま．景気が新聞広告を置き去りにしているのである（図X－1）．

　長期の推移を見る限り，「落ち込み」は構造的なもので，長い間実質的に世界一の新聞大国として繁栄を続けてきた日本の新聞の経営基盤は大きく揺らいでいるといわざるを得ないだろう[2]．そうした状況がなぜ生まれたのか，そして将来に向けてどうすべきなのか．まず販売面から見てみよう．

図 X-1 日本経済と新聞社収入の推移

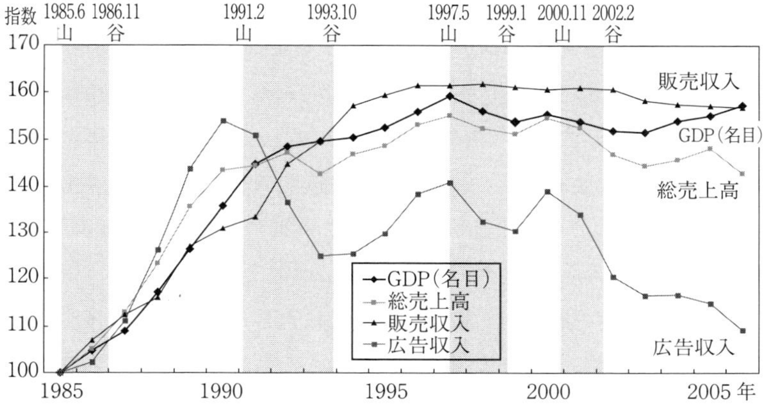

注）1985年を100として2006年までの指数．「山」「谷」とあるのは内閣府判断による景気循環の山と谷

高度経済成長とともに　高度経済成長開始の年といわれる1955年の日刊新聞の発行部数は2239万3千部だった．それからほぼ40年後，新聞発行部数が頂点に達した1997年，部数は5376万5千部に達した．2.40倍である．

新聞部数は世界的には朝刊，夕刊を足して算出するのが一般的だが，日本の場合は朝刊，夕刊を同じ新聞社が発行するのが大勢なので，通常は朝刊と夕刊をあわせて1部として計算されている．外国並みに朝刊と夕刊を別々に数えればそれぞれ3353万8千部と7269万9千部で，伸びは2.17倍となる．[3]

一方，1カ月当たりの購読料金はたとえば，読売，朝日，毎日新聞の場合，朝夕刊セットで390円から3925円になっている．この3紙の場合，42年間に15回の値上げをしている．3紙以外の新聞も料金は異なるが，値上げの時期，回数はほぼ同じだった．そうした値上げにもかかわらず，また何度も不況が訪れたにもかかわらず，新聞発行部数は1997年までほぼ毎年増え続けたのである．

それを支えたものは，日本の経済力の驚異的な伸びだった．1955年には8兆3695億円だった国内総生産（GDP，名目）は1997年には515兆2491億円に

達している．60倍を超す伸びである[4]．

　そのかなりの部分が国民に分配された．それによって人口，世帯，そして「中流階級」が増えた．1955年から97年かけて人口は8928万人から1億2526万人に，世帯数は1812万世帯から4550万世帯になっている[5]．人口は1.40倍，世帯は2.51倍に増えている．高度経済成長によって都市での仕事が増え，多くの人たちが都市に集まった．都市での核家族化の進展が人口よりも世帯数の伸びを大きくしたのである．部数の伸びはこの世帯数の伸びに近似している．つまり世帯が増えればほぼ同数の新聞が増えたのだ．

　都市で働く人たちの間で収入格差はそんなに大きくなかった．多くの人たちが「そこそこ」の収入を得たのである．その人たちに「まずまずの生活をしている」「ほかの人と一緒にやっていれば間違いはない」という中流意識が生まれた．その中に「新聞くらい読んでいなければ恥ずかしい」という意識もあった．そして新聞は彼らにとって重要な情報源であり，自分と社会を結ぶ必須のアイテムだった．

夕刊減り，スポーツ紙減り，そして一般紙が　1998年，右肩上がりできた新聞発行部数に異変が生じた．前年より約9万5千部減ったのである．以後，減少は「構造的」なものになってしまっている．それには予兆があった．部数の伸び率が80年代から年々鈍化していたのである．とくに夕刊は91年から減少カーブを描いていた．

　夕刊はいわゆる県紙レベル以上の大手紙が朝刊と合わせて発行するケースと夕刊専門の新聞社の発行によるものと2種類あるが，日本の場合，発行部数は前者が圧倒的に多い．日本の新聞社は，朝夕刊を発行する場合，それぞれ独立して編集するのではなく，朝刊で載せたニュースについて夕刊ではその続報を載せる（もちろんその逆もある）という編集であり，いわば朝刊と夕刊がセットなっている．そこから夕刊も発行する地域を「セット（版）地域」とし，その地域では朝刊と夕刊両方の購読を原則としている．

　印刷工場から遠いなどの理由で夕刊を配達できないところは，夕刊のニュー

スも朝刊に入れて編集する．そうした紙面を「統合版」といい，その新聞を配達する地域を「統合版地域」といっている．

セット割れ　ところが1970年代から「セット地域」でも「夕刊は要らない」という読者が多くなった．当初，新聞社側は極力「セット読者」としてとどまるよう働きかけたが，かえって朝刊までやめられてしまうケースが出てきた．そこで夕刊不購読を認めた．その読者に配られる朝刊は夕刊も読んでいることを前提にしているのに夕刊不購読では朝刊は不完全な新聞になってしまう．それを防ぐためにセット地域でも朝刊だけの読者を対象にした新聞を作った．「新統合版」と呼ばれるものである．

そうした夕刊不購読による「セット割れ」現象は90年代から急速に進み，土曜日の夕刊発行をやめたり夕刊そのものの発行をやめる新聞社が出てきた．2000年には福島県の有力紙である福島民友と福島民報，01年4月には産経新聞が東京本社管内での夕刊を廃止した．02年3月には夕刊紙だった大阪新聞が休刊した．そして毎日新聞が08年8月から北海道での夕刊発行を取りやめている．さらに秋田魁新報も同年10月からの朝刊への統合を発表した．

そうしたことから夕刊部数ピークの1990年から17年間に500万部近くも減ってしまっている．にもかかわらず日本の新聞界ではあまり大きな問題にはならなかった．それは先に述べた理由で，新聞発行部数が常に朝刊部数で考えられていたからである．

一方では，1980年に545万部だったスポーツ紙が96年には658万部と大きな伸びを示し，「日刊紙」の部数を上方に引っ張った．ところが翌年に650万部となり，以後，減り続け，2007年には507万部にまでなってしまった．11年間で151万部，23％という大きな減少幅だ．

1998年からの「日刊紙」の減少はこのスポーツ紙の"支え"がなくなってしまったため表面化してきたものだ．一般紙の方は2002年から下降を始め，01年から07年までに約60万部減少している．

以上の結果として日本の「日刊紙」の発行部数は97年の5,377万部が2007

年には5,203万部へとじりじり後退を続けることなった.

　以上の事態は世帯数をリンクさせると表面の数字以上に深刻であることが分かる. 世帯数は1997年から2007年にいたるまで620万以上増えている. 1997年からの部数の落ち込みは, 新聞がこの膨大な世帯数の伸びをまったく吸収できなかったことを意味している. つまり「620万の家庭に1部の新聞も増やせなかった(どころか減っている)」ともいうことができる(図X-2).

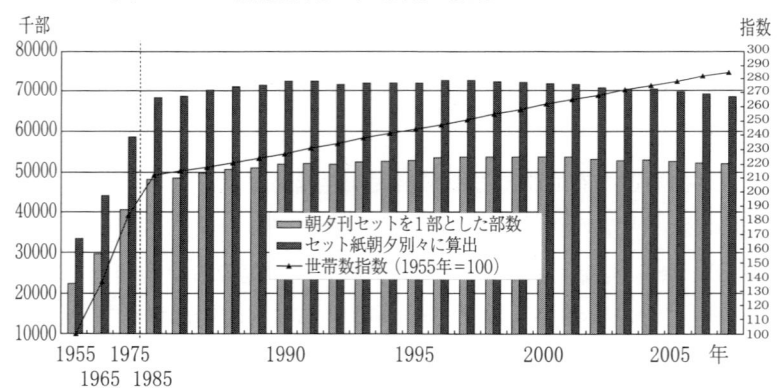

図X-2　新聞部数と世帯数の推移(1955～2007年)

注) 部数は『日本新聞年鑑』各年版から. 1955年の世帯数18,123,105世帯(同年10月1日実施の国勢調査数字).
　以後の世帯数は各年3月31日現在の住民基本台帳による

新聞離れは若年層から持ち上がり　購読状況の推移を追い, それをグラフ化すると, 「新聞離れ」の構造が一層はっきりしてくる. 図X-3は, 中央調査社が毎年実施している「マスメディア調査(MMR)」の中から, 2人以上世帯の新聞普及率を取り出してみたものである[6].

　それによると家庭への新聞普及率は1988年は97.5％, 2007年は87.8％でほぼ10ポイント落ちている. それを世帯主の年齢別でみると, 24歳以下の層は1990年を境に急激に落ち込んでいる. 90年93.4％だったのが3年後には60％台に, そして2002年には30％台になってしまった. 翌年50％近くに回

図Ⅹ-3　2人以上世帯の世帯主年代別新聞普及率

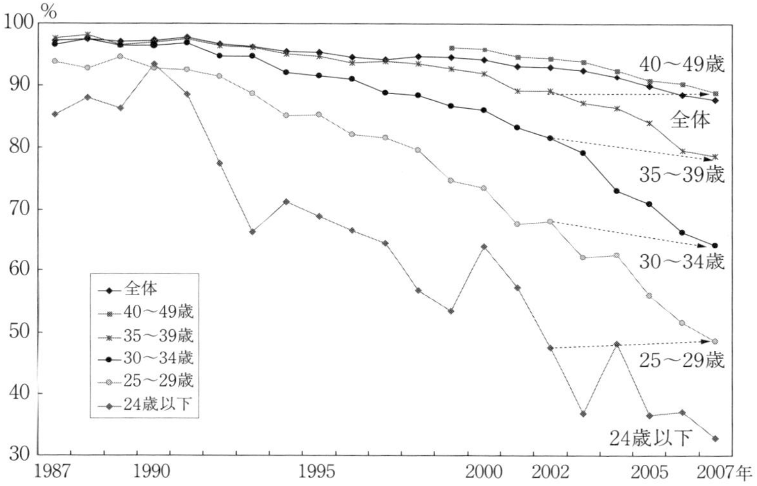

出所) 中央調査社「マスメディア調査」から

復したが，その後再び下降線をたどっている．次に落ち込みが激しいのは25〜29歳だ．落ち込みの連鎖はそのように徐々に上の世代に上っているが，とくに注意しておく必要があるのは，「新聞離れは中年層にも広がり始めている」ということである．40〜49歳の層も07年には90％を切っている．

　このグラフでは5年経てば24歳以下の世代は25〜29歳に，25〜29歳だった人たちは30〜34歳へと移行する．たとえば2002年をとって，それぞれの年代だった人たちの2007年の購読率を見ると，点線が示すとおりほぼ平行移動している．つまり5年前の購読率がそのまま持ち込まれているのである．「同じ人たちの5年後だから当然」かもしれない．しかし，かつてはそうではなかった．「若いうちは新聞を読まなくても，家庭を持ったり職場での地位が上ったりすれば新聞を取るようになる」，つまり点線が右上がりになるのが"常識"だった．グラフはその"常識"がかなり早い段階で通用しなくなっていたことを示している．

§2 問い直される再販制・部数拡張システム

　新聞界にとっての逆風は，部数減少だけでなく，その価格決定・拡張のシステムにも強く吹いている．長い間の"業界慣行"や"制度"が強い批判にさらされ，問い直されているのである．

　<u>３つの「特殊性」</u>　新聞の販売には，一般の商品とは異なった「３つの特殊性」ともいえる制度が長い間存在してきた．

　第１は，新聞社が販売店に新聞の価格を指定し，契約などによって販売店に定価販売を守らせることができるという「再販売価格維持契約（行為）」の容認である．一般に「再販制」と呼ばれるものだ．

　独禁法は公正で自由な競争を促進するために，「私的独占」「不当な取引制限」「不公正な取引方法」を禁止している．したがって事業者による再販売価格の拘束を「不公正な取引方法」として禁止している（第２条，第19条）．しかし，とくに商品流通の安定が必要なものや過度の市場原理にそぐわないものについては再販売価格の拘束が認められており（第23条），公正取引委員会が指定する商品と新聞，雑誌，書籍，レコード盤，音楽用テープ，音楽用CDなどの著作物がそれに該当する．一般に前者は「指定再販商品」，後者はわざわざ条文に明記されているため「法定再販商品」と呼ばれている．指定再販商品は，かつては医薬品，化粧品などがあったが順次外され，現在は法定再販商品としての著作物だけが残っている．

　第２は，長い間いっさいの値引きが「不公正な取引方法」として禁じられていたこと，である．「不公正な取引方法」は前述のように独禁法で一般的に示されているが，それに加えて公取委が告示によって特定業種の特定の取引方法を不公正なものとして指定する「特殊指定」があり，新聞業もその対象として禁止される取引方法が具体的に示されている．そこでは地域・相手を問わず異なる定価をつけたり割り引いたりすること，新聞社が販売店に注文部数を超えて新聞を押し付けること（押し紙）が禁止されていた．

押し紙は新聞社の販売収入増になる，見た目の発行部数が多くなる，それだけ広告料金も高く設定できる，などの理由で古くから行われてきた，といわれるものだ．押し紙と並んで発行部数を"水増し"しているものがある．積み紙と呼ばれるもので，これは販売店が販売部数を超えて新聞社に注文することで，部数が多くなれば新聞社から販売店に支払われる手数料のランクが上る，折り込み広告収入も増える，新聞社や販売担当員への"義理"が立つ，ことなどが原因だ．これは特殊指定の実施要綱で押し紙と合わせて禁止されていた．

第3は，景品類も原則として禁止されていた，ことである．それは独禁法から独立した「不当景品類及び公正取引の確保に関する法律」(景表法)に基づく公正取引委員会の告示によるもので，その詳細については各新聞社で作っている公正取引協議会で決め，公取委がそれを認定する形で告示する「公正競争規約」にもそのまま反映されている．

経営安定に寄与　以上の法的措置は価格の安定が必要な商品を対象に1950年代から60年代にかけて整えられたものだが，そうした規定によって，新聞社は正価販売による確実な収入を得ることができた．そして新聞購読料の30〜35％程度が販売店に手数料として支払われ，さらに新聞社からさまざまな名目の補助・奨励金，折り込み広告収入が安定的に入ることによって販売店網も強固なものになった．また新聞社と販売店の契約は1区域1店のテリトリー制で，これによって販売店はその区域での配達責任が生じ，新聞社も「確実な配達」を目指し過疎地などでは配達補助金を厚くするなどの奨励策をとった．

そのことは都市部・過疎地域を問わず全国一律の料金で毎日自宅に新聞が届けられる戸別配達制度を強化させ，一般紙の場合は99％近くという世界でも群を抜いて高い戸別配達率を実現するということにもつながり，その戸別配達制度が購読者の増加を生むという，新聞界にとっての好循環が生まれたのである．

社会からの批判　しかし，商品(新聞)の価格安定が得られる上記の措置の上にあぐらをかいた姿勢，あるいは自らその措置・規制を無視した行為も目立ち，社会的な批判を浴び続けてきた．それは読者(消費者)からみれば一方

的かつ同調的な値上げであり，強引な勧誘・拡張だった．

　値上げはある日突然，紙面で知らされるのが常だった．しかも「制作費の高騰」とか「販売店への支援増強」などが抽象的に説明されるに留まっていた．さらに値上げ時期はほぼ同じ，とくに読売・朝日・毎日3紙は上げ幅もまったく同じで，それは同調的値上げであるとして消費者団体から指弾を浴び，公取委からしばしば報告を求められた．

　新聞の拡張は全国で2万を超える新聞販売店の40万人以上の従業員たちや，「拡張団」と呼ばれたセールスチームによって担われたが，主力は後者だった．セールスチームは販売店，あるいはその地域の販売店組合との契約でその地域に入って新聞拡張を行う．拡張員は歩合制がほとんどである．

　この新聞拡張をめぐってさまざまな問題が起きた．第1に拡材（拡販材料）と呼ばれる景品類の横行である．景表法や公正競争規約で新聞販売・拡張での景品類は堅く禁じられているはず．ところが拡張の現場ではナベやカマに始まり（そこからナベカマ合戦という言葉さえ生まれた），洗剤，ビール券から自転車，掃除機，電子レンジといった商品まで飛び交った．さらに新聞を一定期間購読すればそれより長い期間無料で配達するという"サービス"まで現れた．「長期読者に何のサービスもせず，拡張に過剰な金を使っている」という不満が起きた．

　第2に，なによりも物品や長期の"サービス紙"の提供は違法行為であり，「公器」としての新聞がそれをしていることに対して社会からの批判は厳しかった．脅しや詐欺まがいの言動をする拡張員も跡を絶たなかった．時には刑事事件にもなった．新聞社は形の上では拡材の使用や拡張団とは関係なかったが，深い関係にあると見られ，批判はむしろ新聞社に向いた．

　第3に，押し紙や積み紙による販売店への圧迫，結果としての広告料やチラシ折り込み料の"水増し"である．それには再販制や値引きを禁止した「特殊指定」が温床となっている，と指摘される雰囲気が徐々に形成されていった．

市場原理，規制緩和の風を受けて　1990年代に入り新聞販売に関係する法や制度の廃止や見直しの声が急速に高まった．社会的な反発・批判に加え，政府の規制緩和や市場原理重視の政策によるものだ．

まず1991年に訪問販売法（現在は特定商取引法）の適用対象となった．同法は1976年に悪質なセールスを取り締まることを目的に制定されていたが，新聞については業界の自主規制に委ねるとして対象から除外されていた．しかし購読契約に伴うトラブルが跡を絶たず，監視・規制が強化されたのである．

再販制については，90年代を通じて公取委と新聞業界の間で激しい攻防があった．1992年に公取委は再販全般についての見直しを発表，95年に「新聞を含む著作物再販を廃止の方向で検討する」という中間報告を発表した．それ以来，論争が続いたが，公取委側の主張は，「① 再販価格維持行為は独禁法上原則違法であり，適用除外を認めるには，明確かつ具体的な理由が必要だが，新聞にそれがあるかどうか疑問である．② 他の商品に比べての新聞の公共性に疑問なしとしないし，そもそも公共性が再販容認の明確な理由になるかは疑問である．③ 新聞の発行市場の競争が十分に行われておらず，価格の下方硬直性がある」[7]などだった．

「当面は存置」に　これに対し新聞側は，「再販制度は国民のだれもが平等に新聞を入手できる環境を整備するために認められた制度．その制度が廃止された場合は同一紙同一価格が崩れて乱売合戦が起き，消費者利益を無視した販売行為が横行，希望する読者すべてに完全に戸別配達をすることができなくなる．部数減により新聞社の経営が不安定になれば，入念な掘り起こし取材や調査報道など人員，経費がかかる報道が次第にできなくなり，紙面の質が低下して読者の利益を損なう．経営難から廃刊に追い込まれる新聞社が現れ，言論の多様性という民主主義の基礎的条件が失われるという重大な事態を招きかねない」[8]などの理由から廃止に強く反対した．

再販廃止をめぐる攻防は，2001年3月に公取委が「競争政策の観点からは廃止すべきだが，当面は存置することが相当だ」との結論を出したことによっ

て，ひとまず決着した．「当面存置」の最大の理由は，「廃止について国民的合意が得られていない」ということだった．公取委が決定に先立って国民の意見を求めたところ，3万近い声のうち99％が再販制維持を求めていたのである．国民の新聞社への批判・反発は再販制の廃止を求めるまでには至っておらず，むしろ戸別配達制度を支えるものとして再販制を認めたということだろう．

　大口，教育用には値引き適用　一方，再販制論議の中で公取委や消費者団体などから値引きなど新聞の価格を弾力的にするよう求める声が強く出されていた．新聞界はこれには応じ，1999年に公取委の「特殊指定」告示が修正された．その大きな修正点は，学校教材用，大量一括購読者向けなど合理的理由が存在する場合には割引を認めるということだった．また禁止事項の中に「販売業者に自己の指示する部数を注文させ，当該部数の新聞を供給すること」という文言も加わった．これは販売店の自主的な注文による積み紙行為が，しばしば新聞社側からの指示や示唆によって行われるということへの警戒・警告の意味がある．

　「景品類の原則提供禁止」にも大きな変化があった．これも1990年代半ばから公取委や新聞業界で検討が行われ，98年に公取委が景品の原則禁止から一定のルールの下で認めるよう告示を改定した．その内容は「3カ月の新聞購読料の8％以内」の景品と「新聞業における正常な商慣習に照らして適当と認められる範囲」の懸賞の解禁だった．景品額の制限はその後「3カ月分」から「6カ月分」に変更され，懸賞の制限額は2007年8月現在で最高額は懸賞に係る取引（購読料）の10倍あるいは5万円のうち低い金額を超えない額，総額は懸賞にかかわる取引予定総額（購読料総額）の1000分の7を超えない額となっている．

§3 道をどう切り開くか

さらに待ち受ける暗雲 再販制は，上記のように一応の決着をみた．しかし火種は消えたわけではない．公取委の決定はあくまでも「当面存置」であり状況によっては再び廃止への動きが起きる可能性もある．[9] 長期購読者，学生や高齢者，口座での払い込み者，前払い者などへの価格割引を求める声は強い．

そのほか今後さらに新聞界に難題となって降りかかってきそうなものは多い．まず消費税率引き上げがある．8％あるいは10％，さらにはそれ以上の課税がいわれている．新聞がその引き上げ分をそのまま読者の負担とした場合，さらに激しい新聞離れにつながるかもしれない．1989年に消費税が導入されたとき，新聞界は文化的商品，公共財としての性格を強調し新聞への課税に強く反対した．しかし容れられなかった．次はどうだろうか．国民は「5％以上の課税は新聞にとって致命傷になり，それは社会にとっての損失」として新聞を例外として認めてくれるだろうか．

多くの新聞社は1992年初めに値上げし，97年4月に消費税3％から5％への税率アップに連動してその分だけ値上げして以来，値上げしないでいる．「大幅な部数減の引き金になるのではないか」として，値上げできなかったというのが実情だ．次の消費税率アップがその引き金になるのではないか，ということが新聞関係者共通の不安である．

人口減少時代が確実にやってくる．これまで「少子高齢化」がいわれ続けてきたが，それはまだ現実の人口減に反映していなかった．ところが2007年，ついに人口が減少に転じた．世帯数はまだ増えているが，近い将来減少に転ずるだろう．それは新聞部数に大きな影響を与えることは確実と考えなければならない．

地上波テレビのデジタル化も大きな脅威だ．デジタル化で番組一覧や内容の紹介が簡単に画面に呼び出せるようになったことで，ラジオ・テレビ番組欄を売り物にしている新聞は打撃を受けるのではないか，と指摘されている．

不購読の理由の解決・改善から　かつてない危機に見舞われている新聞界はどのように活路を開けばいいのか．そのヒントのいくつかが，日本新聞協会が東京50 km圏の18〜35歳男女を対象に過去3回実施した「盛年層と新聞」調査結果の中にある．[10]

　同調査で，不購読者に「新聞を取らない理由」を，購読者には「新聞への不満点」を聞いている．それによると，内容面では「自分にとって必要のない情報やページが多い」「関心のある情報が少ない」「読みたい記事が探しにくい」「記事がおもしろくない」「文章が難しい」「日常生活に役立つ情報がない」などが上位に並び，内容面以外では「自宅で読む時間がない」「テレビやインターネットで十分」「新聞代が高い」「たまった新聞の処分に困る」「勧誘員の態度がよくない」「販売店のサービスが悪い」などの声が多い．状況打開の道は，指摘されたことを着実に解決・改善していくことから始まる．

　内容面にかかわる不購読の理由や不満は，さまざまな層の多数の読者を対象にする現在の新聞につきまとうものだ．世代の違いなどによる関心分化の激しい現代に「すべての読者を満足させる紙面を作ることは不可能」といえるかもしれない．しかし，どこかに自分の琴線に触れたり役に立つ部分があれば，多少の不満はあっても購読を続ける読者は多い．そうした紙面を根気よく送り出すことだ．

　インターネットとの違いアピールを　「テレビやインターネットで十分」はある程度抗しがたい声だ．50年来共存してきたテレビはともかく，急激（という月並みな言葉では不十分なほど）に浸透してきたインターネットについては，言う方も言われる方もそう思い込んでしまっているのではないだろうか．インターネットの匿名性はある意味で長所であり，情報検索力はすばらしい．しかし匿名性による情報への信頼性の不十分さ，自分の関心事以外の情報に触れることが少ない，などの欠点あるいは限界がある．新聞はもっと「インターネットだけで十分だろうか」と問わなければならない．そして一方では，インターネットが及ばない紙面をどう作るかを考えなければいけない．それはインター

ネットを敵視することではない．インターネットと自らの有用性の違いを明確にすることである．インターネットの力を新聞づくりに生かすこともできるはずだ．[11]

　若者の新聞離れの原因としてしばしばインターネットの出現が挙げられる．注意しなければならないのは，若者の新聞離れはインターネット出現のかなり前から始まっているのである．そのころすでに新聞は若者にアピールしなくなっていたのだ．そこにも現在の状況についてインターネットの"せい"にせず，「新聞が抱える問題は何か」を真剣に考えなければならない理由がある．

　<u>それでも「新聞代は高い」</u>　調査で挙げられた不満の中で「新聞代が高い」という声が群を抜いて多かった．「決して高くない」と思っているのは新聞社や販売店関係者だけかもしれない．抜本的に考え直す必要はないだろうか．少なくとも「割引」の弾力的適用の検討は焦眉の課題になってくるだろう．そうしたことを前提にしてのビジネスモデル確立が必要だ．

　「勧誘員の態度」「販売店のサービス」については，改善はそんなに困難でないはず．新聞業界ではこのところ外部のセールスチームより新聞社が出資してのセールス会社による拡張が多くなってきている．そうしたところでは，かなり厳しく勧誘員教育と管理を行いトラブル防止に努めている．そうしたこともあり苦情は減ってきている．[12]しかし相談件数上位にあることは変わらない．「悪質な拡張員（セールススタッフ）は例外」かもしれないが，その例外もなくさないといったん染み込んだ新聞拡張のマイナスイメージはぬぐえない．

　販売店の読者へのサービスは「景表法」などの関係で，かなり制限はある．しかし心配りへの制限はない．独り暮らしの高齢者の安否確認や雨の日にはビニール袋に入れて配るなどは（すでにやっているところもあるが）すぐにでもやれるはず．新聞の回収システムの整備拡充も不可欠だ．それには「サービスで回収するのでなく製造者責任として回収する」決意と熱意が必要ではないか．

　読者サービスだけではなく地域全体への貢献も大きな社会サービスだ．日本新聞協会は2007年から販売店を対象に「地域貢献大賞」を設け，本格的に奨

励を始めた．こうしたことを広げ充実させることが，販売店と新聞への親近感を強めていくことにつながるのは確実だ．

　NIUのすすめ　「新聞離れしている若者層」に新聞を手に取り，読んでもらう努力もいっそう強める必要がある．若者たちはだんだん新聞に接する機会が少なくなってきた．新聞に接しないのでは，その有用性を知ることはできない．「読まず嫌い」を減らさなければならない．新聞界ではNIE (Newspaper in Education) 運動（第XIII章参照）を始めさまざまな試みがなされているが，メディア・リテラシーや活字文化教育の観点からもっと正規のカリキュラムの中で重視されるよう働きかけることが必要だ．また大学への拡大も考えるべきだろう．その場合，「新聞で教育する」観点も大切だが，それ以上に「大学生が新聞を手にする機会を増やす」ことの方が大切ではないか．大学構内や生協での廉価販売，大学と連携して学生寮などでの優待配布など，NIU (Newspaper in University) 運動展開の工夫はいくらでもあるのではなかろうか．

　不購読理由や新聞のへ不満の上位には入っていなかったが，「新聞が大きすぎる（ブランケット判）」のも一考を要するだろう．他のコンパクトな媒体に慣れた若者たちにとって現在の新聞は大き過ぎると感じられ，また車内や飲食店などで開くには不便なことは確かだ．欧米ではタブロイド判など小型化が始まっている．タブロイド紙に対して「高級でない」という考えの強い欧米でさえそうなのだから，そうした先入観のない日本ではなおのこと検討に値するのではないだろうか．同時に，紙面の縦組み一辺倒を見直し，横組みの可能性を真剣に考えるべきだろう．

　必要性と信頼性　新聞にとって現代は未曾有の難局であり，深刻さはさらに深まるに違いない．そのとき新聞関係者が心していなければならないのは，「当面，部数が減るのは避けられない」ということだ．それはこれまでの分析で明らかである．そのことを覚悟していれば必要以上に悲観的になることはない．必要なことは，新聞に期待されている役割を実現できる力をどう維持するか，そのために部数の減少カーブをどうなだらかなものにし，部数をどこで安

定的なものにするか，ということを新聞社経営の第一の課題とすることだ．

　それは十分可能だ．多くの調査で新聞には現在も高い信頼感があり必要であると考えている人が多いという結果が出ている[16]．国民は明らかに新聞を生活のよりどころとし必要としているのである．しかしその猶予期間はそんなには長くはない．新聞界は前章までに述べられた言論報道面での問題とともに，上記のような販売面での課題解決に全力で取り組まなければ，「生き残りそのものが危うい」といえる．

(森　治郎)

注
1) 日本新聞協会調査によると2006年度は販売収入53.7％，広告収入30.3％．なお以下，とくにことわりがない限り新聞に関する統計的数字はすべて日本新聞協会の調査数字．近年の分については同協会ホームページから得られる．ホームページに掲載のないものは，各年の『日本新聞年鑑』資料編から引用した．
2) 日本は日刊紙の発行部数では中国に次いで世界第2位だが，成人人口1000人当たり部数は631.7部で500万部以上発行の国の中では2位イギリス385.3部以下を大きく引き離している（数字は『日本新聞年鑑』07-08版による）．
3)「読売新聞は1,000万部」「朝日新聞は800万部」などといわれるが，それは朝刊部数で，夕刊を入れるとさらに数百万部多くなる．
4) 内閣府「国民経済計算年報」および「国民所得統計速報」による．
5) 各年3月31日現在の住民基本台帳による．ただし1955年の世帯数のみ同年10月1日実施の国勢調査による．
6) 1955年以来毎年実施．サンプル数は1985年以来18,000〜30,000世帯．回収率は70〜80％．
7) 1996年6月5日，衆議院規制緩和特別委員会での金子晃・公取委再販問題検討小委員会座長の発言から．
8)「新聞の果たす役割と再販の意義─新聞再販がなぜ必要か」(2000年11月2日，日本新聞協会発表文書)．再販問題については『新聞経営』(2002年まで日本新聞協会が発行) 別冊の『新聞の公共性と再販』(1995年7月) 同② (同年12月) 同③ (1999年5月) が詳しい．
9) 2001年4月13日，日本新聞協会の新聞再販プロジェクトチームと公取委が懇談した席上，「当面」について公取委側は，①制度の廃止に関し国民的合意が形成されるまで，②著作物をめぐる業界，取引の新しい動きとして，たとえばイ

ンターネットなどの情報の形で流通するような取引形態が出現し，大きな割合をしめるようになったとき，③再販制度の弾力的な運用がまったく進展しなかったとき，の3つの視点から考えられるとした（『日本新聞年鑑』01-02年版 p.37）.
10) 1996年，2001年，2004年に実施．96年分結果は冊子として公表，01年と04年分は加盟新聞社などへの報告にとどまっている．
11) 朝日新聞社はかつて「e-デモクラシー」というサイトを設け，そこでの議論を適宜紙面で紹介していた．これは多くの声を集め徹底的に議論できるというインターネットの特性と新聞の公開性，情報編集機能をうまくマッチさせたものだった．
12) 1984年以来運営されている全国消費生活情報ネットワーク・システムに入力された相談件数のうち新聞販売・拡張にかかわるものは全体の2％強でワースト10の常連だったが，2001年以降は1％程度となりワースト10からは外れている（最近数年のデータは国民生活センターのホームページに掲載）．
13) 学校などで新聞を教材にして学習するシステム．アメリカで1930年代から始まり，世界に広がった．日本では日本新聞協会の関係組織である日本新聞教育文化財団が主導している．
14) 英国では2004年にインディペンデント，タイムズ紙が相次いでタブロイド化した．
15) 朝日新聞社元専務の中馬清福氏は『新聞は生き残れるか』（岩波新書，2003年），毎日新聞社元常務の河内孝氏は『新聞社　破綻したビジネスモデル』（新潮新書，2007年）で，部数減が不可避であること，そのことを前提にした対策が急務であると指摘している．新聞界の実情をよく知る立場にあっただけに重要な指摘である．
16) たとえば日本新聞協会が隔年に実施している「新聞の評価に関する読者調査」の2007年結果では「社会人になったら新聞は欠かせない」と思っている人は前回05年調査より4ポイント下がっているがそれでも65％あり，「ひとことでいって，現在の新聞は信頼できると思う」人は50.9％で前回より3ポイント近く増えている．また朝日新聞の「政治・社会意識調査」（08年3月実施）によると，新聞を「信用している」「ある程度信用している」は全世代平均91％（20代90％，30代91％）で，家族97％，天気予報92％に次ぎ，テレビ69％，警察63％，教師60％，政治家18％，官僚同，を大きく引き離していた．

参考文献

本文，注であげたもの以外に下記のものがとくに有用である．
電通総研編『情報メディア白書』各年版　ダイヤモンド社
インターネット協会監修『インターネット白書』各年版　インプレスR&D
日本新聞協会編『日本新聞協会50年史』（1996年）『同60年史』（2006年）同協会

桂敬一ら編『21世紀のマスコミ01「新聞」』大月書店　1997年
天野勝文・松岡新兒・植田康夫編著『新　現代マスコミ論のポイント』学文社　2004年
青木日照・湯川鶴章『ネットは新聞を殺すのか』NTT出版　2003年
藤竹暁編著『図説　日本のマスメディア　第二版』NHKブックス　2005年
湯浅正敏ら『メディア産業論』有斐閣　2006年
崎川洋光『新聞社販売局担当員日誌』日本評論社　2006年

キーワード
発行部数，年代別普及率，再販制度，戸別配達制度，特殊指定，押し紙・積み紙，値引き禁止の緩和，景品類提供禁止の緩和，不購読理由，新聞への不満点

XI 揺らぐ新聞経営の基盤 2
メディア間競争にあえぐ新聞広告

　もう一度前章の図X-1を見てみよう．広告収入は販売収入以上に落ち込みが激しい．もともと広告収入は不安定なものになりがちである．その原因として広告は販売よりはるかに景気変動の影響を受けやすく，1, 2の業種あるいは1, 2の大企業の動きによっても左右されることもある，ということが挙げられる．しかし，図に見るような連続的な下落は景気や企業の一時の"気まぐれ"によって起きているわけでないことは明らかだ．

　企業にとって広告は投資であり，その効果がなければ意味がない．そこから「最小出費の最大効果」が求められ，それを実現してくれるメディア選択に必死になる．最近の状況を仔細に点検してみれば，新聞広告はそうした選択の目から厳しい評価を受けていることが鮮明に浮かび上ってくる．

§1　下降線をたどり続ける新聞広告

　「日本の広告費」　このところ毎年2月は新聞広告の関係者にとって憂鬱な月である．広告会社最大手の電通が「日本の広告費」を発表し，そこで否応もなく新聞広告が置かれた状況を知らされるからである．表XI-1で見るように

表Ⅺ-1 2007年 日本の広告費

媒体別広告費

	広告費（億円）			構成比（％）		
	2005年 （17年）	2006年 （18年）	2007年 （19年）	2005年 （17年）	2006年 （18年）	2007年 （19年）
総広告費	68,235	69,399	70,191	100.0	100.0	100.0
マスコミ4媒体広告費	37,408	36,668	35,699	54.8	52.9	50.9
新　聞	10,377	9,986	9,462	15.2	14.4	13.5
雑　誌	4,842	4,777	4,585	7.1	6.9	6.5
ラジオ	1,778	1,744	1,671	2.6	2.6	2.4
テレビ	20,411	20,161	19,981	29.9	29.0	28.5
衛星メディア関連広告費	487	544	603	0.7	0.8	0.8
インターネット広告費	3,777	4,826	6,003	5.6	6.9	8.6
媒体費	2,808	3,630	4,591	4.2	5.2	6.5
広告制作費	969	1,196	1,412	1.4	1.7	2.0
プロモーションメディア広告費	26,563	27,361	27,886	38.9	39.4	39.7
屋　外	3,806	3,946	4,041	5.6	5.7	5.8
交　通	2,463	2,539	2,591	3.7	3.7	3.7
折　込	6,649	6,662	6,549	9.7	9.6	9.3
Ｄ　Ｍ	4,314	4,402	4,537	6.3	6.3	6.5
フリーペーパー・フリーマガジン	2,835	3,357	3,684	4.1	4.8	5.2
ＰＯＰ	1,782	1,845	1,886	2.6	2.6	2.7
電話帳	1,192	1,154	1,014	1.7	1.7	1.4
展示・映像他	3,522	3,456	3,584	5.2	5.0	5.1

出所）電通「2007（平成19年）日本の広告費」より

2007年に新聞広告のシェアは13.5％にまで落ちてしまった．

「日本の広告費」は，電通が前年1年間に日本国内で使われた広告費を，新聞，雑誌，テレビ，ラジオというマスコミ4媒体をはじめ衛星メディア関連，インターネット，プロモーションメディアの広告媒体料（広告料）と広告制作費について媒体社や広告制作会社の協力を得てデータを集め推定したものである．

　日本の高度経済成長の基点とされる1955年の総広告費は609億円だった．新聞広告費は337億円で全体の55％を占め，誕生してから2年のテレ

ビは1.5％でしかなかった．ところが1960年の新聞広告の比率は39％に落ち，テレビは22％に上昇していた．テレビはその後も急ピッチで比率を伸ばし，1975年，ついに比率が逆転した．その年の総広告費は1兆2375億円，新聞が4092億円で33％，テレビが4208億円で34％だった．

新聞はその後もテレビに侵食される形で比率を落とし，84年に30％を割り，2001年ついに20％台も切ってしまった[1)]．06年には15％を割っている．絶対額では1990年まで増え続けた．しかし，その後しばらく浮き沈みし01年以降減少の一途をたどり，06年には1兆円を割っている．前章の冒頭でも触れたように，景気が回復しても，新聞広告の減少は止まっていないのである．

<u>主力業種は軒並み減少</u>　その「減少の構造」を，1997年と2007年の新聞広告状況から見てみよう．97年はその前後数年間でもっとも活況をみせた年だった．表XI-2は97年に新聞広告のベスト10を占めていた各業種が2007年にどうなっているかを示している．10業種すべて減っている．中でも自動車・関連品，案内・その他，不動産・住宅設備，出版広告の落ち込みが激しい．

自動車・関連品は，マスコミ4媒体すべてが減少しているが，新聞は全減少

表 XI-2　新聞広告費にみる業種別広告費の推移

業　種	広告費(千万円)		減少率(％)
	1997年	2007年	
交通・レジャー	16,065	15,435	▲ 3.9
出版	13,366	9,307	▲31.4
自動車・関連品	12,210	3,883	▲61.2
案内・その他	11,951	7,670	▲35.8
不動産・住宅設備	10,282	5,363	▲47.8
流通・小売業	10,308	9,045	▲12.3
金融・保険	8,354	6,426	▲23.1
情報・通信	7,454	6,859	▲ 8.0
教育・医療サービス・宗教	7,203	5,221	▲27.5
飲料・嗜好品	4,126	2,776	▲32.7

出所) 電通「2007 (平成19年) 日本の広告費」より

額の80％近くをかぶっている．それは国内販売台数の低迷，インターネットの台頭などメディアの多様化が大きな原因として挙げられるとともに，ユーザーの好みに合わせての車種の細分化が新聞による大々的キャンペーンにそぐわなくなっている，ことにもよるだろう．そのことはビールやパソコンなどの商品にもいえることだ．時代は少品種大量生産から多品種少量生産の時代に入っているのである．

　出版の広告費減少の大きな理由は，いうまでもなく書籍の低迷や雑誌の不調などいわゆる出版不況が影を落としている．案内・その他は，テレビも及ばない新聞の独壇場だったが，後述のようにインターネット上の広告や情報に代替されることが多くなっている．

　不動産広告ではゼネコンやディベロッパーなどの間で大規模な物件は大物タレントを起用してテレビで派手に宣伝してネットへ誘うという手法が多くなっており，他媒体にかけられる予算は少なくなる傾向があり，中規模以下の物件はチラシやフリーペーパーに流れている．広告主が効率を追求してエリアを限定しているためだ．ハウスメーカーなどによる上物（建物）建設は，市場自体が伸び悩んでいることが影響している．

　一方，食品，化粧品・トイレタリー，外食・各種サービスは絶対額が増え，流通・小売業はマス4媒体の中での比率は増えているのが，新聞界にとってのわずかな"慰め"になっている．

　甘かった見通し　1990年代の後半，当時，日本新聞協会の中にあった新聞研究所が新聞各社のメディア戦略・開発担当者やメディア学者たちをメンバーに「近未来の新聞像研究会」を組織し，2005年を想定して新聞メディア像を探ったことがある．その検討の資料にするため1997年6〜7月に新聞協会加盟社の経営責任者から次長・キャップクラスまでを対象に「近未来の新聞像に関するアンケート」を実施した[2]．

　その質問項目の中に「2005年ごろの新聞広告の状況を想定して，広告費に占める新聞広告費のシェアは，①拡大している，②やや拡大している，③現

状と変わらない，④やや縮小している，⑤縮小している，⑥わからない，のどれと思うか」があった．回答結果は，①6.2%，②21.1%，③27.2%，④35.6%，⑤5.9%，⑥4.0%，だった．結果は先に見たように「縮小している」のである．

「やや縮小している」という回答も甘かったとすると，その後の厳しい状況を予測していたのは6%に過ぎなかったということになる．前述のように広告費に占める新聞広告のシェアは1955年以来毎年落ちていた．しかし日本経済の成長によって広告費の総額は増え続け，その結果，新聞広告の絶対額も増えたことによってシェアの低下を覆い隠していた．そのため事情を仔細に知る広告関係者を除いて"甘い"予測をしていたのである．さらに新聞業界全体として，新聞の広告媒体力と広告システムを信じ，インターネットの広告力とそれによって増幅された「時代の風」の風圧を過少に見てしまっていたのである．

§2　新聞広告のシステム

　紙面の広告スペース　　新聞広告の構造は基本的には新聞が誕生したころからあまり変わっていない．広告収入は基本的には本紙と「別刷り」と呼ばれる特集ページへの掲載によって得られる．そこに掲載される広告は大きさや紙面の位置によって「雑報広告」と「記事下広告」に区別される（図XI-1）．

「雑報広告」は記事の中に設けられたスペースで，位置によって「題字下（横）」「突き出し」「記事中（へそ）」「挟み込み」などがある．

記事下広告は文字通り記事の下に掲載されるもので，基本段数としては1，2，3，5，7，10，15段があり，2，3，5段についてはその段数全部を使う全段だけでなくその段数を縦に2分の1に分割する半段も日常的に掲載されている．人事募集や案内広告などでは天地2段で左右を3分の1，4分の1，6分の1などに分割して使うこともある．また，朝刊1面の記事下広告は書籍広告であることが多く，天地3段で縦を6つあるいは8つに分割した出版規格広告も存在する．前者を「三6つ（さんむつ）」，後者を「三8つ（さんやつ）」などといい，

図 XI-1　新聞広告の種類

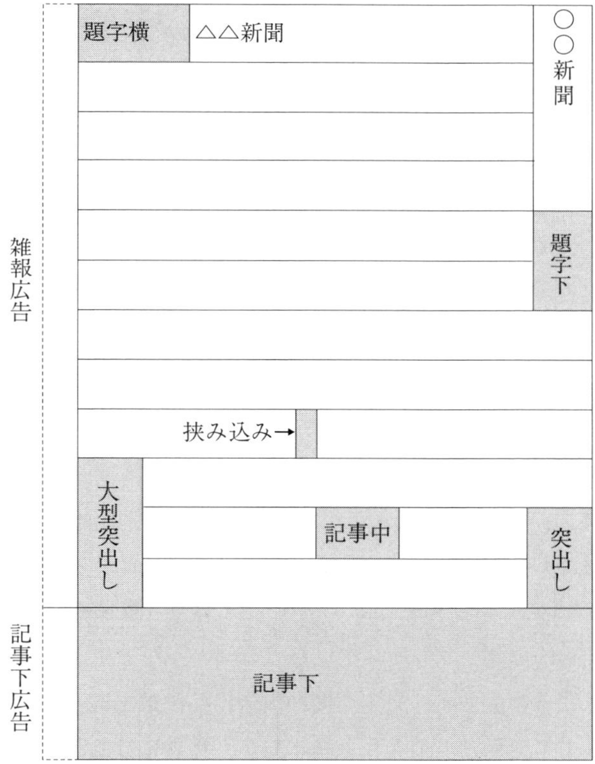

```
雑報広告
  題字横 | △△新聞                        ○○新聞
                                         題字下
                 挟み込み→
  大型突出し        記事中           突出し
記事下広告
         記事下
```

新聞広告の象徴的存在になっている．15段（全面）広告は厳密には「記事の下」ではないが，記事下広告に分類されている．また記事下広告の特殊なものとして案内広告や死亡広告など1段×1センチあるいは1行をベースに料金を設定したものもある．

　以上が基本形だが，縦長やL字形，正方形などの変形広告も多くなっている．また大型サイズの広告では1ページにとどまらず左右のページを連結したもの（2連版）や，それ以上のページ数を使ってのキャンペーン的な広告もある．

　広告の種類　新聞社や広告会社では広告の目的によって以下のような分類

をしており，ほぼ業界に共通の「言葉」になっている．

営業広告＝新聞広告の主流で，商品やイベント，映画演劇などの広告や企業のイメージを伝えるための広告．

案内広告＝案内欄と呼ばれる場所にまとめて掲載される行単位の広告．内容は不動産，求人，映画，演劇などが多い．

求人広告＝求人のための広告で1～数段で数種類の規格サイズがある．内容は案内広告に似ているが，1行単位でないのが大きな違い．

臨時もの広告＝死亡広告，災害時の見舞いお礼広告，各種のお詫び広告など．

法定公告＝決算や企業の増減資，株式譲渡停止などの商法で定められた公告．

選挙広告＝政党広告と候補個人の広告がある．公職選挙法で大きさや掲載回数などが規定されている．

広告料金の設定　新聞広告の料金は一般に，①部数，読者層などその新聞の広告媒体力，②広告の大きさ，③掲載の範囲（全国通しや地域限定など），④掲載面（面によって料金は異なる．社会面やスポーツ面，ラジオテレビ面など読者の閲読率の高いところは料金も高い），⑤掲載時期（週末や日を指定する場合は割り増し料金を適用），⑥モノクロかカラーか，などによって決められ，さらにそのときだけの広告か，一定期間の広告出稿段数をあらかじめ契約しているか，によっても変わる．前者には基本料金，後者にはそれより割安の契約料金が適用される．契約の期間は6カ月が多く，料金は出稿段数が多いほど1段分の料金が下がるという逓減制が採用されている．たとえば，全国紙の場合，その期間に「500段以上」の出稿を約束すると「1段以上3段未満」より35～40％程度安く設定されている．[4)]

具体的に広告料はどれぐらいになるのか．「1回限りの広告主」なら，たとえば発行部数1002万部の読売新聞朝刊に全国通しで全面広告を出すと4800万円近い額となる．東京本社管内を対象に案内（人事募集）広告を出すと1行1万9000円．いわゆるブロック紙・県紙クラスでは119万部の北海道新聞は全道通しで全面広告739万5,000円，案内広告は1行1万100円となっている．

部数56万部の神戸新聞はそれぞれ405万円と7300円，49万部の信濃毎日新聞の場合は339万円と6800円，31万部の愛媛新聞は268万5千円と3900円，などとなっている．[5] 実際には多くの新聞社で逓減制とは別にかなりの値引きが行われているというのが「常識」だが，どの程度かは新聞社の実力によってかなり違っているようだ．

広告代理店とは 新聞社の広告の大半は広告代理店を通じて集められている．新聞社の広告担当セクションが直接クライアントにセールスする場合もあるが，その場合でも，最終的には広告代理店を通して契約するケースがほとんどである．

それでは広告代理店は新聞社と広告主のどちらの「代理」なのか．広告代理店はもともと新聞社など媒体社のために広告枠をセールスするというところからスタートし，「媒体社の代理」という位置づけだった．ところが1950年代の終わりごろから，社会全体の企業活動が活発になることによって広告出稿量が増大し，大手の広告代理店が広告主の広告・宣伝活動の戦略策定から実行までを引き受けるというAE（アカウントエグゼクティブ）制を導入し，その結果，広告主の立場に立って広告を出稿するという側面が強くなった．

また広告制作，プロモーション企画，イベント，マーケティングリサーチ，ブランド開発，さらに販売・経営戦略への参画にまで業務領域を拡大している．その結果，広告主と媒体社両方を向くことが多くなり，「媒体社の代理」というよりは「両方の代理」と考えるほうが妥当な存在になってきた．そうしたことによって，「広告代理店」ではなく「広告会社」と呼ぶほうがふさわしい企業が多くなってきている．現在では「広告会社」と呼ぶのが一般的である．

建前と実際 以上のように広告会社はどちらの代理ともいえない存在になっているが，建前の上ではなお「媒体社の代理」の面を強く残している．現在は経理処理の効率化のために広告代理店が広告主から広告料を受け取り，事前に契約した手数料を差し引いて媒体社に渡しているが，[6] あくまでも広告主から広告料を受け取るのは媒体社であり，媒体社はそこから広告代理店に手数料

を支払っていることになっている．しかも，広告代理店は媒体社に手形ではなく現金で銀行振込みをするというのが通常であり，そこにもかつての関係が投影している．

なお海外の広告エージェンシーは，媒体社の担当である「メディア・エージェンシー」と，広告主の側に立つ「クリエイティブ・エージェンシー」に分かれているため，日本の広告会社のように両方を担当する「総合広告会社」はあまりない．そうした方式に慣れた外資系クライアントから媒体広告料と手数料の内訳明示を要求されることが多くなり，それに対応するにしたがって広告業界全体に手数料は「媒体社からの戻し」というような意識が薄れてきている，といえる．

§3　インターネットという嵐

新聞社が育んだ　以上のようなマスコミ4媒体を中心に長く続いた日本の"広告秩序"に1995年，激動の芽がもたらされた．インターネットサービスの開始である．その年，朝日・読売・毎日新聞社など10社以上の新聞社がホームページを立ち上げ，サービスを開始した．翌年には60社近く，翌々年には日本新聞協会加盟新聞社・通信社の大半がホームページを立ち上げていた．それらのホームページのサービスの核となったコンテンツは「ニュース」で，広告についてはバナー（横断幕）と名づけられた横長の比較的大きな広告あるいは小さな広告ボタンをいくつか置くだけであまり積極的には開発されなかった．

日本でインターネット広告を開発し推進したのは，96年4月スタートのヤフージャパン，97年5月に開設された楽天市場，あるいは2000年11月に日本でサービスを開始したアマゾンなど"後発組"だった．新聞社・通信社系のサイトがかなり長い間自社コンテンツにこだわったのに対し，それらのサイトは自社他社のさまざまなコンテンツへの「入り口」となるポータルサイトを目指し，巨大なサイバー空間を作り上げた．そしてその広いマーケットを生かす形の広告手法を次々と開発し，その手法が他のサイトにも広がった．新聞社・

通信社サイトはいち早くインターネットサービスに着手したにもかかわらず，結果としてその広告果実をあまり手にすることができていないのである．それどころか，自ら先鞭をつけたインターネットによって苦境を強いられるという皮肉な結果が生まれている．

　多彩な広告手法　インターネットによる広告世界への影響は，まずその量的な拡大にある．

　インターネット広告が「日本の広告費」に初めて登場したのは1996年のことだった．金額は広告制作費を含めて16億円．広告費全体の0.028％である．それが2007年には6003億円，全広告費の8.6％に達している．04年にはラジオを，05年には雑誌を追い抜いている．もちろんインターネットが独自に生み出した広告需要もあるが，かなりの部分は新聞を含む既存の広告媒体から広告を"剥ぎ取った"結果といえる．それを可能にしたのはインターネット広告の多様な展開手法と料金システムである．

　インターネットの大きな特徴は，文字や音声，画像といった異なる表現形態を自在に組み合わせる「マルチメディア性」と，送り手と受け手がリアルタイムで交信できる「インタラクティブ性」といえる．その機能がネットワークと端末機器の日進月歩の進化により，「速さ」「安さ」「コンテンツの質」を急速に向上させた．そのことはインターネット広告にもあてはまる．

　インターネット上で展開される広告は一般的に以下のように分類されている．[7]

　① ウェブ広告＝インターネット広告の中でもっとも一般的なタイプで，ウェブのページ上に表示される．「定型」「定形外」があり，「定型」は新聞の記事下広告や雑報広告に似て常に定位置にあり，その形によってバナー（「横断幕」＝横長），スカイスクレーパー（「摩天楼」＝縦長），レクタングル（「矩形」）広告などがある．「定形外」とされるものは，バナーにマウスをあわせたときにバナーが大きくなるエキスパンド広告，ある特定のウェブページを開いた時に自動的に一番手前に表示されるポップアップ広告などである．

　② ストリーミング広告＝ページ上に動画などを配信する方法によって表示

される広告.

　③リスティング広告＝キーワードに連携して表示される広告で，あるキーワードを検索したときにその結果を表示する画面に関係した広告が表示する検索連動型と，あるサイトを呼び出したときそれに関係する広告が表示されるコンテンツ連動型がある.

　④メール広告＝メールマガジンに挿入されたり事前に広告メールの配信を許諾したユーザーにメールの形で配信される広告.

　⑤モバイル広告＝携帯電話のブラウザー機能やメール機能を用いて配信される広告.

　以上の中で，最近とくに注目されているのがリスティング広告だ．ユーザーの関心に連動しているため，商品の購買や申し込みにつながりやすいからである．

　瞬時にコンテンツやキーワードに関係した広告を送り出すマッチング機能を作り上げているのがインターネットの高速通信とデータベース構築能力だ．グーグルなどの検索サイトは常時世界中のサイトを巡回してデータを集め，ユーザーが検索語を入力すると瞬時にマッチングさせて表示している．オンラインショッピングでは，「この商品を買った人は，こういうものも買っています」という表示がつきものだが，それもマッチングのひとつである．

　またサイト利用登録や懸賞などの応募の際に集めた性別，年齢，居住地域などのデータによって広告を送ったり（属性広告），ユーザーがどの記事を読んでいるかという記録に基づいた広告配信も可能だ（行動対応広告）．たとえば，教育のページをよく読んでいる人に私立中学校の案内や塾などの広告を送れば，一般的な広告よりもかなり高い広告効果が得られることになる．それらはインターネットが持つ強力なデータベース機能の発揮によるものだ．

　もちろんそうした広告手法はインターネットに共通の個人情報漏洩の危険性を持っている．また自己のサイトを検索画面の上位に置いてもらうために特別料金を支払うケースもあり，検索画面の上位にあるものが検索者のキーワードにもっともフィットしたものでないこともある．利用者は十分な注意をしなけ

ればならないことはいうまでもない.

きめ細かな料金システム　料金制度もインターネット独自の契約システムが数多く生まれている．代表的なタイプとして以下のものがある[8]．

① インプレッション保証型＝ページ上の同一の場所で複数の広告をローテーションさせる表示方法で，表示回数ごとに単価が契約される．

② 期間保証型＝ある特定の期間を指定して広告を掲載する契約．

③ クリック保証型＝クリック数を保証した契約で，期間中に保証されたクリック数に到達しない場合は期間を延長することもある．

④ 成果報酬型＝実際に広告のリンク先にある広告主のサイトで商品の販売実績があった場合，それをベースに料金を支払う契約．

以上の料金制度は単独で適用するのでなしに，組み合わせて適用することも可能となっている．

広告主のニーズにフィット　インターネット広告全般についてまずいえることは，広告サイトを自由に選んだりリスティング広告をすることによってターゲットをピンポイント的に絞ることができ，それによって広告費を節約できるということである．さらに予算に応じて広告の送出回数，掲載期間，クリック数を自由に決めることができるという長所もある．

広告主にとって，さらに魅力的なことがある．それは「広告効率が数字ではっきり出る」ということである．たとえばクリック率（CTR＝Click Through Rate）という指標がある．これを見ればある回数送出された広告がどの程度クリックされたかが一目瞭然だ．広告総額をクリック数で割った投資回収率（ROI＝Return on Investment）もすぐ出てくる．また成功報酬型（アフィリエイト型ともいわれる）広告は「投資の無駄」が少なくなることを意味する．

そうしたインターネット広告の特質は，結果として1990年代以降の広告事情の変化にぴったりと一致し，またその変化をさらに増幅している．

効率性重視の風に乗る　かつての広告は企業全体のイメージを上げるということが重要な目的であり，宣伝部や広告部が全社の宣伝・広告を展開してい

た．ところが，最近ではその商品を扱う事業部が広告も含めた予算を運用するようになり，時間をかけてのブランド構築より即効的な広告効果，効率性を重視するようになった．企業の利潤拡大意欲（必要性）が強まれば強まるほど，その利潤拡大に責任を持つ部署がプロモーションについても責任と権限を持つことになるのは当然の成り行きだ．1990年代半ばからそうしたことに基づく広告のシフト現象が起きていたのである．

さらに各企業とも広告予算に対する社内の目が厳しくなり，「その広告を打って具体的にどれだけの効果があるのか」が厳しく問われるようになった．それを説得するための具体的材料が必要になっている．その材料として「数字」がまず挙げられることになる．

インターネットの出現が，そうした数字や効率を求める広告主に強力なツールを与えることになった．ターゲットを絞った広告についてのニーズはもともとあったが，それを実現する手段が少なかった．チラシや専門雑誌では読者範囲が狭いという難点があった．ところがフリーペーパーやインターネットといったターゲットを絞った広告を打つことのできるマス的な媒体が誕生した．しかもターゲットを絞っている分，コストが安くすむ．そうしたところにインターネット広告やフリーペーパー広告が大きく伸びている理由がある．

広告変じて無料情報に　インターネットの影響は，直接広告を"奪い取る"だけではない．これまでなら広告の対象になったものを，無料の情報として流すことによって，広告量を減少させることにもなっている．

そのひとつが商法上の法定公告のインターネット利用解禁である．かつて商法では企業は毎期ごとに決算を新聞紙上などで公告しなければならないことになっていた．ところが2002年4月の商法改正で，ホームページでも決算公告することができることになったのである．多くの企業はまだ新聞とインターネットを併用しているが，新聞での公告をやめるところが徐々に多くなってきている．

また04年6月の改正で新株発行・増資，臨時株主総会の開催，合併などの

公告もインターネットでの開示が認められるようになった．

一方，住宅金融公庫（現・住宅金融支援機構）の優良物件住宅などの募集広告を載せる媒体として03年4月から新聞に加えてインターネットでの掲載が認められるようになった．

新聞界にとってさらに大きな衝撃は，行政による求人情報のインターネットでの公開だ．1999年11月にハローワークの求人情報を公開する「ハローワークインターネット」がスタートした．01年8月には厚生労働省の主導で「しごと情報ネット」サービスが開始された．これはインターネットを通じて，民間の職業紹介会社，求人情報提供会社，ハローワーク等が保有する求人情報を検索し，それぞれの機関にアクセスしやすくすることによって，仕事探しを支援する仕組み．またハローワークの情報は同時に「ハローワークインターネット」によって全国の求職者に提供されている．

インターネットによる求人情報の提供について，民間の事業関係者の間では「官による民業圧迫」との懸念が強く，日本新聞協会も構想の段階から「求人案内広告への影響が大きい」とし，とくにインターネットで求人企業まで公表された場合は，案内広告にかかわる企業が壊滅的打撃を受ける，として強く反対したが，結局は実施され，サービスは拡大している．

映画，演劇，博物館，美術館なども自前のサイトを持って情報を発信している．当然，新聞の案内広告への依存度が減っている．

そうしたインターネットによる情報提供によって，新聞は案内求人がさらに減ることを覚悟しなければならなくなっているのである．そうした流れがユーザーにとって有益であるだけに，新聞界がそれに抵抗することは不可能だ．自身で新しい流れ（サービス）を作るしかない．

§4　新聞広告の活路

信頼でき，役に立つメディア　　新聞界は広告下降線を押しとどめるのに必死だ．広告担当部門に直接広告主を開拓する部門を設けたり，料金体系の見直

し，カラーをはじめとした印刷品質の向上を図るなどさまざまな対策を打ち出している．その一方，広告関係者が一様に口にするのは，「最終的には新聞が読者にどの程度熱心に読まれ，支持されるか，にかかっている」ということである．

その点で新聞はどうか．日本新聞協会は新聞の広告媒体力を検証し，広告主にそのデータを提供するために2001年から隔年に「全国メディア接触・評価調査」を実施している[9]．

各年の調査結果をみると，新聞はテレビと並んで9割以上の人が接しているメディアであり，「情報源として欠かせない」「社会に対する影響力がある」など社会性を示す項目や「日常生活に役立つ」「教養を高めるのに役立つ」などの実用性を示す項目でもっとも高い評価を得ていることが分かる．新聞は今もなお生き残りに必要な"最低限"の支持を得ているとみていいだろう．

それでは広告媒体としてどうなのか．調査では新聞，テレビ，ラジオ，雑誌，インターネットの広告やＣＭがどのようなイメージで受け止められているか，について聞いている．表XI-3は2007年の結果である．他のメディアに比べて「信頼できる」「企業の姿勢や考え方が伝わってくる」「注意してみることが多い」「役に立つ広告が多い」「内容が公平・正確」というイメージを強く持たれていることが分かる．それらは記事面へのイメージと重なる．したがって記事面のイメージが広告にとっても大切な要素であることが裏付けられるのだが，それらは新聞広告自体が長年かかって築き上げてきたイメージであることも間違いない．

広告媒体力復活に王道はない．ここでも地道に自らの強いところを伸ばし，弱い点を是正していくしかない．インターネット広告へのシフトには新しいものへの過度の期待と「バスに乗り遅れる」的な心理に基づく面もある．広告会社の中には，「クライアントの間で効率偏重の風潮に反省の気運が生まれている」と指摘し，「その広告効率を高めるのは結局は企業，商品の信頼性や伝統といったブランド力であり，そうしたブランド力を高める媒体としての新聞の存在に目が戻りつつある」という見方も出てきている．風向きはまた変わるかもしれない．

表XI-3 各メディアへのイメージ

(単位：%)

	新聞広告	テレビCM	ラジオCM	雑誌広告	インターネット広告
情報が信頼できるのは	43.9	33.7	9.0	6.3	6.6
企業の姿勢や考え方が伝わってくるのは	36.4	26.2	4.6	8.4	16.4
内容が公平・正確なのは	26.3	16.1	3.3	4.4	7.9
必要な情報を改めて確認できるのは	25.3	10.0	1.8	10.7	39.8
注意してみることが多いのは	30.9	27.4	2.0	8.4	14.6
役に立つ広告が多いのは	26.6	19.8	2.7	9.6	18.6
情報が分かりやすく伝わるのは	27.1	48.8	6.3	11.2	21.5
新しい商品やサービスを知ることができるのは	28.9	59.3	8.8	19.0	32.2
商品やサービスの内容を詳しく知ることができるのは	24.3	22.0	3.3	15.6	34.5
セールスポイントが整理され伝わるのは	20.9	34.0	6.7	12.2	16.2
知りたい情報が必要十分に得られるのは	16.0	14.7	2.1	9.1	39.6
他の商品やサービスと比較できるのは	15.4	15.1	1.5	11.7	31.2
印象に残る広告が多いのは	15.4	57.3	4.5	8.1	7.5
親しみがもてる広告が多いのは	14.8	43.8	5.3	8.1	7.5
ホームページアクセスするのに便利なのは	14.3	26.2	2.6	8.0	22.0
楽しい広告が多いのは	8.7	57.2	6.2	9.4	10.6

注）アミ地紋がかかっているのはその項目トップのメディア．インターネット広告は，調査ではパソコンによるものと携帯電話によるものは別だったが，ここでは数字を合計した．
出所）「全国メディア接触・評価調査」2007年の結果

"ライバル"の取り込みを　さらに大きな課題がある．メディア企業体としてインターネットとフリーペーパーをどう位置づけるかである．広告メディアとしてそれぞれを単独で考えた場合，新聞にとってライバルであることは間違いない．しかしそれらを敵視していたのでは新聞広告そして新聞そのものの展望は開けない．新聞を含んだメディア企業体という立場に立てば，それらに対する別の見方が出てくる．

先に述べたように新聞社はインターネットサービスに先鞭をつけ，現在も有力なサイトを持っている．そうした歴史とノウハウ，信頼性を生かし，まず自社サイトのポータル化を急ぐ必要がある．そしてそれを窓口に「主力商品」である新聞とインターネット世界全体を結びつけるビジネスモデルの確立が急務だ．

　フリーペーパーも今後さらに広告を取り込んで規模を大きくしていくことだろう．それを新聞界の外に置けば，新聞社の広告収入はどんどんやせるばかりだ．フリーペーパーには広告によって成り立っているものと，新聞社や新聞販売店の販売促進費用によって成り立っているものがある．実は新聞社は最大のフリーペーパー発行体だが，発行しているものの多くは後者だ[10]．今後は前者への取り組みを強めることが必要だろう．そのことによって，広告の流出をとどめ，また従来の大部数かつ有料の新聞ではとらえられなかった新しい広告分野を獲得することが可能だからである．

（森　治郎）

注
1）『日本新聞協会 60 年史』（2006 年 11 月発行）によればシェア 20 ％は「新聞広告の喫水線とも生命線ともいわれた」（p.36）という．
2）アンケート結果は近未来の新聞像研究会報告書『デジタル情報時代　新聞の挑戦―ジャーナリズムは生き残れるか』（1998 年 2 月，日本新聞協会発行）に掲載されている．
3）日本の日刊新聞のほとんどは長い間 1 面 15 段制を採用してきた．ところが近年相次ぐ文字拡大によって従来の 1 段では 1 行の字数が少なくなりすぎ，読みづらくなったため，2008 年 3 月に読売新聞，朝日新聞などが 12 段制に変更した．しかし広告については各社の足並みがそろわないと 12 段制への移行が困難なため，広告段数の扱いは料金を含めて 15 段制のままとなっている．「5 段」といった場合，12 段制での 5 段ではなく 15 段制での 5 段を意味する．
4）日本広告業協会『新聞広告料金表　2008 上期版』から算出．
5）日本広告業協会『新聞広告料金表　2008 上期版』から．いずれも基本料金で消費税込．各社の発行部数は日本 ABC 協会『月別レポート』2008 年 4 月部数の概数．
6）公正取引委員会「広告業界の取引実態に関する調査報告書」によると，記事下

広告は15％，雑報広告は20％が通常という（p.33．同報告書は2005年11月発行，同委員会ホームページから入手できる）．
7）分類は前掲「広告業界の取引実態に関する調査報告書」（p.43）による．
8）分類は前掲「広告業界の取引実態に関する調査報告書」（p.45）による．
9）毎回の調査結果は日本新聞協会ホームページ
（http://www.pressnet.or.jp/adarc/data/index.html）に掲載されている．
10）『日本のフリーペーパー2006』（日本生活情報紙協会発行）によると，同年2月時点でのフリーペーパー総部数は約3億部．一方，同協会と早稲田大学メディア文化研究所共同の調査（調査期間2007年2～8月）によると，全国の新聞社や販売店が発行しているフリーペーパーの総部数は1億1,200万部に達している．その報告書は同協会で販売（頒価2万円）．その簡単なまとめは同協会ホームページに掲載されている．

参考文献
本文，注であげたもの以外に下記のものがとくに有用である．
電通総研編『情報メディア白書』各年版　ダイヤモンド社
インターネット協会監修『インターネット白書』各年版　インプレスR&D
桂敬一ら編『21世紀のマスコミ03「広告」』大月書店　1997年
天野勝文・松岡新兒・植田康夫編著『新　現代マスコミ論のポイント』学文社　2004年
青木日照・湯川鶴章『ネットは新聞を殺すのか』NTT出版　2003年
中馬清福『新聞は生き残れるか』岩波書店　2003年
藤竹暁編著『図説　日本のマスメディア　第二版』NHK出版　2005年
湯浅正敏ら『メディア産業論』有斐閣　2006年
波田浩之『図解でわかる広告入門』日本能率協会マネジメントセンター　2006年
藤原治『広告会社は変われるか』ダイヤモンド社　2007年
河内孝『新聞社　破綻したビジネスモデル』新潮社　2007年

キーワード
景気との乖離，日本の広告費，マスコミ4媒体，広告料金の設定，広告会社・広告代理店，インターネット，フリーペーパー，リスティング広告，広告の無料情報化，全国メディア接触・評価調査

XII メディア・イノベーションの衝撃

§1 新聞を支えてきたビジネスモデルとその破綻

　新聞というメディアを支えてきたビジネスモデルが，情報のデジタル化によってうまく機能しなくなったことが，そのまま現在の新聞産業の苦境を招いている．最初に，この点を簡単に整理しておこう．

　パッケージ・メディアと記事のばら売り　　新聞は，一般紙の場合，一定の大きさの紙に政治，経済，国際，社会，スポーツ，学芸，ラテ欄などあらゆるニュースが，一定の価値観の元に配列され，印刷された総合ニュース紙である．面ごとの閲読率は，各種の読者調査で明らかなように，ラテ（ラジオテレビ）欄がダントツに高く，次いで社会面，天気予報，政治面，スポーツ面，地方版などとなっている．新聞は製作費用のあまりかからないラテ欄で多くの読者を獲得しながら，政治・経済・社会などの主要記事作成に多大の取材費を投入してきた．紙のパッケージ・メディアが，大部数で可能になった広告収入とあいまって，新聞ジャーナリズムを商業的に保証してきたのである．

　オンラインニュースになると，記事は読売新聞，朝日新聞，日本経済新聞など，

XII メディア・イノベーションの衝撃　209

各メディア（ブランド）とは離れて，記事1本ごとに読まれるようになる．グーグルニュースでは，同じ記事がメディア横断的に，コンピュータ・アルゴリズムによって自動編集されて提供されている．ニュースは現在，ほとんど無料で提供されているが，いってみれば，記事1本1本が「ばら売り」されるわけである．

　読者はもはやメディアにさしたる関心を持たず，記事のみに興味を示す．コンピュータが得意とするカスタマイズ化，パーソナライズ化は，関心のあるジャンルに限って情報を入手することを可能にしたし，そのようにニュースを閲覧，視聴している若者が増えている．

　読売新聞社が自社のオンラインニュースの見出しを無断で配信した神戸のIT企業を著作権侵害などで訴えた訴訟は，見出しのあり方も情報のデジタル化で大きく変容していることを物語っている[1]．

　戸別配達とオンライン配信　これも一般紙の場合，販売店網を全国津々浦々に張り巡らし，各戸に直接配達することで大量部数を獲得してきた（ここが，書店店頭で販売される書籍と大きく違う点である）．戸別配達網の発達こそ新聞が大量部数を維持できた要因だった．この戸別配達制度そのものが，いま大きな試練に立たされている[2]．新聞社ごとに配達網を維持することが人件費高騰や従業員不足などから難しくなっているのである[3]．

　かつては若いときは新聞をとらなくても，社会の中堅になり，組織の管理職になれば自宅で購読，出勤前にニュースに目を通すというのが日本人の平均的な姿だった．今では若いときのまま新聞をとらなくなる傾向が見られるし，新聞社が配信するオンラインニュースですますケースも増えてきた．ウェブ上の音声や映像を自由にダウンロードできるポッドキャスティングの普及で，音声ニュースを情報端末に移して，出勤途中の電車内で聞く若いビジネスマンもいる．

　記者クラブ・再販売価格維持制度と特権への風当たり　取材拠点として全国の役所，企業，労働組合などの大組織に記者クラブが配置され，記者同士の

親睦にも利用されてきた．再販売価格維持制度など，ジャーナリズム機能を保障するための社会的優遇措置も少なくない．

しかし，誰もが情報発信できるようになると，既存マスメディアが独占してきた特権への風当たりは強くなる．その最たるものが，なぜ一部のメディアだけが国や地方自治体の施設内に特別の部屋をあてがわれ，取材の便宜を得ているのか，という記者クラブへの批判である．田中康夫・長野県知事（当時）の「脱・記者クラブ」宣言がその典型で，彼は「須（すべから）く表現活動とは，一人ひとりの個人に立脚すべきなのだ．責任有る言論社会の，それは基本である」と述べた．公正取引委員会の再販売価格維持制度見直し論議も，マスメディアの特権的地位に対する批判に基づいている．

「社会の木鐸」と「草の根ジャーナリズム」　新聞は長い間，ジャーナリズムの雄を自負してきた．そこで働く記者たちは「社会の木鐸」（「世人を覚醒し，教え導く人」広辞苑）としての矜持を持ち，同時に，社会からも一定の期待を持たれてきた．国民の「知る権利」を背景に，権力に向かって「表現の自由」「報道の自由」を行使し，公正な報道と権力監視を通じて，民主主義社会の実現に寄与することを目指してきたといっていい．

ところが，誰もがブログ，SNS (Social Networking Service) など簡略な情報発信手段を持ったことで，「日々の記録」という意味でのジャーナリズムは，その担い手の裾野を大きく広げた．JanJanやオーマイニュース (OMN) といった組織的なオンライン・ジャーナリズムの試みや，ブログを拠点にした「草の根ジャーナリズム」など，いずれもまだ発展途上ではあるが，今後はより大きな役割を果たすことになるだろう．

マス・マーケティングとバズ・マーケティング　新聞産業の経営基盤としての販売，および広告については第X・XI章に譲る．1955年から1974年まで続いた日本経済の高度成長下において，新聞は販売収入，広告収入双方で右肩上がりの成長をしてきたが，これは，新聞がテレビと並んでマス・マーケティングの格好の媒体だったことを示している．

そのマーケティングのあり方が，インターネットでがらりと変わり始めた．インターネットの検索結果を表示するページの隅に掲載される小さな文字広告（検索，あるいはクリック連動型広告）は，ユーザーが入力したキーワードに関連する広告を当の検索ページに掲示してくれるので，ターゲットを絞り込むことができるうえに，1件当たりの広告料がきわめて安いから，中小企業でも，個人でも，広告主になれる[6]．

また，人びとが商品を買う誘引が，マス広告ではなくクチコミに変わってきた．誰かが使ってみて「これ素晴らしかった」とブログやSNSで書くと，それらはキーワードでリンクされて，あっという間に広まっていく．この種のマーケティングを，業界用語では，バイラル・マーケティングとかバズ・マーケティングと呼ぶ．バイラル（Viral）は「ウイルスの」という意味で，発信された情報が，ウイルスの自己増殖のように，メールやブログなどで伝わっていく．バズ（buzz）はハチの羽音のような音で，要はクチコミが大切だということである．

人びとはもはやマスメディアを介在させず，直接つながるようになり，マーケティングのあり方も変わらざるを得ない．マス・マーケティングに乗って拡大してきたマスメディアの広告が打撃を受けているのは当然ともいえよう．雑誌『広告批評』が2009年4月をもって休刊するのも象徴的である[7]．

§2　危機の本質と「総メディア社会」

メディアに注目すれば，現代社会はマスメディアとパーソナルメディアが錯綜する「総メディア社会」だというのが筆者の見方である[8]．新聞，テレビ，書籍などのマスメディアが読者，視聴者などの受け手に一方的にメッセージを伝えていた「マスメディアの時代」はすでに終わりつつあり，新聞はこの大きな流れの中で苦闘しているといっていい．このことをはっきりと認識しておかなくてはならない．

総メディア社会　図XII-1が「総メディア社会」の構図だが，その特徴はだいたい以下のとおりである．

図 XII-1　「総メディア社会」の構図（右下に小さくあるのが従来の構図）

メディア業界への参入

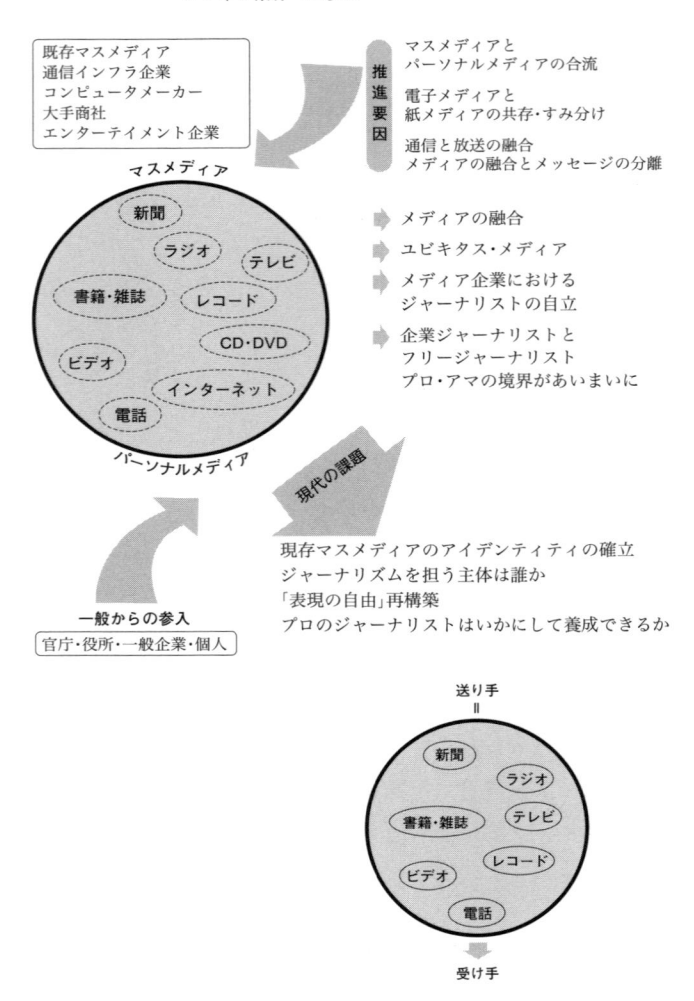

既存マスメディア
通信インフラ企業
コンピュータメーカー
大手商社
エンターテイメント企業

推進要因

マスメディアと
パーソナルメディアの合流

電子メディアと
紙メディアの共存・すみ分け

通信と放送の融合
メディアの融合とメッセージの分離

マスメディア

新聞／ラジオ／テレビ／書籍・雑誌／レコード／CD・DVD／ビデオ／インターネット／電話

パーソナルメディア

→ メディアの融合
→ ユビキタス・メディア
→ メディア企業における
　ジャーナリストの自立
→ 企業ジャーナリストと
　フリージャーナリスト
　プロ・アマの境界があいまいに

現代の課題

一般からの参入
官庁・役所・一般企業・個人

現存マスメディアのアイデンティティの確立
ジャーナリズムを担う主体は誰か
「表現の自由」再構築
プロのジャーナリストはいかにして養成できるか

送り手
‖
新聞／ラジオ／書籍・雑誌／テレビ／ビデオ／レコード／電話
↓
受け手

出所）矢野直明『サイバーリテラシー概論』知泉書館, 2007 年, p.166

① すべての組織，人が「表現の自由」を行使する具体的手段を得た

　ウェブや電子メール，ブログ，さらにはケータイといった新しいメディアは，企業，官公庁，個人が自ら情報を発信できる環境を用意した．こうして国民一人ひとりが「表現の自由」を行使する具体的手段を持ち，情報の「送り手」，「受け手」という固定した役割も消え，それらは相互に入れ替わり得るものになった．

② メディアの融合とメディア企業の融合

　新聞，書籍，雑誌，レコード，ラジオ，テレビ，電話と，これまで独自に発達してきたメディア群は，情報のデジタル化で融合し，メディア間の区別がつきにくくなった．紙のメディアと電子メディア，放送と通信が融合し，その結果として，メディア産業そのものも融合（合従連衡）を始めている．

③ メッセージとメディアの分離

　情報のデジタル化は，情報内容としてのメッセージとそれを運ぶ媒体としてのメディアを分離する．言い換えれば，メッセージは一定のメディアに固定された状態を脱し，あたかもメッセージ単独で流通するかのように，紙から電子へ，パッケージからネットワークへと次々にメディアを乗り換えて伝えられる（その結果として，メッセージの生産者である記者や編集者とメディア企業との関係も緩やかなものに変わっていく）．それぞれのメディアの境界もあいまいになる．電子ペーパーの普及は，新聞と雑誌，さらにはテレビとの区別もなくしてしまうだろう．

④ 既存マスメディアの変質

　これまで，マスメディアは言論活動や文化事業を営む特有の社会的使命を帯びた産業と一般に受け取られていたが，そのマスメディア業界にコンピュータ・メーカー，通信インフラ企業，エンターテインメント産業，大手商社，流通大手など，これまでメディアに縁のなかった企業，それもマスメディアとはけた違いの資金力を持った大企業が，国境を超えて進出している．マスメディアという産業の枠もまたきわめてあいまいになってきた．

メディアザウルスと EPIC　マスメディアの時代が終わりを迎えつつあるとの警鐘はすでに早くからなされ，また現在でもさまざまに語られている．その中の2つを紹介しておこう．

〈メディアザウルス〉『ジュラシック・パーク』で有名なアメリカの人気作家，マイケル・クライトンは，1993年に，ある日突然，恐竜が地上から姿を消したように，「もうひとつの恐竜」マスメディアも早晩消え去るだろうと述べた．自著にちなんで「恐竜（dinosaurs）」の比喩を使ったのだが（米ナショナル・プレスクラブでの講演），後に雑誌に掲載されたときのタイトルは「メディアザウルス Mediasaurus」だった．

〈EPIC〉米フロリダ州のジャーナリスト向け教育機関の若い研究員2人が2004年に制作した8分ほどのフラッシュムービーで，オンライン公開されている[9]．これからのメディア地図がグーグルとアマゾンという2つの代表的IT企業を軸に展開されており，2008年，アマゾンとグーグルが合併してグーグルゾンになり，EPIC（Evolving Personalized Information Construct，進化型パーソナライズド情報構築網）という巨大メディアを公開するという筋書きである．

EPIC は，「一人ひとりの人間関係，属性，消費行動，また趣味に関する詳細な知識を把握することで，コンテンツ，そして広告の包括的なカスタマイズを実現」し，「雑多で混沌としたメディア空間を選別し，秩序立て，そして情報配信するためのシステムである．ブログの書き込みから携帯カメラの画像，映像レポート，そして完全取材にいたるまで，誰もが貢献するようになり，その多くが対価を得るようになる．記事の人気度により，グーグルゾンの巨額の広告収入のごく一部を得る．……．最高の状態では，EPIC は，見識のある読者に向けて編集された，より深く，より幅広く，より詳細にこだわった世界の要約だが，最悪の場合，多くの人にとって，ささいな情報の単なる寄せ集めで，その多くが真実ではなく，狭く浅く，そして扇情的な内容となる（長野弘子訳を一部改変）」．ニューヨーク・タイムズは，「グーグルゾンの支配に対する精一杯の抵抗として，オフラインとなった」．

EPICが描き出したのは，グーグルゾンの登場は別に，すでに現実の姿に近い．

新聞を取り巻く状況　IT社会の進展，言い換えれば，情報のデジタル化で新聞が直面しているのは，単に新聞産業，もう少し枠を広げて，マスメディアだけに限られた問題ではない．それは，民主主義社会を支えていく上で不可欠ともいえる「ジャーナリズム」（日々の出来事を認識し，表現し，公開する精神活動）を，社会全体としてどのように維持，発展していけるかという，より大きな文明史的課題である．それは，これまで組織中心に組み立てられてきた社会システムそのものを，個人中心に組み替えなおすという壮大な社会改革を伴うだろう．

新聞をめぐるいくつかの問題点を以下にあげるが，詳しくは拙著『サイバーリテラシー概論』などを参考にしてほしい．

〈1〉　報道機関中心の「表現の自由」から個人の「情報基本権」へ

「表現の自由」は，従来，主として報道機関（マスメディア）が国民の「知る権利」の負託を受けて，権力に向かって行使するという文脈で組み立てられてきた．「表現の自由」は「報道の自由」であり，「報道機関の自由」という色彩が濃かった．だからこそ報道機関の社会的責任が説かれる反面，再販売価格維持制度とか，株式非公開の特権とか，放送法における「公共性」の確保などいくつかの特権が与えられ，一方で制約が課せられてきたのである．

しかし誰もが情報発信の道具を持った今，報道を報道機関の役割と限定することはできない．報道も，ジャーナリズムも，もはやそれを担う組織によって規定するのは不可能である．2003年に成立した個人情報保護法が「個人情報取扱事業者の義務等」の適用除外として，「放送機関，新聞社，通信社その他の報道機関（報道を業として行う個人を含む．）報道の用に供する目的」という項目（第50条）を置き，さらに，「『報道』とは，不特定かつ多数の者に対して客観的事実を事実として知らせること（これに基づいて意見又は見解を述べることを含む．）をいう」との定義を加えたのもそのためである．

だから,「表現の自由」をめぐる議論も,「個」レベルから再構築することが望まれている.元慶應義塾大学教授（現・情報セキュリティ大学院大学副学長）林紘一郎が早くから提唱している「情報基本権」という考えは,そのひとつの試みである.彼は情報基本権を「言論の自由（内心の自由,表現の自由＝検閲の禁止を含む,行動の自由）」,「一身専属権と公共の福祉との調和」（名誉・信用の保護と公共の利害に関する場合の特例,プライバシーの保護,著作権と公正使用),「情報アクセス権」（知る権利と情報公開,ユニバーサル・アクセス,送信と受信の自由）の3要素を含むものとして提案,一方で,「モラル・ハザードが目立ち,直ちに廃止すべきもの」として,「新聞・出版の再販売価格維持の特例」と「記者クラブ制度」をあげている[10].

〈2〉 新聞をめぐる合従連衡とジャーナリズム精神の衰退

新聞におけるジャーナリズム精神の衰退傾向には,新聞産業の経営基盤弱体化（販売総数減と広告不振）とともに,これまでメディアとは無縁だった大資本の,国境を超えた参入が大きな影を投げかけている.

アメリカでは,2007年にウォールストリート・ジャーナルを発行する新聞大手,ダウ・ジョーンズ社がメディア王,ルパート・マードック率いるニューズ社に買収され,ロサンゼルス・タイムズやシカゴ・トリビューンなどを発行するトリビューン社は,メディア事業そのものには無関心だといわれる著名投資家に身売りした.2007年にはフランスでも,経済紙レゼコーがブランドグループ「モエヘネシー・ルイヴィトン」に買収された.日本でも2005年以来,ライブドアによるニッポン放送株取得,楽天のTBSへの資本参加などが大きな話題になった.こういった合従連衡の動きが,既存マスメディアのジャーナリズムを脅かしている.

〈3〉 メディア再編と「情報通信法」構想

インターネットの発達を契機とする放送と通信の融合現象をめぐり,総務省

の「通信・放送の総合的な法体系に関する研究会」は，2007年12月，従来の通信・放送法制全般を見直し，これを「情報通信法（仮称）」として一本化することを提案する報告書を発表した．通信と放送を別個に扱ってきた従来のやり方では，メディア全体を捉えきれなくなった現状を反映している．

同報告書では，インターネットを含むメディア地図を，コンテンツ，プラットホーム，伝送インフラというレイアー（階層）ごとに横割りでとらえようとしており，コンテンツに関しては，社会的機能や影響力の程度に応じて，「情報通信ネットワークを流通するコンテンツ」を「公然性を有するもの」と「公然性を有しないもの」に二分，前者においては「表現の自由」を保障，後者においては「通信の秘密」を保障するとしている．放送と通信の融合を反映して，それぞれの態様はさまざまで，境界もあいまいだが，前者をさらに「特別な社会的影響力を有するもの」と「特別な社会的影響力を有しないもの」に分け，前者に「特別メディアサービス」（現行のテレビなど）と「一般メディアサービス」（衛星放送やインターネットの映像配信サービスなど）を，後者に「オープンメディアコンテンツ」（ウエブなどの通信コンテンツなど）を配している．

同法案は2010年成立をメドにしているが，爆発的に普及したブログやSNSのような個人の情報発信メディア（「消費者生成型メディア」），ウィキペディアのようなオンライン百科事典，テレビをも凌駕しようというユーチューブのような個人の映像配信メディアなど，インターネットの普及と多メディア化の現状が，従来のメディアをめぐる法体系（放送法や通信法）を抜本的に改革する必要を促しているのである．

これまでコンテンツに関してはほとんど規制がなかった通信に対して，放送並みの規制がどこまで，どのように課せられるようになるかが最大の焦点だが，これらの動きは，新聞や出版など他のメディアにとっても決して無縁でない．これまでの歴史で各メディアごとに築かれてきた「表現の自由」が，法体系見直しの過程でどのように保障されるかは大きな社会的関心事のはずである．

「表現の自由」が万人に開かれたとき，社会全体のジャーナリズム機能もま

た維持，拡大していかなくてはならない．従来，新聞や放送に与えられてきた「制度的保障」に代わる社会的手立てをどうするか，といったより大きな課題も横たわっている．

〈4〉 IT関連立法・諸施策の少なからぬ影響

　IT社会の環境整備や違法行為取り締まりのためにさまざまな法整備が進んでいるが，これらの立法がメディアのあり方に与える影響も無視できないだろう．

　個人情報保護法を盾に，官公庁が不祥事を起こした役人の氏名を公表しないとか，警察発表でも被害者が匿名になって，メディアの取材に支障も出ている．

　2007年から翌年にかけて大きな話題になった北海道のミートホープ，大阪の船場吉兆などの食品偽装事件の背景には，2006年に施行された公益通報者保護法の影響があるといわれるが，この公益通報者保護法もメディアのあり方に大きく関わっている．

　公益通報者保護法は通称，内部告発者保護法ともいわれるが，内部告発はもともとやむにやまれず立つというかたちで行われることが多く，従来の告発先はたいていマスメディアで，告発を受けたメディア側は取材源を秘匿するのが職業倫理だった．これで告発者は告発のリスクから解放され，告発された内容はメディアを通すことで社会的影響力を得たり，公正さが保たれたりした．

　公益通報者保護法は内部告発者が解雇，減給，配転などの不利益処分を受けないように保護するものだが，告発者は企業などで働く「労働者」，通報先は①事業所内部，②監督官庁や警察・検察などの取り締まり当局，③マスコミ，消費者団体などの外部，で①②③の順で保護される基準が手厚くなっている．

　意地悪くいえば，法で「保護すべき公益通報」の対象者，通報事実，通報先などをなるべく狭く規定することで，それ以外の，本来の内部告発というべきものを法の範囲外に置こうとしている．事業所内に設けられた正常のルートを通じて「通報」せずに，いきなり外部に「内部告発」することを防ぐ役割をしかねない法律である．

企業内部，業界内部の自浄作用を法制度に代行させようとすれば，いよいよ官庁の権限が増すことにもなるだろう．これまで内部告発は法で保護されていなかったのだから，事態は改善されたともいえるが，一方で，「保護されているから通報する内部告発」が真の内部告発を押さえこむ恐れもある．内部告発の受け皿としてのマスメディアの役割低下にも結びつくだろう．

2005年から施行された犯罪被害者等基本法に基づく政府の犯罪被害者等基本計画検討会は，「警察がプライバシー保護と発表の公益性を総合的に懸案して適切に配慮する」との内容で合意したと報じられたことがある[11]．

警察が事件・事故を発表する際，被害者を匿名にするか実名にするかに関して，従来，警察の発表は実名で行われ，それを匿名にするか，しないかは，マスメディアの責任に委ねられていた．その判断がメディアによって異なる場合が往々にしてあり，A新聞は匿名にしたが，B新聞は実名という例もあったし，おしなべて新聞とテレビは匿名だが，週刊誌は実名というケースもあった．

匿名にしてほしい被害者（あるいは被害関係者）からすれば，結局，一部の実名報道から素性が割れてしまい，二次的被害を受けることも多かったが，それがとりあえず"容認"されてきたのは，それぞれのメディアの影響力がまだ限定されていたという事情による．ところが，デジタル情報の伝播力ははるかに強力で，インターネット上でいったん実名が明かされれば，それはすべての人に公開されたに等しい（「実名が出てたよ」とあとから聞いても，該当記事を検索して探し出すことができる）．実名報道しないメディアがあっても，ほとんどメディア側の自己満足でしかなくなった．報道するメディアも，マスメディアとパーソナルメディアが錯綜し，そこで活動するジャーナリストの数も増えた．メディアとしてのまとまりを維持することは難しく，メディア関係者の一定の総意を作り上げることも不可能である．

情報の流れがアナーキーになれば，発生地点でコントロールするのが一番という発想が生まれるのは当然かもしれないが，それは情報のコントロールタワーとしてのマスメディアへの「不信」，マスメディアの「役割否定」という，

それ自体，きわめて深刻な問題を突きつけている．

§3 「新聞復権」への道

既存マスメディアは，かつてのような特権的地位を謳歌することはできず，印刷，コモンキャリア，放送と，独立で発達してきた各メディアの伝統や規制もいったん解体される．一方で，既存マスメディアが曲がりなりにも果たしてきたジャーナリズム機能を，個人のSNSやブログで代替できるかというと，これはなかなか難しい．「表現の自由」を行使する手段が万人に開かれたとき，マスメディアにおいても，パーソナルメディアにおいても，「表現の自由」が衰退することがないように，マスメディア，ジャーナリスト，個人それぞれのレベルで暗中模索していくしかない．「新聞復権」の道は，そういったメディア状況の中で「新たなジャーナリズム」を模索していくところにこそ求められるだろう．

それは言うに易く，行うに難いが，その道を進むしか新聞の生き残る道はない．以下は，前途に待ち受けている茨の道のスケッチである．

世論の劣化　『新聞研究』2005年7月号に「世論調査が直面する大きな壁」という原稿が載っている．筆者は朝日新聞世論調査部長（当時）の峰久和哲で，最近は調査員による面接調査が拒否されたり，若者は固定電話を持たなくなったり，ナンバーディスプレイを見て知らない人からの電話に応答しなくなったりと，これまでの世論調査のやり方が著しく困難になっている事情を報告している．しかし，彼によると，これらの「世論調査の劣化」よりも気がかりなのが「世論そのものの劣化」なのだという．

端的にいえば，多くの回答者がいとも軽やかに調査に答える．「誤解を恐れずにいえば，『知らないことでも』『考えずに』答えている」．彼はこうも書いている．「マスメディアが実施する世論調査はこれまで，対象者がマスメディアに十分接しているという前提で質問をつくってきた．調査テーマに関心を持

ち，よく知り，よく考えて回答するに違いない……．それは今や，とんでもない虚構なのだとつくづく思う」．

　書物の世界から「読書人」という言葉が消えて久しいが，マスメディアが想定していた読者像そのものに地すべり的ともいえる変容が起こっている．ケータイ・メールや若者向け掲示板の文章を見れば一目瞭然だが，近代民主主義社会が想定してきた「合理的なコミュニケーション」のあり方そのものが崩壊しつつある．

　堀江貴文のジャーナリズム論　ライブドアがニッポン放送株を大量取得し，話題になっていた2005年に堀江貴文社長（当時）が語ったジャーナリズム論は，若者がジャーナリズムに抱く意見の典型だろう[12]．彼は「自宅で新聞を取っていないし，取る必要もない．情報はケータイとインターネットのサイトですべて探せる．一次的な情報を競争して提供する時代はすでに終わった．（マスメディアの人たちが考える）ジャーナリズムは，インターネット以前の話で，今ではインターネット上にいろんな意見がある．それを並行して見て行けば，自分の考えを形成できる．情報の価値判断はユーザーがすればいい」と語っている．「ジャーナリズム」という言葉はすでに古臭いものとして「死語化」しつつあるともいえる．新しいジャーナリズム構築の作業は，ここから再スタートするしかない．

　サイバーカスケード　アメリカの政治学者，キャス・サンスティーンは，ネットでのコミュニケーションが，現実世界のそれとは違い，「思わぬ出会い」をもたらさず，したがって社会の集団分極化を促進することに警告を発している．彼は，「サイバーカスケード（カスケードは小さい滝の意味）」という言葉で，ネット上では「情報が真偽にかかわらず滝のようにドッと落下して，あっという間に広がってしまう」[13]とも述べている．

　自分の好みを入力して理想的な恋人を検索することと，街中での出会いがしらの恋との違い，アマゾンのリコメンデーションでコンピュータに本を推薦してもらうのと，本屋の棚を眺めながら思いもかけぬ本を発見することの差，カ

スタマイズしたグーグルニュースで興味のある記事だけを読むのと，新聞でいままで関心のなかった話題に目が移り，思わず読んでしまうことの違い，などなど．

サンスティーンの関心は，外（権力など）から強制されるのではなく，ユーザーが自分の利便のために行っているフィルタリング（カスタマイズ，パーソナライズ）が，一定の考えを補強する方向に働きがちだということである．彼は「インターネットを含む新テクノロジーは，同じ考え方の孤立した人たちの意見を拾いやすくするが，競合する意見には耳を貸さなくてもすむ文化を生む．だから新テクノロジーは，分極化の温床といえるだけでなく，民主主義と社会秩序にとって潜在的に危険なものになる」と書いている[14]．

新しいメディアによる情報発信は，マスメディアが提供してきたやり方とはいちじるしく異なっているし，その受容スタイルも変わってきている．そこには，従来の新聞が果たそうとしてきた「社会を束ねる」というような発想はないし，期待もされていないが，社会全体を束ねるメディアとしてのマスメディア，とくに新聞の使命が廃れることはないだろう．ここに「新聞復権」の道があるのではないだろうか．

ただし，先にもいったように，道は険しい．新聞が今以上の大部数を獲得することはもはや難しいし，広告による増収もほぼ不可能である．事業としては，拡張ではなく，縮小する中でのジャーナリズム追求にならざるを得ないだろう．

なお2008年4月から7月にかけて，毎日新聞英語版サイトのコラムをめぐってネットで広範な抗議行動が繰り広げられ，最終的に当のコラムの閉鎖や毎日新聞本体の「おわび」へと発展した事件は，「総メディア社会」が直面する大きな試練を浮き彫りにしたといえるだろう．

（矢野　直明）

注
1）神戸のウェブ企業（以下，D社と表記）が「ライントピックス」というサービスで，

ヤフーニュース上の読売新聞，毎日新聞，共同通信，時事通信などのニュース見出し（1行）を電光掲示板ふうに読めるサービスを行っていた．見出しをクリックすると，ヤフー上の各記事が読めるし，登録すれば（無料），自分のパソコンにこのサービスを取り込めた．これに対して，ヤフーニュースにニュースを提供していた「ヨミウリ・オンライン（YOL）」を運営する読売新聞社が，見出しには著作権が存在しており，勝手に表示したり，配信したりするのは著作権法違反（複製権および公衆送信権侵害）であるなどとして提訴した．一審の東京地裁は，「YOLの見出しはありふれた表現であり，著作物とは言えない」などの理由で請求を棄却（2004年3月24日），原告側は知的財産高等裁判所に控訴した．

原告側は，見出しの著作権性を争う以外に，時々刻々のニュースを扱っている新聞記事の見出しには，知的財産としての法的保護が認められるべきだとして，民法の不法行為に基づく損害賠償も請求していた．控訴審判決は，例示された見出しのすべてにおいて，著作物として保護されるための創作性を認めなかったが，「不法行為が成立するためには，必ずしも著作権など法律に定められた厳密な意味での権利が侵害された場合に限らず，法的保護に値する利益が違法に侵害された場合であれば不法行為は成立する」として，「YOL見出しは，法的保護に値する利益となり得る」と判断し，D社に対して合計23万余円の損害賠償を認めた（知的財産高等裁判所2005年10月6日判決）．

この結果を受けて，原告の訴訟担当者は，新聞見出しの著作権が認められなかったのは不服としながらも，見出しの「法的価値」が認められたことを「勝訴だ」と述べている（『新聞研究』2005年12月号）．D社はライントピックス・サービスを停止した．

ここに新聞紙面とは違うオンライン配信における見出しの役割変化が反映されている．見出しは記事をいかに興味深く見せるかという一種の工夫だが，当の記事と見出しが同一紙面に配置されている新聞の場合と，見出しだけがずらりと並べられるオンライン配信では，見出しの役割も変わってくる．読者は自分が関心のあるジャンルに絞って，見出しをさっと眺めて，昨日の出来事のあらましを知るようになるからである．こういう閲読習慣そのものが，新聞というパッケージ・メディアへの関心を減少させている．

2）日本新聞協会のデータによれば，2007年で戸別配達94.4％，駅などの即売5.1％で，いまなお戸別配達が圧倒的である．

3）朝日新聞社，読売新聞グループ本社，日本経済新聞社の大手3紙は2007年10月，今後，ネットで共同事業を行うと発表した．発表によれば，3紙の論調の違いを読み比べられるサイト運営（「あらたにす」）など，ネット時代の新聞の存在感を高めることをねらっており，新聞社にとっての生命線ともいえる戸別配達制度を守るために，山間へき地での販売・配達での提携もするという．

4）http://www.pref.nagano.jp/hisyo/press/kisha.htm．2001年5月15日の発表．

5）日本経済新聞が 2007 年 11 月末現在で国内主要ブログサービス事業者 14 社の登録数を調べたところ 1,354 万件，前年同期比で約 5 割増えたという（2008 年 1 月 27 日付 1 面）．1 人で複数のブログを運営している人もいるし，自前のブログソフトで発信している人もいるので，これはあくまで概数だが，単純計算して，国民の 10 人に 1 人がブログを使っているというのは，驚異的な数字である．

6）検索連動型広告は，活字ばかりで，新聞の三行広告並みのシンプルなデザインだが，ユーザーが検索したキーワードに沿った広告を当の検索ページに表示する．広告料金もワンクリックで 5 円といったレベルからある．ここでインターネット広告は，既存メディアの枠から離れて，インターネットというメディアの潜在的可能性を生かした新しい広告になった．検索サービスのグーグルは 2002 年から始めた検索連動型広告によって一躍，IT 企業の雄へと飛躍した．

7）『朝日新聞』2008 年 5 月 20 日付メディア欄．「広告批評 休刊へ．マス広告万能時代に幕」．

8）矢野直明『インターネット術語集 II』岩波新書，2002 年，第 4 章「総メディア社会の到来」pp.183-191

9）2014 年のメディア歴史博物館（Museum of Media History）のプロモーションビデオのかたちをとっている．http://www.robinsloan.com/epic/．日本版は http://probe.jp/EPIC2014/．

10）林紘一郎『情報メディア法』第 4 章「情報仲介者の法的責任」p.133-135，第 6 章「マス・メディアとコンデュイトの紐帯関係」pp.219-264

11）『朝日新聞』2005 年 10 月 29 日付メディア欄．

12）ライブドア・堀江社長インタビュー．『毎日新聞』2005 年 3 月 5 日付 1 面と特集．

13）キャス・サンスティーン『インターネットは民主主義の敵か』毎日新聞社 2003 年　p.34

14）同上　p.82

参考文献

林紘一郎『情報メディア法』東京大学出版会　2005 年
キャス・サンスティーン著，石川幸憲訳『インターネットは民主主義の敵か』毎日新聞社　2003 年
矢野直明『サイバーリテラシー概論』知泉書館　2007 年

キーワード

草の根ジャーナリズム，消費者生成型メディア（SNS，ブログ），クリック連動型広告，総メディア社会，メディアザウルス，EPIC，情報基本権，個人情報保護法，情報通信法，IT 関連立法，世論の劣化，サイバーカスケード，表現の自由

第四部

読者の目

XIII NIEの展開

　NIE（教育に新聞を）の運動が日本で広がり始めたのは後述するように1980年代半ばである．NIEとはNewspaper In Educationの頭文字を取ったものだが和製英語ではない．世界ではいま60を超える国でNIE運動が展開されているという．国によって名称が異なる場合があるが，世界新聞協会（WAN）も統一した用語としてNIEを使っている[1]．

　新聞紙面を教材に使い，学校・学級新聞を作る新聞教育は昔からあった．運動として広げようとする動きもなかったわけではない．しかし，それらとNIE（教育に新聞を）と呼ばれる運動は，新聞界が一致して教育界を巻き込む組織的活動として推進してきたかどうかで区別される．

　新聞界の熱心な動きの背景にあるのは深刻な新聞離れへの危機感である．小さいうちから新聞に触れさせて将来の読者を育てようというわけだ．一方，さまざまな問題を抱えて改革を迫られる教育界には，主体的に物事を判断し，問題を解決する力を養う新聞教育に関心が高まってきた．両方の動きが相まって，NIEはひとつの運動として広がりを見せ始めている．

　とはいえ，NIEの社会的な知名度はまだ決して高くない．NIEが日本に登場

した当初は「ニィ」や「ニエ」などとも呼ばれていた．間もなく「エヌ・アイ・イー」との呼び方が定着したが，今もまだ NIE を知らない人が多い．試みに書店で「エヌ・アイ・イーの本はありますか」と聞いてみると分かるだろう．大概の店で「？」と首を傾げられるはずである．NIE 普及はまだまだこれからの状況だ．

§1　NIE の始まりと歴史

NIE 以前　日本に NIE 運動が導入される前にも新聞活用教育はあった．日本新聞協会は 1955 年に新聞教育研究会（小野秀雄委員長＝当時・上智大学教授）を組織し，研究に取り組んでいる．その年，同研究会は 1 冊の本を出した．新聞教育の「カリキュラム」「方法」「評価」について専門家たちがまとめている．NIE という文字こそ出てこないが，まさに NIE 研究そのものの内容となっている．「学校新聞の望ましいあり方」の章も設けられており，新聞に関する学習，新聞を利用して行う学習，学校新聞づくりを通じて行う学習と，トータルに新聞教育の諸問題に切り込んでいる[2]．

　新聞教育に取り組む授業は個々の教室の営みであるだけに記録に残りにくいが，戦後は多くの教師が熱心に新聞教育に取り組んだ．中でも優れた国語教育の実践家として知られる大村はまは「新聞」を使った多彩で熱意溢れる授業を展開した．焼け野が原の東京下町の新制中学校で，疎開先から届く荷物をくるんだ新聞紙に目をつけ，教材を作ったのが始まりという．大村も学校新聞・学級新聞づくりと，そこでの子どもたちの交流を重視した[3]．

　敗戦後の日本を占領した連合国軍総司令部（GHQ）が主導して押し進めた教育民主化は，新制中学校の制度化，社会科の創設と並んで新聞づくり教育の普及が柱だった．GHQ 指令を受けて各地で学級・学校新聞づくりが起こり，新聞づくりを中心とした教師による新聞教育に関する研究団体である全国新聞教育研究協議会（全新研）創設に結びついていく[4]．

新聞大会で NIE 提唱　新聞界が初めて NIE（教育に新聞を）への取り組みを打ち出したのは 1985 年秋の新聞大会だった．新聞大会は毎年の新聞週間（10

月15日から1週間)に，日本新聞協会(以降，協会)加盟新聞社の経営，編集幹部らが一堂に集まって開かれ，新聞界が直面する課題を討議，決議を採択する．この年の大会は10月15日に静岡市で開かれた．折から，新聞離れを背景に過熱する新聞販売競争の正常化と読者層の開拓が大きな課題となっていた．

挨拶に立った小林與三次会長(当時・読売新聞社社長)は経営の安定を図り，自由で責任ある言論活動を確保するとの決意を示した上でNIEについてこう言及した．「(読者層拡大のための)一つの例が現在アメリカやカナダの新聞界で広く推進されているNIE，ニュースペーパー・イン・エデュケーションだ．新聞界と教育界が協力して新聞を教育に利用しようという運動である．新聞離れは先進国共通の現実であるが，このNIEに新聞協会の販売委員会が取り組むことになった．しかし，これは単に販売部門の問題というよりは，教育と新聞の役割に係わる本質的な研究課題として取り上げていくべきだ」[5]．

アメリカNIEの視察が契機に　大会前日に開かれた販売委員会でNIE専門部会を委員会内に設置することが決められていた．同専門委の初代委員長に就任，後に協会の初代NIEコーディネーターも務めた妹尾彰(毎日新聞社)は草創期の動きを当事者の体験と資料から記録に残している．それによると，この新聞大会に至る動きの芽生えはさらに3年前にさかのぼる．1982年6月，販売委員会が米国に新聞販売事情視察団を派遣した．視察団は米国の新聞社がNIE運動を重視した活動を活発に展開していることに新鮮な驚きを覚え，帰国後，「わが国でも早急に実施する必要がある」と強くアピールしたのだった．

アメリカでのNIEの草分けは同国きってのクオリティペーパーであるニューヨーク・タイムズとされている．1930年代から主に大学生を対象に授業で同紙を使ってもらう運動を進めてきた．1950年代にはNIC(ニュースペーパー・イン・クラスルーム)が全国規模で展開されるようになる．アイオワ州デイモン市の中学生の30～40％は教室以外で文字を読まない，という調査結果(1955年)がきっかけになった．NICは60年代に入って地方の新聞社に浸透し始め，70年代になっても急速な拡大が続く．そして76年，NIC運動の推進役

を務めてきた米国新聞発行者協会（ANPA）がこの運動の多様な広がりを踏まえて「NIE」（教育に新聞を）という名称に変更した.[6]

新聞提供事業を推進　NIE運動の導入は決まったが，どのような体制を組むかが難問だった．新聞各社にとって最大の関心事は自社の新聞がどう扱われるか．議論を重ねて決まったのが，①NIEは新聞界の共同活動だから，学校に持ち込む部数は公平に扱う（各紙公平の原則），②NIEは教育活動だから学校に販売促進活動は持ち込まない（販促禁止），の原則だった．妹尾は「この原則が崩れては今でもNIE運動は持ちません．これが運動をスタートさせるぎりぎりの線でした」と振り返る．横並び，縛り合いの新聞提供事業が日本でのNIEの特色であり，「日本型NIE」の言葉を生んだ.

この原則の上に立って始まったのがパイロットプランである．実験的にNIE授業を展開してもらう学校を指定して，一定期間新聞を無料提供する．サポートするため各地でNIE推進組織を教育界，新聞界の人たちで構成した．1989年5月，東京NIE推進委員会が発足，同年9月，都内の小学校1校，中学校2校で初のNIEパイロット事業がスタートした．目標は全国の小中高校1％を指定することだった．

財団の設立と推進体制の整備　NIEの普及活動は日本新聞協会が1996年，10億円のNIE基金を設けるとともに1998年3月，日本新聞教育文化財団（横浜市）を創設しNIE事業を移管したことでスピードを上げる．また教育界，行政からも代表者が入ったNIE推進協議会を都道府県単位で各地に設立していった．

わずか3校でスタートしたパイロットプランはその後，NIE実践指定校制度に切り換え現在に至っている．NIE実践校制度は，教育，新聞，教育行政の代表らでつくる各都道府県のNIE推進協議会（あるいはNIE連絡会）の推薦に基づいて同財団が審査し，毎年度7月に決定する．期間は2年．07年度は小中高校併せて513校が指定を受けた．当初の小中学校全校の1％で実施という目標は達した．

新聞が無償提供される期間は実践する先生の人数で異なる．先生が2人以下の場合は年間2カ月間，3人以上の場合は4カ月間，地元発行の新聞（NIE推進協議会に加盟紙）で宅配が可能な全紙が学校に毎日届けられる．学校は届けられた新聞全紙を子どもたちが読めるような形を取るよう期待される．授業での使い方は先生に任されているが，実践報告の提出が求められている．

　教育界の参加　前述のようにNIE登場以前には組織的に新聞教育に取り組む団体は少なかった．新聞界の呼びかけに真っ先に，真正面から対応したのは「全国新聞教育研究協議会」（全新研）である．

全新研は新聞協会が1985年の新聞大会でNIEの推進を打ち出したのを受けて1987年，東京で開催した第30回大会で，神戸興夫会長（当時・東京都江東区立第二亀戸中学校長）が新聞界と協力してNIEを推進していく方針を表明，「NIE元年」を宣言した．

パイロットプランの第一歩となった東京での実践を押し進めた東京NIE推進委員会も大半が全新研のメンバーで構成された．同委員会の幹事を務めるなど草創期からNIE活動に加わってきた吉成勝好（元全新研会長）は，全新研はそれ以外にも「NIE研究会」（のちに全国NIE研究会）の立上げと実践交流活動，NIE研究会と全新研大会などでの研究・成果をまとめた『教育に新聞を　NIEの授業展開』（ぎょうせい，1989年）の出版など先駆的活動に全新研関係者がかかわっていたという．

2000年代に入ると日本NIE研究会（2000年設立）や全国高等学校NIE研究会（2002年設立），日本NIE学会（2005年設立）が登場するなど小中学校以外でのNIEへの取り組みも層が厚くなっていった．

§2　NIEを取り巻く教育環境

　進む新聞離れ　文字・活字離れは当然に読者の新聞離れを招く．NHKが5年ごとに行っている「国民生活時間調査」の「新聞閲読」調査にも表れている．最新の2005年調査では「平日に新聞を読む人」は国民全体の44％，国民平均

の閲読時間は 21 分に過ぎない.これは 10 年前の 1995 年調査の「平日に読む人」(52%)に比べ 8 ポイント落ち,国民平均閲読時間(24 分)より 3 分短くなっている.

とくに若者の新聞離れは年々顕著になっている.95 年調査でみると男子 20 代の新聞閲読率(平日)は 32%,高校生世代に相当する 16〜19 歳は 21%,小学高学年から中学生世代の 10〜15 歳は 9%.20 代と 16〜19 歳の新聞閲読率はともに 1970 年調査の半分にまで減っている.ちなみに 2005 年調査の閲読率は学生 8.8%,高校生 7.6%,中学生 7%,小学生 3.8% という結果が出ている[7].

文字・活字離れは携帯電話を含むインターネットの発達の影響が大きい.日本新聞教育文化財団 NIE 部によると,日本新聞協会が 2005 年に実施した「全国メディア接触・評価調査」では 15〜19 歳の 1 日当たりの朝刊閲読時間が 12.4 分だったのに対しインターネット利用時間(ウェブサイト,メールなどすべて含む)は 119.8 分と 10 倍近い多さだった.

このまま世代が上がっていけば新聞の読者は確保できるのか.新聞の未来は多難というほかない.

<u>求められる「生きる力」</u>　新聞教育は,いわゆる「生きる力」を養うのに最適だという見方が教育界に広まっている.

文部省(現・文部科学省)が「生きる力」の涵養を掲げて改訂した現在の学習指導要領の目玉は「総合的な学習の時間」の導入だった[8].環境や郷土研究など教科の壁を取り払った自由スタイルの授業ができる新設教科だ.その登場を新聞教育に携わる人たちは,新聞教育の格好の舞台として一様に歓迎した.

当時の全新研会長,横山健次郎(東京新聞 NIE コーディネーター)は,「これは久々の文部省の快挙ではありませんか」と総合的学習の時間の創設を評価し,インタビューにこう語っている.「新聞教育とは周りの現実を直視することを教えることです.自分なりの考えを持ち,自分の意見を発信していける児童生徒を育てるのが新聞教育.まさに総合的学習が目指すところじゃありませ

か」

　大いに期待された「総合的な学習の時間」だったが，なかなか学校現場では発展しなかった．不振の原因として，文科省が授業のひな型を示す努力を怠ったとの批判や既存教科の授業時間を削ることに「基礎学力の低下を招く」との心配から抵抗があった，などさまざまな分析がある．しかし，一番の原因は教科書に依存した授業展開に慣れきった現場の体質だとする指摘が少なくない．

　元大阪教育大学教授で大阪 NIE 推進協議会会長も務めた小田迪夫は，こうした先生の体質と NIE について次のように述べている．「教科書をひととおりこなすこともむずかしいのに，その上にほかの教材を用いることなど，とてもできないというのである．これは，指導はすべて教科書で基礎・基本となる学習事項を学ばせ，それを学び得た上で，その応用・発展の学習のために教科書外の材料を用いるべきである，という固定観念にとらわれた考え方である」．

　教科書に頼り切って，教科書のない総合的学習に対応できなかった教育現場の体質は NIE の発展も阻害するだろう．

　高まる学力論争　ゆとり教育をキャッチフレーズに始まった現行の学習指導要領だったが，学力低下論議で大きく揺らぐことになる．世界の子どもを対象にした国際学力テストで日本の順位が低下する事態が相次いだのだ．なかでも特筆されるのは，学力低下論争，ゆとり教育論争に発展した PISA 調査である．

　PISA は Programme for International Student Assesment の略で「生徒の学習到達度調査」と訳されている．経済協力開発機構（OECD）のプロジェクトとして高校 1 年生（15 歳）を対象に 3 年に 1 回実施する．調査で測るポイントは，① さまざまなツールを効果的に活用する能力，② 多様な社会集団で人間関係を作る能力，③ 自立して行動できる能力．こうした能力はこの先のグローバルな情報社会で不可欠のものと考えられ，一般に PISA 型学力と呼ばれるようになった．「生きる力」と内容的に近いものがある．

　2006 年調査には世界 57 カ国・地域から約 40 万人の 15 歳が参加した．日本の順位を前回（2003 年），前々回（2000 年）とも比較しながらみると，科学的知

識の応用力（科学的リテラシー）は6位（前回2位，前々回2位），読解力は15位（前回14位，前々回8位），数学的知識の応用力（数学的リテラシー）が10位（前回6位，前々回1位）と確実に低下している[11]．

　学ぶ内容を減らし，総合的な学習の時間の導入で主要教科の時間数も減らした結果，日本の子どもたちの基礎学力が低下したとの声が高まった．新学習指導要領への改訂はこの学力低下論争を下敷きに進められたものだが，PISA型の学力が新聞教育によって高まるのではないかという声が強まっている．

　新学習指導要領と「新聞」　日本新聞教育文化財団NIE部は，08年のトピックスの筆頭に新学習指導要領の内容を挙げる．各教科の学習指導要領は，指導目標と内容で構成されているが，同部の調べによると，新要領では新聞に関する記述や間接的に新聞活用を示唆すると見られるものを含めて目標・内容併せて小学校で4項目，中学校で5項目が登場した．

　その多くは国語科．たとえば小学校5，6年生では読む能力などをつける学習内容として，「例えば次のような言語活用を通して指導する」とした上で「編集の仕方や記事の書き方に注意して新聞を読むこと」とした．あるいは中学校3年では読み書き能力を付ける学習内容として，「社会生活のなかから課題を決め，取材を繰り返しながら自分の考えを深めるとともに，文章の形態を選択して適切な構成を工夫すること」「論説や報道などに盛り込まれた情報を比較して読むこと」と明記した．また，中学2年生では，「広い範囲から情報を集め効果的に活用する能力を身に付けさせる」ために「新聞やインターネット，学校図書館等の施設などを活用して得た情報を比較すること」も盛り込んだ．

　中学校社会の公民的分野で社会事象への関心を高め，多角的に資料を駆使して公正な判断をする能力を養うことを目標に，指導計画の作成と内容の取り扱いの項目で「新聞，読み物，統計その他の資料に平素から親しみ適切に活用すること」という表現が入った．総合的な学習の時間も時数を減らされながらも生き残った．

　ゆとり教育からの脱却といわれる新しい学習指導要領だが，「生きる力」涵

養を目指す基礎方針は堅持され総論で書き込まれた[12]．目指す学力観は現行要領と同じといえる．また，高度な情報化社会に生きていく子どもたちにメディアを教えることが不可欠になった時代状況とともに，国語力の涵養を旗印に掲げた新要領が，生きた教材としての新聞に着目したことも「新聞」が多く登場した背景だと考えられる．

　広がる実践例の共有　　NIE は全ての教科で可能だ．たとえば数学．「スポーツ面は算数・数学の宝庫です．野球で打者の打率を求めたり，マラソン選手のスピードを時速，秒速で求めることも数学のよい題です」というわけだ[13]．総合的学習はまさに NIE にうってつけ．多くの実践事例があるが，ポピュラーな一例としては経済サミットの参加国を世界の白地図に落としたり，その時世界が直面している問題を考えさせたりする方法などがある．

　日本新聞教育文化財団では教科別に6種類のガイドブックを作成，広く販売している（一部は販売終了）．そのほか「新聞」を解説し，NIE 実践のアドバイ

写真　日本新聞教育文化財団が出版したガイドブック各種

スやワークシートを盛り込んだ『ようこそ「新聞」へ』を2007年4月に発行するなど資料の整備に力を入れてきた．2008年4月からは財団ホームページを大幅にリニューアル，NIEに関する調査・研究資料が豊富に掲載されたほか，各地から寄せられる実践報告を公開していくことにしており，取り組みの共有が進む態勢になってきた．[14]

広がる世界のNIE　世界新聞協会（WAN）によると，NIEは06年現在，64カ国で実施されている．新聞紙面を授業の教材として使うという基本は変わらないが，国によって取り組みの態勢はさまざまだ．よく知られるのは，アメリカのNIEが日本と同じく新聞の側からの働きかけで始まったのに対し，北欧諸国のNIEが教育行政の側からスタートしたことだ．

2005年に来日したノルウェーのメディアビジネス協会NIEマネジャー，ヤン・V・スティーン（Jan Vincens Steen）は，「いま，世界のNIEは」と題する講演で自国のNIEについて「ノルウェーでは教師がイニシアチブをとって1970年にNIEを始めました」と説明した．

各国の事情に詳しい同氏は興味深い各国の取り組みを紹介している．フランスの教育省の一部門である情報教育センターが実施しているプレスウィーク（マスコミ週間）はもう15年以上続いており，一種の出前新聞づくりプロジェクトも盛んだ．ベルギーでは編集用のコンピューターを積んだバスが学校を回り，イタリアでは列車で，デンマークでは大型トレーラーで，NIE活動が実施されたという．プログラムを作って新聞社に売る会社も登場．ドイツでは3，4社，アメリカでは15から20の会社が営業しているなど興味深い事例が次々と紹介された．[15]

§3　NIEの今後の課題

幅広いNIEの定義を　NIEが新聞界主導で始まり，進められてきただけに新聞紙面を教材に使う活動がNIEとする見方がどうしても強くなる．前出の吉成勝好は教育サイドから「広義のNIE」としての取り組みが必要だと説く．

吉成は新聞づくり活動を「真の意味での総合学習」と位置づけ，新聞利用学習を狭義のNIEと呼ぶ．加えて新聞の機能学習（メディア・リテラシーとしての新聞理解）の3つの円（活動）を包含したものが「広義のNIE」だとする[16]（図XIII-1参照）．

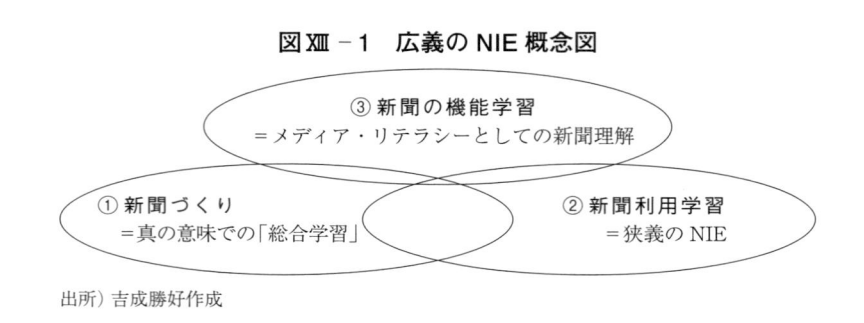

図XIII-1　広義のNIE概念図

③ 新聞の機能学習
＝メディア・リテラシーとしての新聞理解

① 新聞づくり
＝真の意味での「総合学習」

② 新聞利用学習
＝狭義のNIE

出所）吉成勝好作成

　吉成は，新聞は教育のために作られたものではないことに留意すべきだとし，狭義のNIEは「教育内容」ではなく「教育方法」のひとつであると指摘．紙面利用学習とともに，発信することを学ぶ新聞づくり，メディアの特性を知り情報の主体的な判断ができるメディア・リテラシーの涵養も含めたNIEであることが「広義のNIE」の基本だとする．

　一方，日本新聞教育文化財団は，NIEとは「学校などで新聞を教材として活用することです」と定義づけている[17]．

　新聞を教材として活用する，との定義は限りなく「狭義のNIE」に近くみえるが，同財団NIE部長の吉澤正一はNIEの4要素として，① 新聞に親しむ，② 新聞で学ぶ，③ 新聞を学ぶ，④ 新聞づくり，を挙げており，吉成の広義の定義とさして変わらない．ただ続けて「私はこの中で最も大切なのは『新聞に親しむ』ことだと考えている」と述べている．新聞を押し付けてはかえって「新聞嫌い」の子どもにしてしまう，というのがその理由である[18]．新聞と教育両サイドが目的と方法をしっかりとすり合わせて，より広く深い教育活動としての

NIE 推進を目指していくべきだろう．

　　民主社会の建設のために　　新聞離れが進む一方で新聞が果たす有効な働きを示すデータもある．そのひとつは東京都選挙管理委員会が 2007 年 11 月 20 日に発表した参議院選挙（同年 7 月実施）にからむ都民の意識，投票行動などに関する世論調査結果である[19]．

　調査は選挙に対する意識，投票行動，期日前投票の認知度などを新聞購読の有無と関連させた分析もしている．それによると，参院選に「関心があった」は 74.2 %，「なかった」は 18.2 % だったが，これを「新聞を定期購読しているかどうか」の観点から見てみると，「関心があった」人の割合は定期購読者の 77.9 %．非定期購読者の 67.5 % と差があった．また新聞を読む時間が長くなるほど選挙に関心を持った人の割合も高くなり，また実際に投票したかどうかでも同じような傾向が出ている．

　NIE は新聞学習を通じて読み書き能力を向上させるなど学力向上を目指すだけでなく，民主主義社会を構成する市民を育成することも重要な目的なのである．新聞自身もその自覚を持って権力監視など新聞の使命を果たしていかなければならない．

　新聞の重要性を教えるという意味からも社会人になる直前の学生に対する NIE をもっと盛んにすることも必要だ．

　　求められるソフト面の充実　　日本新聞教育文化財団は文科省に「新聞活用」を学習指導要領に明示するよう申し入れてきており，今回の改訂について大きな前進だとしている．しかし，総合的な学習の時間が低調であったように NIE 学習も指導要領に若干頭をのぞかせただけでは進展は保証されない．実践の輪を広げていく努力が不可欠だろう．

　同財団は，研究・PR 活動にも力を入れる方向を打ち出している．地域のリード役として NIE のベテラン教師を認定している「NIE アドバイザー」は 08 年度当初で 25 都道府県に 69 人いるが，その活動支援を強化するほか，財団ホームページを同年 4 月にリニューアルした．ホームページには資料部分を充実さ

せて実践報告なども掲載した．

　注目されるのは「国語」「社会」「総合的な学習」について小中高校ごとに2～3時間の小単元を想定した指導案を作成する計画を打ち出したことである．これからNIE授業に取り組もうとする教師たちが一番戸惑うのは，教科書もないなかでどのように年間の授業計画の中に位置づけて授業を展開させていくかである．とくに学習活動のひとまとまりの区切りである「単元」に関連付けてNIE学習を展開させてみせることは教師たちの大きな参考になるだろう．

　諸外国ではソフト面での工夫が盛んにされている．NIE発祥とされる米ニューヨーク・タイムズは1998年，ウェブサイトに「ラーニング・ネットワーク」を立ち上げ，そこで前日の記事を使った詳細な指導案を掲載し，毎日更新するなどサポートの資料提供をさまざま行っている[20]．ネット利用もこれからのNIEにとっては不可欠となるだろう．

　新聞社は独自性の発揮を　NIE運動は新聞業界横並びのものとしてスタートした．前述の「日本型NIE」といわれる現実がある．それだけに新聞側，学校側に窮屈な面があるのは否めない．

　立ち上げ期に苦労した妹尾彰は，「公平の原則は堅持しながら各社の独自性をどこまで発揮できるかのルール作りを真剣に考える時期にきている」と語る．妹尾が自主性の必要性を強調する背景には，各新聞社の取り組み姿勢が二極分化してきたことがある．紙面展開，セミナーなどの開催，事務局設置など人と組織の面で各社に大きな差が出てきている．販売面でのルールは堅持しながらNIE事業展開に自主性発揮を認めるバランスが求められている，というのだ．NIEの補助教材の開発や読者への提供，セミナー開催などで自主性の発揮が求められており，新聞人の中にも「新聞提供のルールをそのままソフトづくりに適用するのでなく，各社がもっと自由な発想で通り組むべきである」との声が出ている[21]．

（谷口　泰三）

注

1) 世界新聞協会は1948年に設立された．パリに本部を置き，日本新聞協会など世界76カ国の協会や個別の新聞社などが120カ国から加盟している．ホームページ http://www.wan-press.org/index.php3
2) 小野秀雄ほか『新聞と教育』日新出版　1958年
3) 橋本暢夫「NIEの先駆者大村はま—単元『新聞』による『自己学力』の育成—」『日本NIE学会誌』2007年　pp.1-10
4) 1958年に創設された全国中学校新聞教育研究協議会が前身．主に小・中学校の教師たちが学校・学級新聞づくりを中心にした新聞教育の実践と研究，普及を目的に活動している．歴史をまとめたものに，鈴木伸男・全新研編著『これからの新聞教育教育』(白順社，2007年)や新友会パピルス編『新聞教育のあゆみ　全新研を育てた人たち』(1995年)がある．
5)『新聞協会報』1985年10月22日号
6) 妹尾彰『NIEの20年　1985-2004』晩成書房　2004年
7) NHK放送文化研究所編『データブック　国民生活時間調査　2005』日本放送出版協会　2006／『同1995』同　1996年
8) 学習指導要領は授業の組み立ての枠組み，学習目標，内容など大まかなルールを定めるもので法的拘束力があるとされる．ほぼ10年ごとに改訂されている．「生きる力」は文部省(現・文部科学省)が1998年に告示した現行学習指導要領が掲げた教育理念．「自分で課題を見つけ，自ら学び，自ら考え，主体的に判断し，行動し，よりよく問題を解決する能力」(1996年中央教育審議会答申)とされる．
9) 毎日新聞朝刊(東京)「追跡メディア・新聞教育研究大会の報告事例から　新聞通し『生きる力』学ぶ」1996年11月10日付
10) 小田迪夫・枝元一三『国語教育とNIE』大修館書店　1998年　まえがき
11) 文部科学省ホームページ http://www.mext.go.jp/ の全国的学力調査「その他の学力調査」
12) 新学習指導要領の各項については文科省教育課程課・幼児教育課編『初等教育資料編』(東洋館出版，2008年)，文科省編『中等教育資料』(ぎょうせい，2008年)を参照した．
13) 鈴木伸男『こうしてできたNIE』白順社　2000年　p.29
14) 日本新聞教育文化財団ホームページ http://www.nie.jp/info/index.html
15) 日本新聞協会『新聞研究』2005年11月号，pp.65-68
16) 日本教育文化財団NIE部による勉強会で吉成勝好が示したペーパー「NIEの今後の在り方をめぐる若干の提言あるいは私見」　2006年
17) 日本新聞教育文化財団ホームページ(前出)「NIEとは」
18) 明るい選挙推進委員会編『私たちの広場』2008年1月号　pp.4-6
19) 東京都選挙管理委員会ホームページ http://www.senkyo.metro.tokyo.jp/

http://www.senkyo.metro.tokyo.jp/data/data04.html
20)『ニューヨーク・タイムズ』ホームページ「ラーニング・ネットワーク」
　　　http://www.nytimes.com/learning/index.html
21)内野哲也「重点をソフト面での強力へ」『新聞研究』2005年11月号　pp.69-72

参考文献
妹尾彰『NIEの20年　1985-2004』晩成書房　2004年
妹尾彰『NIEワークシート100例』晩成書房　2002年
小野秀雄ほか『新聞と教育』日新出版　1958年
鈴木伸男『新聞教育入門』白順社　1989年
日本NIE研究会編『新聞でこんな学力がつく』東洋館出版社　2004年
大木薫・大内文一『教育に新聞を　NIEの授業展開』ぎょうせい　1989年

キーワード
日本型NIE，NIE実践指定校制度，新聞離れ，生きる力，総合的な学習の時間，PISA型学力，新学習指導要領，広義のNIE

XIV メディア・リテラシーの視点

§1 広がる新聞不信

メディア別評価調査　「読者の目」からみた新聞ということでいえば、もっとも現状をよく表わしている言葉は、「新聞不信」ではないだろうか．

昨今の新聞不信、メディア不信は、すさまじいものがある．新聞、雑誌、テレビ（NHK）、テレビ（民放）、ラジオ、インターネットを対象にした日本新聞協会広告委員会の「2007年全国メディア接触・評価調査」によると、新聞について「情報（内容）が信頼できる」と評価したのは、36.8％だった．もっとも評価が高かった「テレビ」（NHK）の38.5％に次ぐ数字だが、半分にも満たない30％台ではとうてい胸を張るわけにはいかない．調査は01年より隔年で行われている．新聞の場合、01年42.8％、03年40.5％、05年38.1％だったから、年々落ちていることになる．ちなみにNHKは、過去2回は50％を超えていた．新聞以上に急落している．

筆者は、学生時代にはマスコミやジャーナリズムにとりたてて関心があったわけではなく、たまたま新聞記者になったのだが、入社した1971年当時は、

もう少し新聞に対する信頼は厚かったような気がする．さらに，テレビが本格的に出現する以前，つまり，新聞が唯一の主要メディアであった時代は，もっと高い水準で信頼されていたであろう．

今，新聞は，テレビやインターネットなどの新たな強力なメディアの登場により，主役の座を失った．マスメディア社会の構造が大きく変化し，新聞は多メディア時代における有力プレーヤーの一人という程度の存在であろうか．

しかし，それでは取って代わったテレビが，マスメディア代表として信頼されているかというと，それにはほど遠いものがある．テレビ界ではこのところ，TBSのオウム真理教ビデオ事件（96年）や，日本テレビの視聴率操作事件（03年），関西テレビの『発掘！あるある大事典Ⅱ』データ捏造事件（07年）など視聴者の信頼を裏切る不祥事が続発した．

表 XIV-1　新聞，テレビ（民放），テレビ（NHK），ラジオ，雑誌，インターネットについて，「情報（内容）が信頼できる」と答えた人の割合

(単位：%)

	新聞	テレビ（民放）	テレビ（NHK）	ラジオ	雑誌	インターネット
07年	36.8	11.1	38.5	8.4	3.2	5.5
05年	38.1	11.0	39.8	8.6	3.3	6.3
03年	40.5	11.3	50.1	7.9	3.0	5.6
01年	42.8	12.6	55.0	9.6	2.6	5.3

出所）日本新聞協会「全国メディア接触・評価調査」

日本新聞協会の調査では，テレビ（民放）の「情報内容が信頼できる」としたのは，11.1％だった．10人に1人しか信用していないということだから悲惨である．近年，メディアの報道により，人権を傷つける「報道被害」という現象がクローズアップされてきたことに象徴されるように，「マスメディア」総体に対する市民の目が冷ややかなものになってきている．とりわけ，マスメディアの中心的位置を占めてきたテレビに対する視線は厳しい．新聞不信もこうしたテレビに引きずられて，といった面もなくはないが，ともかく，メディ

ア総体に対して「嫌悪」「憎悪」という表現さえ，使われるほど，メディアの置かれている状況は，深刻である．

メディア・リテラシーの浸透　メディア不信，新聞不信の背景として，「メディア・リテラシー」という考え方が，まだ限られた範囲とはいえ，次第に浸透してきていることもあるかもしれない．メディアの伝える情報を鵜呑みにせず，自らよく考えて読み解き，判断する能力，すなわち「メディア・リテラシー」を身に付けるべきだという読者・視聴者の側からの運動は，1980年代の半ば以降，カナダ，イギリスなどから発信され，90年代半ば以降，日本でも広がりをみせている．

メディア・リテラシーは，テレビを想定して醸成されてきた．なぜテレビかというと，文字と写真だけの情報である新聞より，映像と音を中心とするテレビのもたらす影響力が，とくに子どもたちに対して圧倒的に大きかったからである．映像は文字と違って，誰にも一目で分かる訴求力を備え持つ．新聞にしろ，テレビにしろ，メディアが伝える情報というのは，送り手側が全体の中のごく一部を切り取って，編集し，加工しているものだ．価値判断が入った，作られたものである．新聞や雑誌などの活字メディアは，そのことが比較的分かり易い．テレビやインターネットの登場で，読み手は，書かれたものが，全体のごく一部であることを経験的に知っている．多くの場合，読みたいときに読みたい内容の記事を自分のペースで考えながら読んでいる．

しかし，テレビの場合，そこに映し出された迫力のある映像には，ウソはない，正確なものだと思い込みがちだ．映像の背後にある無数の隠された現実に想像が及ばず，受け身の姿勢のまま，テレビですべてが分かってしまったような錯覚に見舞われる．そこに落とし穴がある．同じ被写体を映すとしても，テレビカメラの位置，距離，角度によってまったく別の印象になってしまうことはよくあることだ．こうした特性により，テレビなどの画像媒体はこれまで政治的，経済的，社会的場面で数多く情報操作に利用されてきた．メディア・リテラシーが必要とされる所以であり，こうした運動による読者・視聴者の意識

の高まりが，新聞やテレビに対する目を厳しくしているといえるだろう．

いずれにせよ，今現在，マスメディアは，底なしの不信，批判が渦巻く，かつて経験したことのない状況に追い詰められている．新聞は，どうしたら，この苦境を脱し，新たな展望を見出すことができるのだろうか．

本章では，これからのメディア社会における新聞のあり方について，新聞と読者の関係にスポットを当てて，考えていきたい．

まずは，30年余にわたり新聞制作の内側にいた立場から感じてきたことを改めて整理しておく．次いで，新聞の将来像，新聞と読者とのあるべき関係について，メディア・リテラシーの視点から考察する．メディア・リテラシーの考え方の核には，「送り手」から「受け手」へ一方的に情報が流れている従来のメディア社会の構造を根幹からとらえ直していこう，との狙いがこめられている．現代のメディア社会を生きる私たちにとって，きわめて重要な指針，手がかりになるものであり，新聞の「送り手」側にとっても，読者との関わりを考えるうえでいくつかの示唆を与えてくれるように思うからだ．

§2　現場からみた新聞不信

取材しないで記事を書く　まず，新聞づくりの「現場」からみた新聞不信の要因である．多メディア社会の到来などの構造変化が大きいだろうが，新聞そのものが抱え，引きずってきた問題点も，相当なウエートを占めているように思われる．一言でいえば，真実を追求し，報道することによって，社会の公共的機能を担う，という新聞本来の目的が，新聞社においても，個々の記者の意識においても，あいまいになり，おろそかになってきているのではないか，ということである．

阪神・淡路大震災のちょうど1年前，1994年1月17日未明，米国カリフォルニア州南部で，大きな地震が発生，多数の死傷者が出た．日本の新聞もテレビも大きく伝えたが，1月18日の毎日新聞社会面にこんな記事が載った．

「暗やみの中でプールの水が空中に飛び上がった―― 17日未明（日本時間同

日夜），ロサンゼルスをまたも大地震が襲った．ロス北西部の，震源地に近いサンフルナンドバレーではガス漏れから火災が発生．……多くの市民が不安の中で，余震に身をこわばらせた」

　迫力のある描写で，地震の揺れのすさまじさが伝わってくるようだ．しかしこの記事には「ニューヨーク 17 日○○特派員」とのクレジットが付いていた．米国西海岸のロサンゼルスとニューヨークの間は，3 時間の時差があるほど離れている．記者はニューヨークにいて，「暗やみの中でプールの水が空中に飛び上がった」と描写したのである．眼前で見たわけでもないのに，こうした書き方をするのは，新聞では珍しいことではない．大きな事件や事故だと，社会面のリード（前文）を書くのは，ベテランの遊軍記者で，必ずしも現場に行った記者の原稿が使われるわけではない．現場に立ち会わなくても，臨場感あふれる場面をいかに流麗な筆致で，手早く書き上げるかが腕の見せ所なのである．

　だが，それはマスメディアが新聞だけだったころの産物であろう．テレビ映像がない時代には，読者の情報源は新聞しかなかったから，新聞はすべてを網羅した情報を送るべく努力した．新聞ですべてが分かるような自己完結型のニュース提供を心がけた．しかし，テレビ（やインターネット）で即座に映像が伝わる時代に，ロサンゼルスの現場描写を「ニューヨーク発」で読まされたのでは鼻白むだけである．現場にいないのに見てきたように書くときは，記者は大概読者の方を向いていない．記者が意識しているのは，上司であるデスク，ないしは同僚，さらには他社の記者である．まずは記者として「形を整える」「体裁をつくろう」ことに目が向いてしまうのである．

　フセイン像倒壊の映像　こうした記事は，いまもみられる．イラク戦争時の 03 年 4 月 9 日，米軍がバクダッドに突入．フセイン大統領の銅像が引き倒される映像が流された．圧制者フセインを倒した米軍をイラク国民が歓迎しているという米国が描いたイラク戦争の構図を象徴する感動的場面として，米国でも日本でも繰り返し放映され，世界世論に少なからぬ影響を与えた．日本の新聞もそのように報じたが，その多くは，隣国のヨルダン・アンマン発，カター

ル発で伝えたものだった．つまり現場にはおらず，テレビ画像をもとに原稿を作っていたのである．

　しかし，このフセイン像倒壊の映像には問題があった．野中章弘によると米国 ABC テレビは当初このシーンを「すばらしい光景です……イラク人はいまとても幸せだと思います」と報じたが，4月12日放送の「ナイトライン」でそのときの取材映像を見せながら検証．「(現場にいた記者は) 18人がフセイン像の頭の部分を引きずり回す映像の中で，7人が (取材中の) カメラマンであることを指摘しました……．またテレビでは銅像を取り囲む人たちが大きく見えました．……カメラを引いてみると手前の方にはほとんど人がいません．……群衆が政権打倒を祝う様子が世界中に流されましたが，実際は群衆というほどではありませんでした」と伝えたという[1]．テレビ映像をそのまま描写して見てきたように伝えた新聞は，二重に誤ったことになる．

　サンゴ落書き捏造事件　映像や想像では，正確な事実はつかめない．実際に取材しないと，なかなか真相には迫れないこともあることを示しているが，現場取材なしで書かれた記事は怖い．イラク戦争も一例だが，そのことを痛感させられたのは，新聞に対する信頼感を大きく損なった朝日新聞のサンゴ落書き捏造事件である．

　問題の写真と記事は，1989年4月20日付けの夕刊1面に掲載された．沖縄・八重山群島西表島の西端の海中の巨大サンゴに「K・Y」と刻まれた写真が大きく載り，「サンゴ汚したK・Yってだれだ」の見出しのもとに，記事が付いている．当時，朝日新聞が力を入れていた環境シリーズの企画の一環で，写真は東京から出張した写真部員が撮り，記事は東京でこの写真をみた記者が書き上げた．「これは，将来の人たちが見たら，80年代日本人の記念碑になるに違いない．100年単位で育ったものを傷つけて恥じない，精神の貧しさの，すさんだ心の……」と概嘆している．環境破壊者に対する激しい告発だ．

　ところが，サンゴに「K・Y」と刻み付けたのは，当の写真部員だった．無傷のサンゴに自ら傷つけ，写真を撮り，同僚の記者に状況説明をして，記事に

仕立てたのである．落書きの写真を捏造した写真記者の視界に，読者の姿はなく，いかに自分が朝日新聞カメラマンとしての体裁を整えるかにしか関心がなかったのだろう．許されない行為であるが，この記事を書く側にも問題は残る．遊軍記者なら，季節の風景や催し物の写真に添える原稿を書くことは，日常的な仕事だ．今回のように1面に載せる場合は，いろいろと調べて，力を入れて書くこともありうる話だ．まさか同僚の写真が捏造とは想像もしないから，同情の余地はあるが，直接取材しないで書く怖さというのは，やはり意識しておいた方がよい．要は書き方の問題だが，名文であればあるほど，力の入った文章であればあるほど，言葉が浮いてしまい，より空しいものになる．

ネットの情報をそのまま…　取材しないで書く記者は，現代でも形を変えて増えている．インターネットで大概の情報は取れるから，現場に行かず，パソコンにへばりついてデータを集め，切り張りする記者が，各所で問題になっている．

米国では2003年5月，ニューヨーク・タイムズのジェイソン・ブレア記者が，実際に取材していないのに，イラク戦争で劇的に救出されたとされた女性兵士の家族の記事をでっち上げるなど，数十本の記事を捏造，盗作していたことが分かった．うち29本は，インターネット上の他紙の記事をつまみ食いし，混ぜ合わせて「創作」したという．離れた地域発のニュースが同時に出稿されるなど，実際に取材したのでは不可能な記事があったことから発覚した．

日本でも2000年6月，朝日新聞広島支局の記者が，ニューヨークで開かれた核不拡散条約検討会議についての解説記事を書いた際，中国新聞の記事を大幅に盗用していたことが発覚した．インターネットで中国新聞の記事を自分のパソコンに引き込んだものだった．08年1月には，読売新聞金沢支局の記者が金沢大学教員の学位認定をめぐる記事を書いた際，金沢大学には取材せず，インターネット上の情報だけで大学側のコメントを掲載した．捏造したわけではないが，記者の基本から逸脱した行為である．自らの足で取材することなく，ネットで情報を集めて記事を仕上げるこうした行為は，とくに若い記者の間で

は相当広範囲に行われていると思われる．何のために記事を書くのかという原点を忘れたその場しのぎの仕事は，読者の信頼を失う大きな要因である．

取材力は大丈夫なのか　その延長線上の問題になるが，新聞が果たしてどこまで真実に迫っているのか，よりよい情報を提供すべく努力しているのか，という点もいささか心もとない状況にある．取材力は衰退しているのではないか，ジャーナリスト魂は少々萎えているのではないか，ということだ．

「オウム真理教事件」では，なかなか全体像をつかみきれず，松本サリン事件では，被害を受けた第一通報者を「犯人」視する報道をしてしまった．捜査当局の情報に頼る取材をしてきたことのツケともいえるが，この構図は東京地検特捜部の「鈴木宗男事件」(02年) や，警視庁などが捜査した「耐震強度偽装事件」(05年) についても，共通している．両事件とも，新聞は捜査当局の描いたシナリオに沿った報道を繰り返し，結果的にいくつかの誤りを犯した．鈴木宗男事件では，背任と偽計業務妨害罪に問われた元外務省主任分析官，佐藤優氏が一連の経緯を記した『国家の罠』を出版．捜査と報道にいかに無理があったかを詳細につづった．これを読むと，一連の報道は，この事件の真実，本質に迫りきれていないことを痛感させられる．耐震強度偽装事件でも，姉歯英次・元一級建築士の供述に振り回され，本件では直接罪に問えない確認検査機関社長や建設会社支店長に関する報道は，ポイントがずれていた．

これは事件だけでなく，たとえば，90年代後半のバブル崩壊や金融危機のときの経済報道，最近の小泉純一郎首相主導の構造改革の評価にかかわる政治報道についてもいえるのではないか．読者を満足させるだけの情報を提供し，論評したとは思えない．

新聞には，太平洋戦争時において，事の本質を押さえた分析，展望を提示することなく，軍部に迎合した煽動的な報道を繰り返してきた痛恨の過去がある．遂には，大本営発表をオウム返しに伝えるだけの存在になり，ジャーナリズムの機能をまったく発揮することなく終わった．新聞不信の根底には，この無残な歴史があるのではないかという思いがしてならないが，よほど腰を据えて取

り組まないと，またいつか来た道に陥りかねない．

繰り返される集中豪雨的報道　今，読者が新聞やテレビの報道に抱いているイメージは，その時点でのビッグニュースに一斉に飛びつき，これでもかというくらいに情報を垂れ流し，また別のビッグニュースがあると，それまでのことなど忘れたかのように，すぐ別の方に移動して同じことを繰り返すという，集中豪雨的な報道だろう．

取材の過程では，ニュースの当事者や関係者のもとに多数のメディアが殺到する，いわゆるメディア・スクラム（集団的過熱取材）が問題になった．2001年6月の大阪教育大学付属池田小学校に男（当時37歳）が刃物を持って侵入し，児童を襲撃，8人を殺害し15人に重軽傷を負わせた事件は，深刻な波紋を広げた．事件直後に，多数のメディアが児童や父母を取り囲んでカメラやマイクを向けたのである．惨劇を目の当たりにした子どもにとっては酷な取材となり，視聴者や読者の厳しい批判を浴びた．日本新聞協会編集委員会は01年12月，「被害者，容疑者，被告人と，その家族や，周辺住民を含む関係者に対しては，集団的取材により一層の苦痛をもたらすことがないよう，特段の配慮がなされなければならない」として，対応策をまとめた．しかし，これでメディア・スクラムがなくなったかというと，なかなかそうはいかず，その後も各所で続いている．これも読者のためというより，少なくとも他社と劣らない報道をしなければ自分たちの立場はない，という発想から来る横並びである．

こうした取材方法は，一般市民からは，言論活動というより，プライバシーを侵害し，社会生活を妨害する横暴な行為と受け止められており，メディア批判，メディア不信の大きな要因につながっていることは間違いない．

進むメディアの企業化　メディア不信，新聞不信の背景として，公共性，ジャーナリズム精神を生命としてきたメディアの企業化・商業化が進み，記者自身がハイソサイアティ化してきていることも見逃せない．

アメリカでは，新聞も株式を上場しているところが多いから，メディアのトップは報道の中身より，ウォール街の方にばかり目が向きがちになってい

るといわれる．記者を取り巻く環境も変わってきている．「(アメリカにおいて)1965年以前に生まれた記者で，金のためにジャーナリズムに入った者はいない．……しかしこの30年で状況は一変した．業界全体は四苦八苦しているというのに，マスコミ人は，かつてないほど高給取りになった」「昔の記者は弱者の味方だったが，名門大学卒が増えた今は，自分達を中流の上から上流階層と思い始めており，多くの記者たちは無意識のうちに状況を上から見てしまう……」[2]というのは，多かれ少なかれ，日本においてもあてはまるだろう．

　メディアが公共性を確保し，ジャーナリズム精神を発揮するためには，経営の安定が不可欠であり，ある程度の企業化・商業化は，やむをえないことである．記者が高給を取ることも悪いことではない．

　しかし，記者がそのことに無自覚であれば，治者・権力者側の視点・発想による報道になってしまいかねない．世の水準より相当高い所得を得ている記者が，格差の問題や雇用，税制，年金，医療等々について，果たしてどれほど実感を持って取材，執筆できるだろうか．そうした問題に苦しむ当事者からは，記者というのは，失業や給与カットの恐れのない高みから，勝手なことをいっていると見られても仕方がない．これは記者活動全般についていえることで，記者は，政治家や官僚，経営者などと違って，リスクも犯さず責任も取らないくせに，安全なところから偉そうに説教を垂れているという反感が広がっているように思われる．

§3　新聞の信頼を取り戻すために

　有用なメディア・リテラシーの視点　　それでは，これから新聞が信頼を取り戻すためには何が必要なのだろうか．新聞自身が，読者の不信を広げてきた諸々の問題にきちんと対応するのが基本になるが，重要なのは，ジャーナリズムの原点に立ち返り，しっかりと読者と向きあった新聞を作り上げていくことだ．この点で，「メディア・リテラシー」の視点は，読者と新聞のあるべき関係を考えるうえで有用なように思われる．

メディア・リテラシーの定義は，論者によって微妙に違うが，一般的には，情報の受け手として，その情報を鵜呑みにせず，クリティカルに読み解く能力といえるだろう．だが，多くの場合，目標はそれだけにとどまらない．メディア社会に生きる人間の行為を，メディアを通して情報のやり取りをするコミュニケーション活動としてとらえることにより，「送り手」と「受け手」に二極分化しているメディア社会の構造自体にメスを入れていくことを目指す．視聴者をただ情報を受け入れるだけの消費者とみるのではなく，コミュニケーションを交わすパートナーと位置づけるのである．それによって，現代を生きる人間の全体性を回復したいとの思いがこめられている．

2000年6月，メディア研究者や，放送事業者，教育関係者らが参加した郵政省（当時）の「放送分野における青少年とメディア・リテラシーに関する調査研究会」は，「メディア・リテラシーとはメディアとの関わりが不可欠なメディア社会における『生きる力』であり，多様な価値観を持つ人々から成り立つ民主社会を健全に発達させるために不可欠」との報告書を公表した．[3]

報告書は，メディア・リテラシーについて，次の3要素からなる複合的な能力であるとしている．第1は，「メディアを主体的に読み解く能力」，すなわち情報を伝達するメディアそれぞれの特質を理解する能力，メディアから発信される情報について，社会的文脈で批判的（クリティカル）に分析・評価・吟味し，能動的に選択する能力である．第2は，メディアにアクセスし，活用する能力．第3は，メディアを通じてコミュニケーションを創造する能力，つまりメディアを通じて自分の考えを相手に分かるように表現する能力である．

大きく変わる「送り手」と「受け手」の関係　報告書は，表題のとおり，「放送分野」を念頭に置いたものだが，注目されるのは放送事業者と視聴者の関係についての考察だ．

「『放送』とは視聴者が存在してはじめて成立するものであり，放送事業者や番組制作者のみにより培われるものではない．批判的な視聴者（critical audience）の目に晒されることにより，我が国放送文化の発展，ひいては，健

全な民主主義の発達が期待できる．このような放送事業者と視聴者の間の健全な緊張関係を醸成するためには，視聴者が自らのメディア・リテラシーを向上させ，『主体的な視聴者』(active audience) となることが重要である」と強調している．

　テレビに限らず，新聞，雑誌，ラジオなどが隆盛をきわめてきた近現代のマスメディア社会においては，生産・加工される情報の「送り手」側，すなわち少数の専門家集団と，「受け手」の側，すなわち大多数の読者，視聴者，消費者にはっきりと二分されていた．「受け手」の側が生産者の側にまわることはきわめてまれで，せいぜい投書や投稿で紙面や番組に「参加」するか，あるいは新聞社やテレビ局に紙面や番組内容を批判（賞賛）する手紙を書くか，電話をして，うっぷんを晴らすくらいしか，送り手側に介在する道はなかった．

　しかし，「送り手」から「受け手」へ一方的に情報が流れている従来のメディア社会の構造は，とくにインターネットの登場によって変わりつつある．インターネットは，双方向のメディアであり，誰もが大量の情報を不特定多数の人びとに送り届けることができる．マスメディアが独占してきた機能を誰もが手にするわけである．個々人の記者の取材は，広く，浅く，になりがちで，それぞれの分野のプロの知識と経験には，到底かなわない．また，さまざまな現場取材に直ちに駆けつけるわけにもいかないから，そこにたまたま居合わせた人の目撃談や写真・映像の迫力（誰もが発信可能）には及ばない．

　<u>読者はパートナー</u>　新聞もテレビも，読者・視聴者があってはじめて成立する．新聞は，民主主義社会の発展に貢献するという公共的機能を担っているが，現代においてそれを現実のものにするには，新聞においても，読者を，単なる情報の受け手，消費者と規定するのではなく，健全な民主社会をともに作り上げていく，パートナーと考えるべきなのである．新聞は，報道機能，言論機能のほかに，さまざまな立場の人が意見を交わす討論の場となる機能もはたしてきたが，これからの時代は，この広場的機能が重要になる．誰もが参加できる公共圏としての広場を提供し，読者の意見を取り入れ，コミュニケーショ

ンを交わし，コーディネートし，編集し，発信していく役割を担うことになる．クリティカルな読者があってこそ，よりよい新聞，そしてよりよい社会をつくっていくことができる．

　読者との関係について，新聞社側は，すでにさまざまな改革に取り組んでいるが，その中でも特筆されるのは，多くの新聞社が第三者の加わる評価機関を設け，取材方法や紙面の検証を進めていることだ．毎日新聞が2000年10月に設置した「『開かれた新聞』委員会」はその先駆けとなった．従来，記事審査や読者などからの批判・苦情は，社内で閉鎖的に処理されているイメージが強かったが，「開かれた新聞」委員会は，そうした過程を含めて情報をオープンにし，新聞社としての「説明責任」を果たそうというものだ．読者と新聞の関係を変えていく試みの第一歩といえるだろう．読者に目を向けない内向きの議論や姿勢にとどまっていたのでは，読者からの信頼は得られない．

　社会関係資本の形成に貢献する新聞　本章の最後に，これからの時代の新聞の存在意義について，触れておくことにする．

　メディア不信が蔓延し，メディアが本来持つべきジャーナリズム機能が十分に発揮されていない現況は，けっして好ましいことではない．健全な民主主義の発展のためには，言論の自由と，それを基盤とした確固としたジャーナリズムは，なくてはならない存在のはずだ．新聞は，パートナーである読者にしっかり向き合い，読者とともに，健全な民主主義社会を作りあげていく努力を続けなければならないが，新聞は，多メディア時代の今もなお，こうした公共的機能を担うのにふさわしいメディアなのである．

　07年10月に開かれた第60回新聞大会の研究座談会で，東京大学大学院情報学環の林香里准教授は，相互利益のための調整と協力を容易にするネットワークを指す「社会関係資本」（ソーシャルキャピタル）という概念を紹介した．林氏は「こうしたネットワークがあると犯罪率が低くなり，良質な学校教育，経済発展，効果的な政府が実現していく．……社会関係資本が蓄積していく社会は，民主主義が機能する社会だという仮説が，社会学のいろいろな調査で検

証されている」としたうえで，社会関係資本とメディア行動の関係について調査した東京大学大学院情報学環の『日本人の情報行動2005』を引用.「社会関係資本を非常に価値あるものだと思っている人と，新聞購読というのが，最も高い相関関係にある. ……新聞がこれまで地域社会で成し遂げてきた社会関係資本作りの仕事は，評価できる」と話した.[4] ちなみに，インターネット利用者との相関関係はほとんどなかったとのことだが，新聞が社会関係資本の形成に貢献しているとの分析は，興味深いものがある．新聞は，人間が社会で生活していくうえで欠かせないネットワークを作り，育てるという機能も果たしてきた．新聞が弱体化することは，社会そのものの弱体化につながる．

　ジャーナリズムにおいては，政府などの権力行使活動を監視し，対峙するという機能がとりわけ重要だが，その点でも新聞の果たすべき役割は大きい．新聞は歴史が長いだけに，訓練と研鑽を積んだプロのジャーナリストをもっとも多く抱えている．テレビのように監督官庁を持たないというポジションにあることも大きい．もちろんこれまで述べてきたような問題点も多々あり，迫真性や速報性などテレビにかなわないことも少なくないが，ジャーナリスト集団としての取材力が，質量ともにテレビその他のメディアを圧倒する状況にあることは，現場にいたものなら，首肯するところだろう．

　誰もが不特定多数に発信することのできるインターネットは画期的なメディアであり，ジャーナリズムの世界にも新たな可能性を切り拓くものであるが，一方で，現状では，発信者が個々の独自の世界に沈潜する傾向がみられる．とくに今の若者の意識が，権力に対して，あまりにナイーブなことも気になる．自由な思想，自由な言論・報道を保障することが，真実を見つけ，人間の生存価値を高めることにつながるのだが，その点についての認識があまりに乏しいのである．テレビの「やらせ」や，00年ごろからほぼ同時期に検討された個人情報保護法，人権擁護法，青少年有害社会環境対策基本法の3つの法案，いわゆるメディア規制3法に関し，行き過ぎた報道，間違った報道に対して，行政が介入し，規制するのは当然という声がネット上では多かった（個人情報保

護法のみ，当初の案に修正が加えられ成立）．メディア・リテラシー教育においては言論の自由，ジャーナリズムの意義についても十分に押さえておかないと危ういように思う．ネットの普及により，権力の統制はむしろ進む可能性があり，自由な言論より，監視機能の強化に進むおそれがあることは，多くの識者の指摘するところであり，その点からも新聞の果たすべき役割は大きい．

(瀬戸　純一)

注
1) 野中章弘編『ジャーナリズムの可能性　ジャーナリズムの条件4』岩波書店
   2005年　p.20
2) ジェイムズ・ファローズ著，池上千寿子訳『アメリカ人はなぜジャーナリズムを信用しないのか』はまの出版　1998年　p.95
3) 『放送分野における青少年とメディア・リテラシーに関する調査研究会報告書』
   http://www.soumu.go.jp/joho_tsusin/pressrelease/japanese/housou/000831j702.html
4) 『新聞研究』2007年12月号　p.17

参考文献
東京大学社会情報研究所編『社会情報学Ⅱ』東京大学出版会　1999年
吉見俊哉・水越伸『メディア論』放送大学教育振興会　2001年
毎日新聞社編『開かれた新聞』明石書店　2002年
鈴木みどり編『メディア・リテラシーの現在と未来』世界思想社　2003年
筑紫哲也ほか編『ジャーナリズムの条件1・2・3・4』岩波書店　2005年

キーワード
新聞不信，全国メディア接触・評価調査，メディア・リテラシー，サンゴ落書き捏造事件，メディア・スクラム，主体的な視聴者，パートナーとしての読者
広場的機能，社会関係資本，自由な言論

XV 「第三者機関」の機能と課題

§1 新聞社における苦情対応システムの現状

業界の全体状況　この章では，日本の新聞社における苦情対応システムを中心テーマとするが，その実，クレームの中身は，新聞という「商品」の瑕疵ともいえる報道上の問題のほか，商品生産工程である取材上の問題，そしてできあがった商品を配達・販売する過程での問題，さらにこれらを包括した企業としての新聞社のなりわいとしての問題まで，きわめて幅広いことに気づくだろう．

そして，とりわけ新聞に特徴的な取材・報道上のクレームに関しては，読者からというよりも，被取材者や被報道者からの申し立ての方が深刻・重要であることが多い．通常の商品の苦情が，実際にその商品・サービスを使用・利用したユーザー（消費者）からのものであることが一般的であるのに比して，若干特殊な構造を有しているといえる．そうしたユニークな苦情発生形態にも関係するところであるが，事後的な問題が発生したあとの苦情対応とともに，問題の発生を事前に食い止めたり，深刻化させないための制度も含めて苦情対応

システムとして扱うことが多いという特徴を持つ．

また，通常商品における「お客様相談窓口」や「コールセンター」と同様に，お叱りや苦情の受付だけでなく，まさに商品説明でもあるといえる新聞の読み方や記事内容の補足的情報提供としての読者サービス，バックナンバーの提供や新規購読の受付，商品たる紙面に対する意見や将来に向けた提案なども，読者窓口としては重要な任務であるといえるだろう．

したがって最初に，できる限り幅広く新聞社に存する苦情対応システムを解釈し，その全体構造を概観してみよう．

報道上の対応　第1は，報道過程に関わるさまざまな制度である．大きくは，紙面による人権侵害に対する救済と，一般的な紙面の検証活動に分けられるだろう．

報道によって個別具体的に名誉や信用等が毀損されたりプライバシーが侵害された場合や，不公正な取り扱いや誤った情報によって迷惑を被った場合など，多くの新聞社は報道現場が編集総務部門や法務担当部門（および顧問弁護士）と協力して，その処理にあたる体制を整備してきている．今日においては，各社とも問題事例が発生した場合には，名誉の回復や謝罪，反論の掲載や誤報の訂正のため，迅速な対応を取りうる態勢が整いつつあるといえるだろう．

そして少なくない社が，外部の第三者によって構成する組織・制度を設置し，社に対してアドバイス等を行う制度が主に2000年以降できつつある．表XV-1（264～265ページ）はその一覧表である（過去の日本新聞協会発表資料を基に独自調査をしたもの，2008年春現在）．詳細については次節で詳述するが，読者等からの苦情申立てについて調査したり，紙面内容について社から諮問があった事項などについて意見を述べることを活動内容としている．

紙面チェックについてはさらに，事前の事故予防と事後の記事検証に分類できる．前者は，従来から校閲・校正作業として，紙面製作過程に組み込まれているものであるが，ニュースコンテンツを発信するメディアとして，新聞の特徴のひとつがこの手厚い事前のチェック機能といってもよかろう．

関門あるいはゲートキーパーとも呼びうる，こうした社内の記事チェックシステムは，現場記者が取材・執筆した記事が紙面化されるまでの間，現場のキャップ，本社出稿部（たとえば，政治部や社会部など）の担当デスク，そして紙面レイアウト等を担当する整理部員やそのデスク，さらには当日の紙面の責任者ともいえる編集局デスクにいたるまで，ライン上の多くの人が記事の一文字，一文章に目を光らせることになる．さらにいえば制作や印刷の工程においてすら，本来の業務ではないものの間違いがあればその指摘がなされるのが，新聞という商品の特性であった．

　そして同時に，校正や校閲を専門に行うセクションが従来は，単純な誤植だけでなく，歴史や地理の誤りや過去の記事との重複とともに，差別的表現や事実関係も含めてチェックし，誤りを未然に防止する役割を果たしていた．しかし今日においては，校正作業は機械化（コンピューターによる自動校正）に頼ることが多くなったし，校閲作業についても，省人化のために先にあげたライン上の担当者に委ねられることが多くなっているといわれている．

　一方，事後の紙面チェックは「紙面審査」と一般に呼ばれる．他紙との比較を中心に紙面の善し悪しがベテラン社員で構成される審査担当者によってなされ，大手紙では毎日，前日の紙面のチエック結果が出稿部の責任者が集まる定例会議で発表されたり，ペーパーになって配られる場合もある．いわば，紙面（あるいは記者）の通信簿みたいなものである．

　そのほか，多くの社では社外モニター制度を採用しており，一般読者や有識者に，定期的に紙面についての感想・意見を聴取し，紙面づくりの参考にするのが一般的である．場合によっては，これらの一部を紙面化することも珍しくない．「私の紙面批評」などの名称で，オピニオン欄（声欄）に掲載されるものがそれに当たる．

　<u>取材上の対応</u>　第2は，取材過程における制度である．この点において特筆すべきは，メディア・スクラムと呼ばれる集団的過熱取材の抑制のために実施されている新聞・通信・放送界によって作られたシステムである．

同システムは2001年，国内の主たる新聞・放送（NHKおよび民放）・通信社で構成する日本新聞協会と，国内の全民放局で構成する日本民間放送連盟が話し合いの結果，新たに設置したものである（「集団的過熱取材に関する日本新聞協会編集委員会の見解」2001年12月6日発表）．取材時における報道陣の集中によって，事件や事故の当事者および関係者の人権が侵害される可能性が高まるほか，取材現場付近の住民に対する迷惑が看過できないとして，問題の発生があった場合やそれが予測される場合に，地元の報道関係者が集まり，相談をして取材の自主規制を行うことになっている．

より具体的には，地元の警察を担当する記者クラブや新聞・通信・放送各社の責任者が相談し，取材自粛の申し出が当事者からなされた場合や，混乱が予想される場合などにおいて自主的に「取材協定」を締結し，当事者への接近といった取材の手法や，取材者の数自体を制限するなどを行っている．

施行後翌年に起きた北朝鮮拉致家族の帰国に際しては，各当事者の地元ごとに詳細な取り決めがなされ，厳しい自主規制が実施されたほか，まだ記憶に新しい2006年秋の秋田二児連続死亡事件では初めて，社ごとの取材者数の制限を行ったほか，代表取材の導入も検討されるなどした．このシステム導入によって，多くの混乱が未然に防止されたり，被害の拡大を抑制した面が大きい一方，自主規制が厳しすぎるのではないかとの声や，地元の警察と密接な関係を保ちつつ活動を進める各地の被害者支援センターが，同制度を「悪用」して必要以上の取材制限を求めているなどの課題も出てきている．

なお，同制度は先に述べたとおり，当該地元の記者クラブに加盟する報道機関によって構成されるものであるが，事実上，主たる新聞・放送・通信全社を拘束するものであるとともに，同取材協定は直ちに日本雑誌協会にも伝達され，同協会加盟の週刊誌等の雑誌の取材においても尊重されることが慣例化している．

　配達・販売その他　かつて「白紙でも売る」と言ったと伝えられる「販売の神様」が新聞界にはいた．その意味は，強力な販促活動の存在そのものであ

る．しかし一方で，「インテリが作ってヤクザが売る」とまで揶揄されたような，販売現場の状況が一般化し，新聞勧誘員（セールススタッフ）は怖いといったイメージが社会的に定着するに至った．実際，国民生活センターへの訪問販売上の苦情も，その強引な勧誘や，法に定める以上の景品付き販売などで，苦情が跡を絶たないという現実があった．

新聞界としてもこうした状況の改善に手をこまねいていたわけではなく，「販売正常化」を掛け声に何度となく業界申し合わせや，実態に合わせたルールの緩和によって法違反の減少に努めてきている．また，悪質勧誘員に関する情報については，発行本社レベルで共有化し，雇用しない努力や，正規に認められた勧誘員に対してはIDカード（新聞セールス証）を発行し携帯を義務化するなどしているものの，抜本的な解決には至っていないといわざるを得ない．

こうした違法・不正な販売行為に関しては，各社レベルでの苦情受付と並行して，業界として「新聞セールスインフォメーションセンター」を設置し，摘発と排除を目指している．08年5月に新聞協会から発表された「訪問販売にかかわるさらなる自浄努力の具体策」によると，訪問販売に関する規制強化策を盛り込んだ改正特定商取引法が成立したのを契機に，新聞界の法令順守の取り組みを強化するとして，旧・新聞セールス近代化センターを改組，在京6社東京本社管内の勧誘員の登録と教育指導，新聞セールス証の発行などにより勧誘員の質的向上を目指すとともに，読者からの苦情の受付と処理を業務とするという．

また同時に，読者からの苦情・相談に関する新聞社ごとの窓口組織の充実を掲げ，「平日は読者からの苦情・相談を24時間受け付ける体制を整備する．土曜日についても，必ず電話に出る体制を完備する．専用の電話，ファックス，メールアドレスを設ける．窓口組織の名称は分かりやすいものにする．紙面の目立つところに窓口組織について記載するなど，読者への周知に努める．読者からの問い合わせは，当該販売所に連絡し，対応結果を必ず本社に連絡する．」といった具体策を公表することで，ようやく一般商品並みのレベルに追いつきつ

つあるといえるだろう.

§2　新聞・通信各社の第三者組織

設置の背景と目的　以下では，先に示した新聞・通信社に設置された外部委員組織に限定して，その構成と活動について順次みていくことにする.

　多くの社は2001年から翌02年を設置年としている．これは偶然ではなく，理由がある．当時は，日本新聞協会の新聞倫理綱領が2000年に，1946年の制定以降初めて改訂されるなど，新聞の取材・報道上の批判に応える形で，目に見える改革が必要とされた時期であった．先に触れたメディア・スクラム対応が2001年にスタートしたのも，そうした一連の動きのひとつである.

　では，後押しした背景となる「出来事」には何があったのか．もちろん，継続的な事件・事故取材や報道に対する批判があったことを否定はしないが，より具体的なものとしては以下の政治的事象をあげることができる.

　第1は，2000年当時，個人情報保護法案や人権擁護法案の国会への上程が政治日程に上るなか，メディアの取材・報道の両面で具体的な法規制の動きが顕在化したことである．こうした動きに対し，言論報道機関の自律性をアピールすることによって，法規制を回避する狙いがあった.

　第2には，再販・特殊指定制度に関し適用除外の撤廃を含めて抜本的に見直す動きが改めて浮上し，それに対抗するためにも新聞の公共性を認知してもらう必要があったといえる．そのための具体的パフォーマンスとして，読者とのパイプを太くし基幹メディアとしての社会的役割をPRする制度として，これらの組織の有効性が期待された面も否定できない.

　こうした背景もあって，組織の目的のひとつには，社および発行媒体である新聞の公共性を担保するということが意識されていたと推察できる．「開かれた新聞」委員会（毎日新聞）などの名称は，その典型例である．そのうえで，一部社においてはメディア批判の対象である報道による個別の人権侵害事例の救済が予定されている.

表XV-1　新聞各社の「第三者機関」

社名	組織名	設置年	社名	組織名	設置年
（全国紙）			（関東地区）		
朝日新聞社	紙面審議会	1989	茨城新聞社	報道と読者委員会	2001
	報道と人権委員会	2001	下野新聞社	下野新聞読者懇談会	2000
毎日新聞社	「開かれた新聞」委員会	2000	上毛新聞社	読者委員会	2002
読売新聞社	「報道と紙面を考える」懇談会	2008	神奈川新聞社	紙面アドバイザー	2003
	（新聞監査委員会顧問）		山梨日日新聞社	山日と読者委員会	2001
産経新聞社	産経新聞報道検証委員会	2001	千葉日報社	（設置を検討中）	
日本経済新聞社	（なし）		常陽新聞社	（なし）	
（ブロック紙）			埼玉新聞社	（なし）	
北海道新聞社	読者と道新委員会	2001	桐生タイムス社	（なし）	
中日新聞社	（なし）		（中部・北陸地区）		
東京新聞	新聞報道のあり方委員会	2001	静岡新聞社	読者と報道委員会	2008
日刊県民福井	（なし）		岐阜新聞社	岐阜新聞の紙面を語る会	2007
西日本新聞社	人権と報道・西日本委員会	2001	新潟日報社	新潟日報読者・紙面委員会	2001
（北海道・東北地区）			北日本新聞社	報道と読者委員会	2001
十勝毎日新聞社	（なし）		福井新聞社	報道と紙面を考える委員会	2006
室蘭民報社	（なし）		北國新聞社	（なし）	
釧路新聞社	（なし）		名古屋タイムズ社	（なし）	
苫小牧民報社	（なし）		東愛知新聞社	（なし）	
函館新聞社	（なし）		信濃毎日新聞社	（なし）	
東奥日報	東奥日報報道審議会	2001	長野日報社	（なし）	
デーリー東北新聞社	読者委員会	2007	南信州新聞社	（なし）	
秋田魁新報社	さきがけ読者委員会	2003	市民タイムス	（なし）	
山形新聞社	山形新聞報道審査会	2001	（近畿地区）		
河北新報社	読者と考える紙面委員会	2001	京都新聞社	京都新聞報道審議委員会	2001
福島民友新聞社	社外紙面審査委員会（活動中断中）	2000	神戸新聞社	「読者と報道」委員会	2004
福島民報社	（なし）		奈良新聞社	奈良新聞記事審議委員会	1999
岩手日報社	（なし）		伊勢新聞社	（なし）	
岩手日日新聞社	（なし）		夕刊三重新聞社	（なし）	
陸奥新報社	（なし）		紀伊民報社	（なし）	
北羽新報社	（なし）		南紀州新聞社	（なし）	
荘内日報社	（なし）		（中・四国地区）		
米澤新聞社	（なし）		山陽新聞社	報道と紙面を考える委員会	2001
いわき民報社	（なし）		中国新聞社	中国新聞・読者と報道委員会	2001

XV 「第三者機関」の機能と課題　263

社名	組織名	設置年	社名	組織名	設置年
山陰中央新報社	「報道と読者」委員会	2002	琉球新報社	「読者と新聞」委員会	2001
愛媛新聞社	愛媛新聞「読者と報道」委員会	2002	大分合同新聞社	(なし)	
高知新聞社	新聞と読者委員会	2001	長崎新聞社	(なし)	
岡山日日新聞社	(なし)		沖縄タイムス新聞社	(なし)	
島根日日新聞社	(なし)		南海日日新聞社	(なし)	
山口新聞社	(なし)		八重山毎日新聞社	(なし)	
宇部日報社	(なし)		宮古毎日新聞社	(なし)	
新日本海新聞社	(なし)		(主たる専門紙)		
徳島新聞社	(なし)		中部経済新聞社	中部経済新聞・紙面審議委員会	2002
四国新聞社	(なし)		日本農業新聞	紙面・事業評価委員会	2002
(九州・沖縄地区)			日刊工業新聞社	(なし)	
熊本日日新聞社	読者と報道を考える委員会	2002	(通信社)		
宮崎日日新聞社	宮日・報道と読者委員会	2002	共同通信社	「報道と読者」委員会	2001
南日本新聞社	「読者と報道」委員会	2002	時事通信社	(なし)	
佐賀新聞社	報道と読者委員会	2001			

注：スポーツ紙，夕刊紙での設置事例はなし．未設置社においても読者センターやモニター制度によって同様の機能を持つ社がある．ここに掲載したのは，日本新聞協会加盟社(もしくは紙)．

　ただし，多くの社においては紙面の検証が中心で，一般的な意見具申の域を出ることなく，従来の紙面批評やモニター制度との差異は外部からでは明確に認識しづらい．また，個別の苦情申立てに対する対応については，委員に十分な調査権限や何らかの強制力が存することは一般になく，権利侵害の実効的な救済というものにはなりにくいことが推察される．

　関連して，検討内容の公表や苦情申立人に対する通知の方法も，社がまとめ記事を紙面化する方法が一般的である．こうした紙面公表という形式自体が，当事者に対する個別救済を目的としていないことの現れでもある．

　組織の基本構造　まず，設置新聞社の数は新聞協会加盟社ベースでいえば，半分弱(81社紙中，38社紙)であるが，発行部数ベースでいえば7割強である．一覧表(図XI-1)から明らかなとおり，全国紙の日経と，ブロック紙の中日が未設置のほか，大手地方紙でも，岩手，信毎，北國，四国，大分，長崎，沖縄など，当該県を代表する県紙であって，日本の新聞界の中でも重要な地位を占め

る地方紙に存在しない状況がある．

　組織の構成は原則，社と直接の利害関係がない「有識者」が選出されており（ごくまれに，社の顧問弁護士や有力地元スポンサー企業の役員が委員となっている例もないわけではない），第三者性を意識したものになっているのが最大の特徴である．ただし，その第三者性はあくまで外形的なものであることが一般的で，たとえば，その選出についてはもっぱらスカウト方式であって，公募を行っている社は存在しない．

　構成委員はおおよそ3～5人が一般的で，大学関係者（一般に地元大学の教員），法曹関係者（一般に弁護士），ジャーナリスト（作家）と，地元企業役員が含まれることが多い（そうしたなかで，神奈川新聞のアドバイザー1人だけというのはユニークである）．最近は，市民団体やボランティア組織の代表など，随分とバラエティに富んできているように見受けられる．過半数は任期を設けており，設置からすでに10年近くが経過していることもあって，委員の改選がなされている社も少なくないが，多くの社では委員の選任が悩みの種であるとの声が出されているという．

　第三者性を示す外形的なものとしては名称があるが，一覧表から明らかなとおり，その多くは「報道と読者委員会」もしくは「報道審議会」といったような，外部の者による報道内容のチェックが行われていることをイメージするような名称となっている．一方で，社の中でのポジションは，編集権との関係は不明瞭である．こうしてみてくると，新聞社における外部委員会は，幹部が，年に1～2回から数回，自らの紙面について地域のご意見番から感想を拝聴する場との色彩が強いともいえる．

　考えられる役割と機能　新聞をはじめとする言論報道機関が，取材・報道に関わる広義の「自主規制制度」を設置する場合の想定される目的は一般に，新聞の自由の擁護，新聞倫理の向上，人権侵害の個別救済の3つである．

　典型的な形態としては，従来一般に，「プレスカウンシル」（報道評議会）として知られている，言論報道界が共同で設置する組織がある．イギリス，スウェー

デン，カナダ，オーストラリアほか各国に存在し，活動の中身には差異があるものの一定の社会的評価を得るに至っている．さらに，社別もしくは業界で設置する一般に「プレスオンブズマン」と称される制度も，同じ役割・機能を持つ制度として一緒に考えることができるだろう．

ここでいう表現の自由の擁護は，取材・報道の自由を制限する目的もしくは悪影響が想定される立法や政策に対し，そもそもそのような立法事実（問題とされる事象）がないこと，あるいは想定される問題点については十分に既存の組織で対応可能であることを示すなどによって，結果的に公権力規制（立法）を回避するといった働きを指す．

あるいは，公権力からの特定の社や媒体が個別に攻撃を受けた場合に，「独立外部機関」としてそれに対抗もしくは社をサポートすることもありうると思われる．逆に，当該報道機関が公権力に擦り寄った場合にはそれを正すことによって，表現の自由を擁護する働きもあってよかろう．

その意味で，日本の新聞各社による第三者機関の設置は，結果からみるならば，再販撤廃の回避や，個人情報保護法に例外措置が盛り込まれるなど，先に述べたように「それなり」の間接的な効果をもたらしたとみることもできるだろう．ただし，個々の組織や委員に，その種の意識があるかどうかは定かではないし，むしろ期待もされていないのではないかと思われる．

次の取材・報道倫理の向上については，業界としての倫理綱領や行動基準を策定すること，それを遵守するための活動が第一に挙げられる．これらのガイドラインを基にした日常的な紙面検証のほか，記者等の教育研修・啓蒙活動もあるだろう．日常的なOJT（オン・ザ・ジョブ・トレーニング）による倫理向上のための活動とともに，若手記者を優れた報道機関に留学させたり，中堅記者を大学教育機関によって再教育するなどの制度構築も，倫理の向上には大切な要因である．こうした働きを当該組織が担う可能性も十分ある．

さらには，優れた記事や記者を顕彰することも，報道界全体の底上げにとって重要である．もちろん，個別の社で「社長賞」とか「編集局長賞」という形

で，日常の報道活動に対する社内評価が下されることはあっても，一般にそれらはライバル紙との関係での勝ち負けの結果であることが多い．そうではなく，新聞の力を「外部の目」で見て評価し，それを市民社会にアピールすることは，結果として報道界全体において書き手の取材・報道の力をアップさせることにつながるはずである．

また，紙面づくりは読者との相互作用のなかで形成される面も大きいことから，読者のリテラシー向上も，広い意味での新聞倫理向上の活動といってよかろう．

個別救済にとっての機能　その一方で個別救済の点については，いくつかの権能を持たせることが条件となるだろう．1つ目は，網羅性である．地域で報道活動に従事するすべての新聞社においてこの種の組織ができないと，絵に描いた餅になってしまう恐れがある．現状は冒頭に記したように，日本を代表する新聞で未設置になっていることから，この条件を満たすものではない．

この点について，将来の方向性は2つあり，個別社ごとの設置を期待する方法と，業界として（たとえば，新聞協会加盟社を網羅するものとして）組織を構築する方法である．後者の変化型として，地域ごとに組織を作る方法も考えられてよい．実際，深刻な人権侵害事例は，同様の記事が当該地域で発行される新聞にほぼ同じく掲載される場合も少なくないし，複数紙誌の報道の組み合わせによる「パッチワーク被害」も考えられることから，検討の価値があると思われる．メディア・スクラム対応では地域ごとの対応を行っていることもあり，その素地がないとはいえない．

第2には，強制性や拘束性である．調査がおざなりなものであったり，裁定が形式的なものであっては，申立人の怒りは収まらないだろう．そのためには，調査に際しては新聞側が全面的に協力することが大前提である．取材メモや取材源の開示までは求めないにしても，法廷での対応とは違った，「申立人の立場」に立った救済のための自助努力が求められるところである．

また，裁定によって誤りが指摘された場合は，その内容を受け入れ，対応を

取ることが約束されていることが重要である．こうした「自律性」は自主規制制度の背骨のようなものである．この点においても，社との関係が不明確な現在の制度は，自律的であるとは言い難いのではなかろうか．

これに関連して3つ目は独立性である．むしろその重要性としては最初に挙げるべき条件であって，目的である表現の自由擁護をいうにせよ，権利救済を求めるにせよ，報道機関の一部とみられてはその役割を果たせないばかりか，むしろマイナスの効果しかない．人員構成，組織，財政の各面で，まずは政府や政党，あるいは特定の団体などから完全に独立であることが求められる．そのうえで，「報道界の利益確保のため」であったり，「紙面の品質管理のため」というのではなく，報道機関から分かりやすい形で独立性を示すことが大切である．

ただし一方で，委員の構成についていえば，必ずしも全員が外部である必要性はない，との考え方も取り得る．むしろ海外の事例をみても，委員の半数が出資する報道機関・団体や関連メディアの編集責任者で構成される例は少なくないどころか，むしろ一般的ですらある．それは，現場の状況を理解し代弁するものの必要性，出資機関としての責任と役割あるいは最低限の意見表明機会の確保，という観点から，必要不可欠と理解されている．

第4は透明性である．一連の手続きがきちんと公開されていて（会議が公開されているという意味ではない），結論にいたる理由が明示されていることが重要である．苦情の受理，審議，裁定のプロセスが適正に行われていることが，申立人に理解されてこそ，こうした制度は信頼性を勝ち得て成立しうる．また，組織そのものの構成についても，選任手続き等の透明性を確保していることが忘れてはならない点である．

§3 「第三者機関」の課題と将来性

他の業界の現状　新聞界に現在設置されている第三者機関は，すでに述べたとおり，改善の余地が大きい制度設計になっているし，十分機能しているか

どうかについても，疑問符がつくものも少なくない．ただし日本においても他の報道界では，さらに進んだサービスが始まっている．たとえば，放送界（NHKと民放）では，BPO（放送倫理・向上機構）が1997年に設置され，すでに10年を超える実績がある．

具体的な組織構造としては，NHKと民放各社によって出資され・運営される組織として，BRO（放送と人権等権利に関する委員会機構）として発足し，その後，以前からあった放送番組向上委員会との合併・改組を受けて現在に至っている．組織は，個別番組によって侵害された人権救済を扱う「放送と人権等権利に関する委員会」のほか，放送番組全般の検証・提言機関である「放送倫理検証委員会」，青少年が視聴する放送番組の向上を目指す「放送と青少年に関する委員会」の3つの委員会に分かれて活動している．

そこでは，前に掲げた機能と役割が，ほぼ実現しているといえ，メディア界における自主規制制度として，あるいは第三者性を持った外部委員組織としての一定の完成型をみることができる．具体的には，組織上もメンバー構成も独立性が確保され，放送全社を対象とする網羅性があり，調査には協力することや裁定には拘束を受けることがBPOと放送各社間で約束されており，そして結論はその都度記者発表されるほか，ウェブサイトや印刷物で配布されていて透明性が担保されている．

もちろん，継続的な見直しは必要であって，たとえば，08年にスタートした検証委員会と以前からある放送人権委員会の切り分けをどうするのか，権利救済の申立人が決定後に訴訟に持ち込むケースが1割を超える点は，改善が期待される点であろう．

また，出版界では，ちょうど新聞社と同じ時期に，「雑誌人権ボックス」を設置し，権利侵害があった場合の窓口を業界として設けたものの，機能しているとはいえない状況である．もっぱら，各社の対応に任されているといった方が適切であろうし，さらにいうならば，個別の民事損害賠償訴訟によって，多くの事例が司法の場で争われている実態がある．

XV 「第三者機関」の機能と課題　269

事件報道見直しとの関係　それではより具体的に，新聞界における自主規制機関あるいは第三者機関（外部委員組織）として，どのような姿が考えられるのか，日常の事件報道との関係のなかで少し考えておきたい．

日本の新聞界は，1980年以降の一般市民からの本格的なメディア批判のなかで，80年代後半，報道段階ではあくまで容疑者に過ぎない人物を，「犯人視」して報ずることから大きく転換した．従来の呼び捨て報道を改め，「○○容疑者」もしくは肩書きをつけて報道することに変更したからである．

同時に，それまでの「見てきたように書く」とまではいわないまでも，話を作ることや誇張することなく，容疑者の様子や自白を伝える場合には，「調べによると」「警察によると」といった，あいまいながらも情報源を峻別するようになった．こうした情報源の明示によって，一方的な警察リークと一体化した記事づくりにならないよう，記者が鍛えられる側面もあったであろう．

そして90年代の「報道被害」という言葉が一般化し，さらにメディア批判・不信が強まるなかで，倫理綱領の改訂によって，報道界は市民社会へのメッセージを明らかにしたわけである．たとえば，反論機会の提供などが，新たに明示的に加わった，新基準による新しい事件報道方針の提示である．

しかしその後も残念ながら，メディア不信の声は弱まらない．むしろ，犯罪被害者対策基本計画決定や個人情報保護法成立の際に発表された新聞協会声明に対する反応をみると，新聞社の身勝手を迫る声の方が多いくらいである．それは，反対するだけでなく，何を改善するのかが明確なメッセージとして伝わっていないからであろう．

そうであるならば，個々のメディアとともに，新聞界全体のレベルで，新たな事件報道のスタイルを提唱し，それによって読者の信頼感の回復を図る道をとらねばならないだろう．実際に報道界では，07年秋の最高裁・総括参事官の「捜査機関が取得した情報をあたかも真実であるかのように報道することには問題がある」などの具体的な「要望」に呼応する形で，識者コメントのありようなどについて検討がされている．

しかしそうした小手先の変更は，必ずしも読者に「変化」を理解させるには乏しいだろう．また，侵害された権利の救済にはほとんど役に立たない．そのなかで，大きなインパクトを与えるとしたら，前節で詳述してきた「報道評議会」制度の導入である．報道スタイルではなく，充実した苦情対応システムのスタートこそが，読者・市民社会に対する新生新聞界のアピールにふさわしいであろう．

とりわけ，裁判員制度の開始時期は，事件報道や裁判報道でトラブルが発生する可能性も高い時期である．それはまた，メディア不信が高まる可能性を意味する．そうした時期にこそ，新たな道を具体的に示すことは，新聞の信頼性確保に絶好の機会であるともいえる．

<mark>日本モデルの構築に向けて</mark>　最後に改めて，重層的な苦情対応システムのひとつとして，メディアによる第三者機関をとらえ，社会全体の位置づけを確認しておきたい．

権利侵害された者にとっては，社会において救済の手段が複数存在することが好ましい．すでに日本には，刑事と民事の裁判による司法救済が実行されているほか，法務省人権擁護局（全国の人権擁護委員）への申立てに基づき，人権侵犯事例としてメディアの取材・報道がその対象になることも珍しくない．最近では，講談社の『僕はパパを殺すことに決めた』の出版によって，当事者の少年やその父親が訴え，東京法務局は講談社および著者に対し，謝罪や被害拡大の防止（事実上の販売自粛）といった「勧告」を行っている（2007年）．

法務省の行うことができる行政措置（処分性はなく，その点で強制力はない）は，「援助」（法律上の助言や関係機関への紹介），「説示」（反省を促し善処を求めるため事理を説示），「要請」（被害の救済のための実効的な対応ができる者に対し必要な措置を執るよう求める），「調整」（相手方との話合いを仲介）のほか，「啓発」やとくに重大・悪質な事案に関し文書をもって是正を求める「勧告」，さらに刑事訴訟法の規定に基づく「告発」がある．

表現行為関連では，インターネット上のプライバシー侵害や差別表現の事例

が多いとされているが（法務省年次報告文書から），マスメディア関連の具体例としては過去には少年事件報道に関わるものが多いのが特徴的である．新聞についての勧告例は，最近では存在しない（過去の例については，法務省が情報公開に応じないために不明）．

　こうした司法や行政機関以外のものとしては，日本弁護士連合会の人権擁護活動などがあるが，「安簡早」の，つまり費用が廉価（もしくは無料）で，専門的な知識が不要で自分で手続きが可能な容易さが確保されていて，しかもスピーディーな判断が期待できる制度が，十分であるとは言い難い状況にある．

　だからこそ，重層的な制度を日本社会に作り出していく際に，その選択肢のひとつとして国内人権委員会制度があるといえる．人権擁護法案としていったん廃案になった状況で，成立の見込みが立っていない法制度ではあるが，一定の条件つきであれば表現行為もその対象になることを拒絶するわけにはいかないだろう．

　その条件とはまず，自主規制制度があるメディア領域には手出しをしないことである．表現の自由の法体系は当初より，メディアの自主規制を前提として考えられている．行き過ぎた表現行為は，国による強権的な規制ではなく，可能な限り自律的なメディア自身によってコントロールされなければばらない．

　したがって，自主自律の苦情対応システムがあれば，その領域はそのシステムの自浄作用に任せるのが道理である．多くの国でプレスカウンシルはあくまでも民間の組織であって，国の関与は許されないし，司法も含め国の関与は自制的である．

　そして自主規制制度がないメディア領域については，すぐに司法に委ねるのではなく，一義的に独立した行政機関による救済に委ねるとの考え方である．その場合も第2の原則である，強制力を有しない方法で行うことが条件である．説得と納得という言い方がされるが，委員会によって当該表現者を説得し，決して公権力を笠に着た行政処分を行うことがあってはならないと考える．それが，表現行為に対する公権力の振る舞い方である．

もちろん，それ以外にも，法務省の管轄下に入らないとか，委員の構成は半数以上政府関係者ではなくNGO機関に与えるなどの，「国際標準」に従うことが求められるだろう．その意味で，現在検討されている人権擁護法案が，まったく似て非なるものであることはここで改めて指摘するまでもない．

同時に，新聞界がここでいう自主的な制度を有するようになることが期待される．しかもその制度は，現行の紙面検証機関ではないこともまたいうまでもない．そして，前述の条件を備えた，真の第三者組織として設置されるのであれば，その形態は業界統一的なものでなく，社別のオンブズマン方式や地域別の制度であっても，日本型苦情対応モデルとして新聞界にとどまらず市民社会全体にとっても大きな意味を持つことであろう．

(山田　健太)

参考文献

東京弁護士会人権擁護委員会編『報道被害対策マニュアル──鍛えあう報道と人権』花伝社　1996年

潮見憲三郎『オンブズマンとは何か』講談社　1996年

河野義行『「疑惑」は晴れようとも──松本サリン事件の犯人とされた私』文藝春秋　1997年（文庫版2001年）

読売新聞社編『「人権」報道──書かれる立場，書く立場』読売新聞社　2003年

クロード＝ジャン・ベルトラン編著，前澤猛訳『世界のメディア・アカウンタビリティ制度──デモクラシーを守る七つ道具』明石書店　2003年

山田健太『法とジャーナリズム』学陽書房　2004年

柴田鉄治・外岡秀俊編『新聞記者　疋田桂一郎とその仕事』朝日新聞社　2007年

『AIR21（朝日総研レポート）』2008年9月号（特集・メディアの第三者機関の役割）

キーワード

苦情対応システム，校正・校閲，メディア・スクラム（集団的過熱取材），販売正常化，プレスオンブズマン，個人情報保護法，第三者機関（外部委員組織），BPO（放送倫理・向上機構），報道被害，国内人権委員会，人権擁護法案，プレスカウンシル（報道評議会），

終章　ネット社会と新聞

§1　世界の新聞の趨勢

新聞の購読　世界新聞協会（WAN）は 2008 年 6 月，スウェーデンのイエテボリで第 61 回世界新聞大会と第 15 回世界編集者フォーラムを同時開催した．ここには世界中から 1800 を超える新聞社の幹部が参加し，将来の新聞について議論した．その結果，「参加者たちはいくつかの明らかな事実を確認し，楽観的な気分を取り戻してそれぞれの母国へ帰っていった」と会議直後に発表された WAN のコメントは述べている．

コメントによれば，「明らかになった事実」とは以下のようなものであった．

1. 新聞は世界で総額 1900 億ドルにのぼる産業であり，17 億人の読者に日々届けられている．
2. フリーペーパーを含めた世界中の新聞の発行部数は，昨年より 3.65 ％，過去 5 年間で 14.3 ％それぞれ増加している．
3. 新聞広告は今後 5 年間で 17 ％伸びると見込まれており，これは過去 5 年間でもっとも高い伸び率である．
4. 印刷された新聞は広告シェアの 40 ％を占め，世界でもっとも巨大な広告メディアであり続けている．

実際，WAN が発行する『World Press Trends 2006』（世界新聞年鑑 2006 年版）の序文も，「2005 年で 400 歳を数えた新聞は，2006 年も世界中でマス・メディアとして発展し続けている．新聞は約 10 億人以上の人に毎日読まれており，2005 年には約 8000 の日刊紙が世界中で発行されている」と胸を張って宣言した．

WAN の統計によると，2005 年に有料・無料の日刊紙の数は合計で前年比 3.31 ％増，5 年間で 14 ％以上増加した（ただし，急激に増加しているインドの数値は含まれていない）．また，その合計発行部数も前年比 2.36 ％，5 年間で 9.95 ％

増加している．このうち，有料日刊紙の発行部数は前年比0.74％，5年間で6.39％それぞれ増加している．

「新聞離れ」といわれているのに，なぜ世界では増えているのだろうか？次の表は，地域別に有料日刊紙の発行部数，有料・無料日刊紙合計発行部数をWANが地域別に集計したものである．

表 終-1　世界の日刊紙の発行部数

(単位：1000部)

	有料日刊紙			有料＋無料日刊紙		
	2001年	2005年	増減率	2001年	2005年	増減率
アフリカ	2,774	3,097	11.64％	2,834	3,162	11.57％
北アメリカ	61,494	58,747	−4.47％	63,620	64,067	0.70％
南アメリカ	12,031	11,154	−7.29％	12,995	11,706	−9.92％
アジア	246,785	283,428	14.85％	247,210	289,023	16.91％
オセアニア	3,811	3,695	−3.04％	4,051	3,875	−4.34％
ヨーロッパ	96,786	90,654	−6.34％	104,795	107,019	2.12％
合　計	423,681	450,775	6.39％	435,505	478,852	9.95％

出所）World Press Trends 2006 より作成

これをみると分かるように，有料日刊紙が増えているのはアフリカやアジア諸国であり，欧米諸国では有料日刊紙の発行部数は減少している．有料・無料合わせた発行部数が増加していることは，いかに無料日刊紙が有料日刊紙の減少分を補ってなお余りある勢いで伸びているかを如実に表しているかが分かるだろう．欧米諸国の有料日刊紙は，フリーペーパーとネットの挟み撃ちにあって危機的な状況を迎えているのが現実である．

　米国の場合　特徴的な例として，米国の状況をもう少し詳しく見てみよう．たとえば，全米538の日刊紙（平日）の2007年4月から9月まで半年間の発行部数は，前年同期比で2.5％減少し，4069万部となった．日曜紙609紙の発行

部数も 4677 万部で，前年比 3.5％の減少である．合計すると，米国の新聞全体で前年より約 3％も減ったことになる．

このうちの上位 25 紙の発行部数は次の表をみてもらいたい[1]．部数を伸ばしたのは USA Today などわずかに 4 紙であり，NY Times や Washington Post など有力紙が大きく部数を減らしているのが目立つ．

表 終-2　全米上位 25 紙の 2007 年 4〜9 月の発行部数

新聞紙	発行部数 (07 年 9 月)	前年同期比
USA TODAY	2,293,137	(+1.04％)
THE WALL STREET JOURNAL	2,011,882	(−1.53％)
THE NEWYORK TIMES	1,037,828	(−4.51％)
LOSANGELES TIMES	779,682	(+0.50％)
DAILY NEWS, NEWYORK	681,415	(−1.73％)
NEWYORK POST	667,119	(−5.24％)
THE WASHINGTON POST	635,087	(−3.23％)
CHICAGO TRIBUNE	559,404	(−2.90％)
HOUSTON CHRONICLE	507,437	(−0.13％)
NEWSDAY	387,503	(−5.62％)
THE ARIZONA REPUBLIC	382,414	(−3.75％)
THE DALLAS MORNING NEWS	373,586	(−7.68％)
SANFRANCISCO CHRONICLE	365,234	(−2.29％)
BOSTON GLOBE	360,695	(−6.66％)
THE STAR-LEDGER, NEWARK, N.J.	353,003	(−2.78％)
THE PHILADELPHIA INQUIRER	338,260	(+2.31％)
STAR TRIBUNE, MINNEAPOLIS	335,443	(−6.53％)
THE PLAIN DEALER, CLEVELAND	334,195	(−0.81％)
DETROIT FREE PRESS	320,125	(−2.61％)
THE ATLANTA JOURNAL-CONSTITUTION	318,350	(−9.08％)
THE OREGONIAN, PORTLAND	309,467	(−0.43％)
ST. PETERSBURG (FLA.) TIMES	288,807	(+0.04％)
THE ORANGE COUNTY REGISTER	278,507	(−3.03％)
SAN DIEGO UNION-TRIBUNE	278,379	(−8.53％)
ST. LOUIS POST-DISPATCH	265,111	(−4.18％)

注) WSj は，オンラインの有料購読者も含む．
出所) ABC

また，米国の新聞の発行部数減少の推移を示す次のグラフを見ても，その傾向がいちじるしいことは明白であろう[2]．

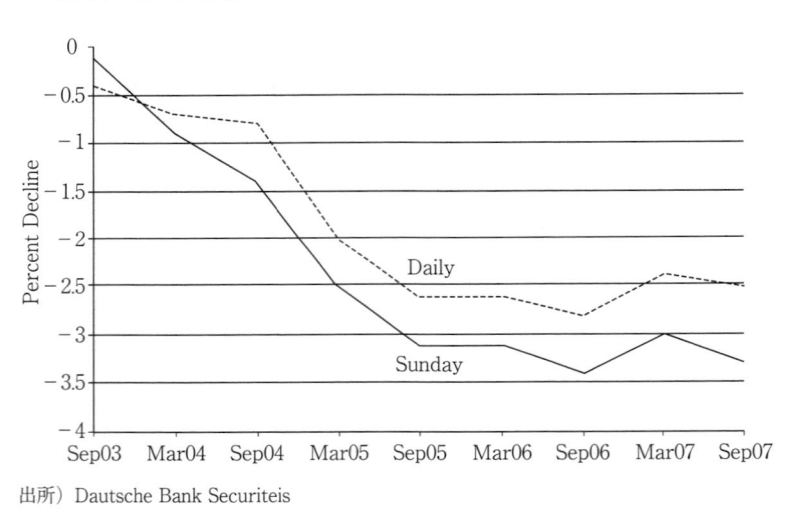

図終-1　Daily and Sunday Circulation Declines（2003-2007）

出所）Dautsche Bank Securiteis

経営悪化に伴って，米国の新聞社ではレイオフの嵐が吹き荒れている．2008年1～4月上旬までのわずか3カ月弱の間に，約70の新聞社で合計約1800人がレイオフされた．

たとえば，シアトル・タイムズ　192人，ボストン・グローブ　60人，サンノゼ・マーキュリー・ニューズ　50人，ニューヨーク・タイムズ　100人，ロサンゼルス・タイムズ　100～150人，ボルチモア・サン　45人，といった具合だ[3]．

日本の場合　　一方，日本の場合はどうだろうか．詳細は，第Ⅹ章で説明しているが，日本新聞協会の調査によると，日本の新聞の総発行部数は1999年の約5256万7千部（朝夕セットを1部と計算）をピークに漸減傾向に転じており，2007年10月現在の協会加盟121紙の総発行部数は，5202万8671部，前年同期比0.5％の減少だった．

このうち，スポーツ紙は3.6％も減少しているのに対して，一般紙の減少率は0.2％である．相対的にみれば，米国と比べて日本の新聞の減少率は低いし，国内のスポーツ紙と比較しても一般紙の減少率は低い．しかし，それでも長期低落傾向にあるという厳しい現実は変わらないといえるだろう．

§2 フリーペーパーとネット

「メトロ」の誕生　スウェーデンのストックホルムで無料紙「メトロ」が誕生したのは1995年のことである．その後，急激な勢いで世界中に広まり，2007年1月現在，世界20カ国の100以上の主要都市で，18カ国語で70種類の版が発行されている．読者は日刊紙で2000万人以上，週刊紙では4200万人にのぼるという．「メトロ」の後を追って，数多くのフリーペーパーが各国で登場し，一国の新聞総発行部数のうちにフリーペーパーが占める割合は，アイスランドで72％，スペインでは46％など，もはやフリーペーパーがその国のメーン・ストリーム・メディアになっている国も出始めている．

フリーペーパーに対する既存の有料紙側の対応策は，① 妨害・排除，② 歓迎，③ 対抗紙の発行，④ 共同発行，⑤ フリーペーパーへの自らの転身などさまざまだ．以下，日本新聞協会報や新聞通信調査会報などで伝えられたいくつかの動きを紹介する．

英国では，有力新聞グループが先手を打って「メトロ」の商号を登録して独自の「メトロ」を先行して発行することで「メトロ」の上陸をはばんだ．その後，既存有料紙によるフリーペーパーの発行が相次ぎ，ロンドンでは朝夕刊合わせて4紙が競争しているが，「有料紙との共倒れ」を危惧する声も出ている．

フランスでは，高級紙「ルモンド」が「メトロ」のパリ進出に対抗して，「マタン・プリュス」という新しいフリーペーパーに共同出資し，2007年2月からパリとその近郊で35万部を配布している．この結果，パリ圏では朝夕刊合わせて4つのフリーペーパーがしのぎを削っている．

オランダでは，同国最大の全国紙を持つテレグラーフ社が自らフリーペー

パー「スピッツ」を発刊し，メトロ進出をはばんでいる．

ヨーロッパ全体でみると，フリーペーパーの総発行部数のうち「メトロ」は33％，ノルウェーの「20ミニッツ」が9％，その他の独立ペーパー6％が占めるのに対して，既存の新聞社発行のフリーペーパーは計51％に達している．広瀬英彦・東洋大学名誉教授は「既存紙にとってフリーペーパーは，もうひとつの広告収入源であり，他紙の侵攻に対する防波堤という存在になったのではないだろうか」と分析している．

米国では，首都ワシントンへの「メトロ」進出を前に，まず2003年からワシントン・ポスト社が「エクスプレス」を発行．同年に有料紙からフリーペーパーに転じたサンフランシスコの「イグザミナー」も2005年にワシントンに進出して「ワシントン・イグザミナー」を発行し，競争が激化している．

一方，韓国では，2002年に「メトロ」が進出したのを皮切りに6紙のフリーペーパーが現在発行されている．一都市でこれほどフリーペーパーが多く発行されているのは世界でもまれなケースで，スポーツ紙1紙が破産したほか一般紙の売上にも大きな打撃を与えている．

日本では，生活情報紙・誌としてのフリーペーパーが隆盛をきわめているが，ニュースを中心とした無料の新聞は2002年に「TOKYO HEADLINE」が創刊され，首都圏で配布されているほかに目立ったものはない．このため，"ライバル"として有料紙に脅威を抱かせるようなフリーペーパーはほとんど存在しないといってよい．既存の新聞各社では，たとえば，朝日新聞が20～30代の働く女性を対象にした「ジェイヌード」を，河北新報は不動産情報誌「イルミーオせんだい」を創刊するなど2006年秋以降，無料紙・誌を相次いで創刊している．

合言葉は「ウェブファースト」　2007年12月31日，シンシナチーなどをカバーする米国の地方紙 The Post が大晦日のこの日を最後に紙の新聞発行を止め，126年にわたる歴史の幕を閉じた．同紙はその代わり，オンライン版のKYPost.comを立ち上げた．記者はわずか2人．かつていた50人の編集スタッフは……？

こうした例はまだ少ないかもしれない．しかし，世界中の新聞社はいま，紙の新聞の発行と同時並行して，ネットでの発信に大きく傾斜し始めている．ここでも，新聞協会報やオンラインメディアをウォッチしている「メディア・パブ」などで伝えられた動きを以下紹介しよう．

「ウェブファースト」あるいは「オンラインファースト」は，いまや欧米の新聞各社の合言葉になっている．

米最大の新聞グループ「ガネット社」の傘下89の地方紙は2006年11月から，サイトによる24時間体制のニュース提供を始めた．編集局も「地域情報センター」と改称し，取材現場でビデオも写真も撮影する「モバイル・ジャーナリスト（モジョ）」を育て，ウェブ，携帯端末への多角的な情報発信を目指したものだ．

ニューヨーク・タイムズも速報ではオンラインファーストの体制を整えている．記者がまずウェブ用に一報を書き，記者6人，編集者6人の「継続報道デスク」が必要に応じて続報を書く．この間，一報を送った記者は本紙用の詳しい分析記事の執筆に専念できるようにするためだ．2008年春には新しい社屋にネットと紙の新聞のための「統合編集室」も完成した．

米国では，新聞のニュースサイトが単に新聞本紙の記事をネットで配信する時代は終わり，各社は紙の収入源を補い，取材網を維持するために，24時間速報体制をとるとともに，動画やポッドキャスト，携帯向けサービス，RSSフィード配信，SNSなどウェブの技術を取り込んでいる．

記事データベースの開放　サイト上では，新聞発行の長い歴史を"資産"として活用する工夫もみられるようになった．記事データベースの開放である．

英紙ガーディアンを発行するGuardian News and Media社は，過去212年間の記事をデジタルアーカイブ化し，有料のオンラインサービスを2007年11月から開始，ナポレオンの「ワーテルローの戦い」を報じた1815年の同紙記事を閲覧することもできるようになった．

米紙ニューヨーク・タイムズも2007年秋から，1851年以降のすべての同紙

記事を収めたデジタルアーカイブの閲覧サービスを一般に始めた．そのうちの1851年から1922年まで70年間の記事のPDFファイルについては，タイムマシンをもじった「TimesMachine」と名づけ，2008年5月から同紙の定期購読者のみを対象に閲覧サービスを始めている．第一次世界大戦終了を報じる1918年11月11日の新聞やリンカーン大統領暗殺を報じる1865年4月15日の新聞の記事が読めるのである．

　ノルウェーの主要紙アフテンポステンとベルデンスガング（VG）を所有するシブステッド社はオンライン事業に成功した象徴的な存在といえる．VG紙の発行部数と広告は減少しているが，同社の案内広告サイトは同国内10位の人気サイトとなった．オンライン広告は新聞広告収入の3割でしかないが，利益率が65％と高いため，新聞の損失をカバーしているという．

　しかし，このようなケースはまだ少なく，多くの新聞社ではさまざまな"ネット・シフト"の努力にもかかわらず，紙媒体の販売・広告収入の落ち込みに対して，ウェブ広告収入はまだまだそれを補うところまでいっていないのが実情といえるだろう．

§3　新聞の未来

新聞ジャーナリズムの特徴　ここまで，現代の新聞が直面しているフリーペーパーとネットという2つの大きな変革要因と，その中でもがいているようにみえる新聞の現状について述べてきた．

　では，新聞の未来はどうなるのだろうか？　ネットがもたらす新聞への影響については「第XII章　メディア・イノベーションの衝撃」で詳しく述べられているが，ネット発信を中心にした新聞社の新たなビジネスモデルは，まだまだみえてきていない．このため，確かな予測をすることは困難さを伴うが，少なくとも次のことはいえるだろう．

　それは，これまで約400年にわたって新聞が行ってきた「ジャーナリズム＝報道」の重要性は，今後とも変わらないだろうということである．新聞ジャー

ナリズムの特徴は次の3点からであろうと思われる．すなわち，① 人びとの役に立つニュースをさまざまな分野から選んで日々伝える，② ニュースの価値づけがひと目で分かる，③ 紙を使った印刷媒体である——ということである．①と②は人びとにとってどの時代でも欠かせないことであり，③は紙メディアの利便性である．こうした特徴があるからこそ，新聞はつねにメーンストリーム・メディアとしての地位を保ってきたのである．

確かに，ネットの普及とネット上での表現技術は日々進歩し続けており，ネット上ではさまざまな形態のニュース提供が行われている．若者を中心に，新聞を読まない人びとが多くなっていることは世界中でみられる傾向であることは間違いない．しかし，上記の①と②は，ネット上でも十分実行できるであろうか？　もちろん利便性の高い「電子ペーパー」の開発など，今後の技術の進展をみなければ即断はできないが，現在のところ，それはきわめて不十分であるといわざるを得ない．人びとの関心は，断片化された個々のニュースに向かって"繭化"する傾向がみられるし，紙媒体の利便性は，フリーペーパーがこれほどまでに隆盛となっていることからみても証明されているといえるだろう．ネット社会でも「紙」は依然として生活の中に根づいているし，将来それが人びとのニュース収集の中心的ツールであるかどうかは別にしても，「紙」の新聞がなくなることはおそらくないであろう．

自由で責任あるプレス　ここで思い出してほしいのが，いまから約60年前の1947年に，米国「プレスの自由委員会（通称ハッチンス委員会）」がまとめた「自由で責任あるプレス」という報告書の内容である．

報告書は第2章「プレスに対する社会の要請」のなかで，プレスに次のように振る舞うよう要請している．

1. その日の出来事についての，正確で，総合的で知的な説明を，それらの出来事の意味が分かるような文脈のなかで報道すること．
2. 論評や批判の交流のための広場となること．
3. 社会の中の諸グループの意見や態度を互いに表明し合う手段となること．

4. 社会の目標や価値を示して明確にする手段となること．
5. プレスの伝える各種の情報，思想，感情を通じて，社会の全成員が情報に十分接近できる道を開くこと．

　ここでいう「プレス」とは，「ラジオ，新聞，映画，雑誌，書籍等マス・コミュニケーションの重要なメディアすべて」を指しているが，委員会が主に念頭に置いたのが新聞であったであろうと想像することは難くない．当時も，いまのネットが現代社会に登場したのと同じように，ラジオ，映画といった新しいメディアが台頭していた時代であった．だが，ジャーナリズムの主流となるべきは依然新聞であり，その新聞の果たすべき社会的責任＝良質なジャーナリズム＝とは何かを明確にした上で，その実行を期待したのである．

　翻って現代のマスメディア状況を考えれば，このような社会的責任を担うことができそうなマスメディアの主体は登場しているであろうか．ポータルサイトにニュースを提供しているのは新聞・通信社であり，ブロガーがコメントするもとになるニュースの多くもまた新聞・通信社が提供している．つまり，人びとが頼ることのできるニュースは，多くの記者を擁して組織的にジャーナリズムを行う新聞社であることを考えれば，将来のビジネスモデルがどのようになろうとも，ニュースを組織的に発信できる新聞社は今後も生き残っていかなければならない．そのためには，新聞が"良質なジャーナリズム"を行っていくことで人びとの信頼を得続けることがもっとも求められているといえよう．

（橋場　義之）

注
1）オンラインメディアをウオッチしているHP「メディアパブ」2007年11月7日
　　（http://zen.seesaa.net/archives/200711-1.html）
2）同上HP　2008年3月18日
　　（http://zen.seesaa.net/archives/200803-1.html）
3）同上HP　2008年5月24日
　　（http://zen.seesaa.net/archives/200805-1.html）

参考文献
WAN『World Press Trends』2006, 2007, 2008年版
日本新聞協会『日本新聞協会報』
新聞通信調査会『新聞通信調査会報』

キーワード
フリーペーパー，ネット，レイオフ，ウェブファースト，モジョ，SNS，デジタルアーカイブ，ビジネスモデル，電子ペーパー，社会的責任

索　引

あ　行

朝回り（朝駆け）……………… 55-56
アジェンダ設定……………………24
足尾鉱毒事件…………………… 124
あらたにす………… 8, 54, 63, 152
生きる力………………………… 231
iza（イザ）！（記者ブログ）……… 144
石原慎太郎…………………………23
インターネット
　　インターネットと国際報道… 105
　　インターネットと広告… 199-203
　　ウェブ………………………… 136
ウェブファースト…………… 152, 278
　　新聞とインターネットとの違い
　　　　………………………… 184-185
新聞のインターネットサービス… 198
　　ネット報道規制……………… 167
ウォーターゲート事件………… 60, 62
SNS…………………………… 210, 279
NIE……………………………… 226-240
　　NIE以前 ……………………… 227
　　NIE推進協議会 ……………… 229
　　NIEとは ……………………… 226
　　NIEの提唱 ……………… 227-228
　　アメリカのNIE ……………… 228
　　広義のNIE …………………… 235
　　新聞提供事業………………… 229
　　日本型NIE …………………… 229
　　日本新聞教育文化財団……… 229
NIU……………………………… 186
AP ………………………………… 74
EPIC …………………………… 214
エンベッド……………………………22
オープンメディアコンテンツ 167, 217
大新聞・小新聞………………… 123
押し紙…………………………… 178
オフレコ（オフレコ取材）… 26-27, 96
オン・ザ・ジョブ・トレーニング… 13

か　行

学習指導要領・新学習指導要領

　　………………………………… 231,233
カスタマイズ化………………… 209
価値観の違い……………… 112-113
ガ島通信（記者ブログ）……… 142
神の国発言…………………………24
紙メディア・紙媒体……… 14-15, 63
記事下広告……………………… 194
記者クラブ………… 6-9, 18-35, 55-56,
　　209-210
記者ブログ……………………… 139-153
　　オフ会………………………… 152
　　記者ブログの炎上…………… 146
　　記者ブログはいま……… 142-146
　　許可制の記者ブログ………… 149
　　署名が原則……………… 139-140
　　先駆者たち……………… 140-142
　　ネットは新聞を殺すのか blog … 141
　　ブロガー懇談会……………… 151
　　ブログは新聞を殺すのか 152-153
客観報道…………………………… 68-85
　　起源………………………… 74-75
　　構成要素…………………… 75-76
　　定義………………………… 71-73
　　批判…………………………………77
逆ピラミッド型記述………………… 76
協定………………………………… 27-28
　　黒板協定……………………………28
近未来の新聞像に関するアンケート
　　………………………………… 193-194
草の根ジャーナリズム………… 210
苦情対応システム……………… 256-257
クリック連動型広告…………… 211
グローバリゼーション………… 104
景品……………………………… 182
憲法第9条………………… 129-130
憲法第21条 ………………………… 37
公益通報者保護法……………… 218
広告会社………………………… 197
広告収入………………………… 172
広告代理店……………………… 197
広告料金の設定………………… 196
校正・校閲……………………… 258

購読料金	173	情報源規制	168-169
公平	72	知る権利	36-33, 47, 50
国益（新聞と国家）	114	人権委員会	161, 163
国際ニュース	103-104	人権擁護法案	161-165, 271
国際報道	102-103	新聞協会賞	61
国内人権委員会	271	新聞広告	190-207
国民投票法	130, 132, 168	インターネットサービスの開始	198
国民保護法	166	広告の種類	195-196
55年体制	120	広告代理店・広告会社	197-198
個人識別情報	157	広告料金	196-197
個人情報保護法	40, 156-160, 215, 265	新聞広告の活路	203-206
5W1H	68	新聞広告のシステム	194-198
戸別配達制度	7-8, 179	日本の広告費	190-192
懇談（懇談取材）	25-26, 96-97	新聞提供事業	229

さ　行

		新聞離れ	1-4, 176-177, 231
サイバーカスケード	221	新聞不信	244-245
裁判員制度	49-50, 80, 165-166	新聞への不満点	184
再販制	178, 181	新聞労連	32
雑報広告	194	新聞をとらない理由	184
サンゴ落書き捏造事件	246	親睦団体	30
時間差スクープ	10, 55-57, 63-65	推知報道	38, 42
実名報道	42-47	スクープ	52-59, 63-65
指定公共機関	166	成功報酬（アフィリエイト）型広告	
社会関係資本	253		138, 201
社会的責任	282	政論新聞	123
社説	120-135	世界新聞協会（WAN）	226, 273-274
憲法記念日の社説	129-133	セット割れ	175
社説ができるまで	121	善悪報道	116
社説の歴史	123-126	全国新聞教育研究協議会（全新研）	227
署名社説	133	全国メディア接触・評価調査	
ジャーナリスト集団	254		204, 241-243
ジャーナリズム・スクール		戦時統制	29
（Jスクール）	13	総合的な学習の時間	231-232
終身雇用制度	6, 8	総メディア社会	211-212
集団的過熱取材（メディア・スクラム）	45	即効的な広告効果	202
集団的自衛権	130		

た　行

自由で責任あるプレス	281-282	第三者機関（外部委員組織）	261-272
自由民権	123	大正デモクラシー	125
首相番記者	92	竹橋発（記者ブログ）	144
上昇気流なごや（記者ブログ）	143	立花隆	60, 62, 90
消費税	183	脱・記者クラブ	32
情報基本権	215	田中康夫	32-33, 210
情報操作	79	中立	72
情報通信法（仮称）	167, 217	調査報道	57-62, 65
情報の断片化	4	通信社	12-13, 110-111

索　引　287

積み紙…………………………… 180
デジタルアーカイブ…………… 279
電子ペーパー…………………… 281
特殊指定……………… 178, 180, 182
特派員……………………… 108-113
匿名報道………………… 42, 44, 48
トラックバック………………… 138

な　行

永田クラブ………………… 20-21
ナショナリズムと報道………… 115
七社会……………………… 19, 21
2・5人称………………………… 82
日本新聞記者聯盟……………… 30
日本新聞教育文化財団………… 229
日本新聞協会…… 1-2, 26-27, 31-32, 46
日本の広告費…………………… 190
ニュー・ジャーナリズム運動…… 81
ニュースソース………………… 25
ニュース離れ…………………… 3
ネットは新聞を殺すのか blog … 141
ねじれ国会………………… 86, 132
値引き…………………………… 182
ノンフィクション……………… 69

は　行

バイラル・マーケティング……… 211
バズ・マーケティング………… 211
発行部数………… 173-177, 275-279
発表ジャーナリズム…… 7, 15, 24, 78
派閥政治・派閥取材………… 95-96
番記者……………………… 26-27
犯罪被害者等基本法・同基本計画
　………………………… 40, 219
販売収入………………………… 172
販売正常化……………………… 260
PISA 型学力…………………… 232
ビジネスモデル………………… 280
非当事者性……………………… 76
非党派性………………………… 76
BPO（放送倫理・向上機構）…… 268
表現の自由………………… 37, 215
広場的機能……………………… 252
フィルタリングサービス……… 167
不偏不党…………… 123, 139, 167
プライバシー……………… 38-40, 46

プライバシー権………………… 39, 41
ぶら下がり取材………………… 20
ブリーフィング…………… 26-27
フリーペーパー 205-206, 273, 277-278
プレスオンブズマン…………… 265
プレスカウンシル（報道評議会）
　………………………………… 271
ブログ……………………… 136-139
　　アクティブブログ………… 137
　　ウェブログ………………… 136
　　ブロガー…………………… 137
文民統制………………………… 130
ベトナム秘密文書事件
　（ペンタゴン・ペーパーズ）… 59, 62
ペニープレス…………………… 74
便宜供与…………………… 23, 32, 34
報道管制………………………… 114
報道と人権等のあり方に関する検討会
　…………………………… 155-156
報道被害…………… 37-38, 161, 269
ポッドキャスティング………… 209

ま　行

マスコミ4媒体………………… 191
松本サリン事件………………… 39
マニフェスト…………………… 98
見通し報道……………………… 91
メッセージ……………………… 213
メディア………………………… 213
メディア・スクラム（集団的過熱取材）
　……………… 10, 45-47, 169, 258-259
メディアザウルス……………… 214
メディアの企業化・商業化… 249-250
メディアへのイメージ………… 205
メディア・リテラシー… 43-244, 250-251
モジョ…………………………… 279

や　行

夜回り（夜討ち）…………… 55-56
世論の劣化……………………… 220

ら　行

リアリズム……………………… 77
リーク………………………… 56-57
リクルート報道………………… 59, 60
理系白書ブログ………………… 142

リスティング広告……………… 200
レイオフ……………………… 276

わ　行

ワイドショー政治………………94
渡辺恒雄…………………99-100
ワンフレーズ政治……………93-94

編著者紹介

天野勝文
- 1934年　千葉県に生まれる
- 1957年　東京大学文学部社会学科卒業
- 専　攻　ジャーナリズム論
- 主　著　『新版　現場から見た新聞学』（共編著）学文社　2002年
  　　　　『新　現代マスコミ論のポイント』（共編著）学文社　2004年
- 現　職　元筑波大学教授，元日本大学教授

橋場義之
- 1947年　東京に生まれる
- 1971年　早稲田大学第一政治経済学部経済学科卒業
- 専　攻　ジャーナリズム論
- 主　著　『包囲されたメディア』（共著）現代書館　2002年
  　　　　『メディア・イノベーションの衝撃』（編著）日本評論社　2007年
- 現　職　上智大学教授

新　現場からみた新聞学

2008年10月10日　第一版第一刷発行

編著者　　天野勝文・橋場義之

発行所　　株式会社　学　文　社
発行者　　田　中　千　津　子

東京都目黒区下目黒 3-6-1（〒153-0064）
電話　03（3715）1501（代）振替00130-9-98842
（落丁・乱丁の場合は，本社でお取り替え致します）
定価はカバー，売上カードに表示〈検印省略〉
ISBN 978-4-7620-1877-0　印刷／新灯印刷㈱